城市轨道交通基础

张洪满　刘海云　主　编
张　猛　刘庆广　副主编

国家开放大学出版社·北京

图书在版编目（CIP）数据

城市轨道交通基础／张洪满，刘海云主编．—北京：国家开放大学出版社，2019.6

ISBN 978-7-304-09812-4

Ⅰ.①城… Ⅱ.①张… ②刘… Ⅲ.①城市铁路—轨道交通 Ⅳ.①U239.5

中国版本图书馆 CIP 数据核字（2019）第 093802 号

城市轨道交通基础

CHENGSHI GUIDAO JIAOTONG JICHU

张洪满　刘海云　主　编

张　猛　刘庆广　副主编

出版·发行： 国家开放大学出版社

电话： 营销中心 010-68180820　　总编室 010-68182524

网址： http://www.crtvup.com.cn

地址： 北京市海淀区西四环中路 45 号　　**邮编：** 100039

经销： 新华书店北京发行所

策划编辑： 程业刚　　**版式设计：** 李　响

责任编辑： 陈艳宁　　**责任校对：** 刘　鹤

责任印制： 赵连生

印刷： 廊坊十环印刷有限公司

版本： 2019 年 6 月第 1 版　　2019 年 6 月第 1 次印刷

开本： 787mm×1092mm　1/16　　**印张：** 16.75　　**字数：** 413 千字

书号： ISBN 978-7-304-09812-4

定价： 40.00 元

（如有缺页或倒装，本社负责退换）

前言

PREFACE

《城市公共交通分类标准》（CJJ/T 114—2007）将城市轨道交通定义为“采用轨道结构进行承重和导向的车辆运输系统，依据城市交通总体规划的要求，设置全封闭或部分封闭的专用轨道线路，以列车或单车形式，运送相当规模客流量的公共交通方式”。城市轨道交通包括地铁系统、轻轨系统、单轨系统、有轨电车、磁浮系统、自动导向轨道系统、市域快速轨道系统7种制式。由于城市轨道交通具有快捷、安全、准时、容量大、能耗低、污染少的特点，其在城市公共交通体系中的地位不断提升，特别是在长距离出行时或在道路比较拥挤的城市中心区具有明显的优势。截至2017年年底，全国已有上海、北京、广州、南京、重庆、深圳等34个城市建设轨道交通（不包括港澳台），运营线路达165条，运营里程达5 033 km，覆盖城市轨道交通所有制式。同时，全国还有多个大中城市已经开展或计划开展城市轨道交通建设，因而越来越多的高等职业院校开设了城市轨道交通相关专业，以满足社会对城市轨道交通专业人才的需求。

为适应当前城市轨道交通迅猛发展的形势以及满足职业教育“校企合作，工学结合”的人才培养模式要求，本教材中的专业知识以应用为目的，以必需、够用为度，突出学生实际操作能力的培养。本教材具有以下几个明显的特征：

（1）内容全面，覆盖岗位全。为体现和满足城市轨道交通运营岗位对人才的需求，本教材以真实地铁公司岗位要求的基础知识和技能为出发点，表达简明扼要、通俗易懂，既有基础理论的一般表述，又有实际操作的说明。

（2）体例新颖、完整。本教材内容以项目为载体，通过任务驱动，强化学生实践技能的培养，对每个任务都通过任务引入、任务分析、任务拓展、任务操作和任务考核来实施，使学生真正做到学、思、练、做相结合，提高教与学的综合效果。

（3）内容力求实用。本教材内容力求实用，采用了大量的实际图片与表格，以帮助学生直观地理解所学内容，体现学习内容与岗位内容的一致性，从而培养学生的实践技能。

（4）注重信息化运用。针对不同的知识点，采用Flash动画、微课等多种信息化资源进行演示和讲解，使教学更加生动、直观。

本教材以对徐州市城市轨道交通有限责任公司、南京地铁集团有限公司、无锡地铁集团有限公司、苏州市轨道交通集团有限公司等城市轨道交通企业的调研为基础，由南京交通职业技术学院张洪满和刘海云担任主编，徐州市城市轨道交通有限责任公司张猛、南通航运职业技术学院刘庆广担任副主编。本教材具体编写分工如下：张洪满编写项目1、项目10，张猛编写项目2，刘海云编写项目4、项目5，南京交通职业技术学院卫妍编写项目6、项目7，刘庆广编写项目8，南京交通职业技术学院黄婧编写项目3、项目9。全书由张洪满负责统稿。

在编写本教材的过程中，我们引用了国内众多专家、学者的先进理念和研究成果，参考了大量城市轨道交通企业的员工培训资料，相关著作、文献、教材，以及地铁微博、网络资料、图片等，在此谨向这些专家、学者、企业、作者表示衷心的感谢。

由于编者水平有限，加之时间仓促，书中不足之处在所难免，敬请广大读者批评指正。

编　者

2019 年 4 月

CONTENTS 目录

PROJECT

项目 1

城市轨道交通认知

TASK

任务 1 城市轨道交通的界定

知识目标

1. 掌握城市轨道交通的概念。
2. 熟悉城市轨道交通的特点。

能力目标

1. 能明晰城市轨道交通的含义。
2. 能分析城市轨道交通的特点。

任务引入

城市轨道交通作为城市的基础设施，在公共交通系统中所占的地位越来越重要，所起的作用也越来越突出，逐步成为城市公共客运交通的骨干。在本任务中，我们通过乘坐地铁出行，分析城市轨道交通相较于城市道路交通的优点。

任务分析

一、城市轨道交通的概念

“城市轨道交通”是一个包含范围较大的概念，在国际上没有统一的定义。一般而言，广义的城市轨道交通是指以轨道运输方式为主要技术特征，在城市公共客运交通系统中具有中等以上运量的轨道交通系统（有别于道路交通），主要为城市内（有别于城际铁路，但可涵盖郊区及城市圈范围）公共客运服务的一种在城市公共客运交通系统中起骨干作用的现代化立体交通系统，狭义的城市轨道交通特指地铁、轻轨和单轨（独轨）系统。本书中研究的城市轨道交通主要是指地铁、轻轨和单轨（独轨）系统。

《城市公共交通分类标准》（CJJ/T 114—2007）将城市轨道交通定义为“采用轨道结构进行承重和导向的车辆运输系统，依据城市交通总体规划的要求，设置全封闭或部分封闭的专用轨道线路，以列车或单车形式，运送相当规模客流量的公共交通方式”。城市轨道交通是城市公共交通的重要组成部分，随着城市的高速发展，人口不断增多，城市轨道交通逐渐成为城市中最主要的公共客运交通工具。

想一想

城市轨道交通和城市道路交通的区别是什么？

二、城市轨道交通的特点

自1863年在英国伦敦出现了世界上第一条地下铁道线路，近年来，随着城市和城市交通的发展，城市轨道交通也得到了非常快的发展。截至2018年年底，全球有72个国家和地区的493座城市开通了城市轨道交通系统，里程超过26 100 km。建设和发展城市轨道交通系统已成为世界各国解决城市交通问题的首选方案，其关键在于，城市轨道交通具有城市道路交通没有的优势。

（一）城市轨道交通的优势

（1）运量大。采用现代化的轨道交通列车运行方式，从理论上讲，运量可以实现较大幅度增长（需视列车编组、车辆载客量、发车间隔时间等要素确定）。目前，大型地下铁道系统的高峰小时单向运量可达6万~7万人次。

2018年中国地铁客流量年度总结篇

（2）速度快。采用先进的电动车组动力牵引方式，有良好的线路条件和自动控制体系，并且具有可靠的安全保障措施，因此，城市轨道交通系统中的列车运行速度都比较快，目前的最高运行速度可达到80 km/h以上，旅行速度基本上可达到30~45 km/h。在各种城市交通方式中，其运行速度是最快的。

（3）能耗低。由于它是大运量的集团化客运系统，且采用了多项高新技术，按每运送一位乘客的能源消耗评价，城市轨道交通的低能耗是其他任何一种城市交通方式所无法比拟的，它对能源的适应性也相当强。

（4）污染少。城市轨道交通一般采用电牵引动力方式，又是大运量、高速度、集约化列车运行方式，因此，它每运送一位乘客所产生的污染微乎其微，堪称“绿色交通”。这一点对于现代都市可持续发展最关键的环境保护而言具有重要意义。

（5）可靠性强。由于城市轨道交通路线一般都是与道路交通完全隔离的，因而它不受地面交通的影响。对于建在地下隧道内的线路，它受气候影响的程度更小，甚至降至零。因此，城市轨道交通是城市客运交通方式中可靠性最强的一种。尤其是在上下班高峰时段，地面交通拥挤不堪之时，对于时间观念极强的现代城市交通行为者而言，这个优势是至关重要的。

（6）舒适性佳。城市公共客运交通方式的舒适性主要体现在环境质量与拥挤度两个方面。相对而言，城市轨道交通系统的环境质量较佳，不论车站的候车、检售票环境，还是车厢内的乘车环境，均有现代化的环控措施保障（如采用全空调）。同时，城市轨道交通由于可靠性强（一般不误点）和间隔时间较短（候车时间短），其拥挤程度要低于城市道路交通。

（7）占地面积少。城市轨道交通既是城市公共客运交通，又是大运量的集团化轨道交通方式。因此，每一位乘客完成交通行为所占的道路面积是最少的。

小案例

中国轨道交通客流排行榜①

2018 年 6 月 30 日中国轨道交通客流排行榜如图 1－1 所示。

排名	城市名	客流量/乘次	客流强度/(万乘次/km)	里程	里程排名	客流强度排名
1	广州	817.2万	2.08	392 km	3	2
2	北京	793.23万	1.33	597 km	2	6
3	上海	762.1万	1.13	673 km	1	9
4	深圳	517.49万	1.81	286 km	5	3
5	南京	275.7万	0.73	378 km	4	16
6	成都	274.06万	1.39	197 km	9	4
7	武汉	249.57万	1.07	234 km	7	10
8	重庆	215.1万	0.81	265 km	6	13
9	西安	196.17万	2.16	91 km	17	1
10	杭州	135.33万	1.15	118 km	14	8
11	苏州	89.99万	0.74	121 km	13	15
12	郑州	76.8万	0.81	95 km	16	14
13	南宁	69.37万	1.31	53 km	24	7
14	长沙	66.76万	1.34**	69 km	20	5
15	昆明	57.2万	0.65	88 km	18	17
16	青岛	45.5万	0.43	105 km	15	19
17	合肥	42.36万	0.81	52 km	25	12
18	石家庄	24.95万	0.83	30 km	31	11
19	福州	14.94万	0.60	25 km	33	18
20	东莞	13.35万	0.35	38 km	29	21
21	厦门	11.48万	0.38	30 km	32	20

图 1－1　2018 年 6 月 30 日中国轨道交通客流排行榜

（二）城市轨道交通建设的局限性

（1）建设投资巨大。城市轨道交通路线越长，形成网的规模越大，其优势就越明显。但同时，城市轨道交通系统的建设要求高，施工难度大，设备技术标准高。因此，城市轨道交通路线建设一次性的工程投资巨大。一个国家或地区的城市若没有相当强的整体经济实力，是无法承受如此巨额的投资负担的。

（2）建成后，路线走向和路网结构不易调整。城市轨道交通路线一般均是永久性结构（如地下隧道、高架桥结构等），建成后几乎无调整的可能性。因此，城市轨道交通路线的选线及路网规划相较于城市道路交通要求更高、难度更大。

（3）运营成本高。城市轨道交通系统的能源消耗绝对量相当大，包括列车牵引、环境控制、车站机电设备及通信信号设备等日常运转的能耗等。除此之外，虽然高标准的防灾系统使用机会不多，但其投资成本与日常维护保养的成本相当高，再加上车站服务工作、运营管理的大量人员、设备的费用等，使整个城市轨道交通系统的运营成本居高不下。

---

① 杭州地铁 2028．6 月 30 日全国地铁客流排行榜．［2018－12－13］．https://m.weibo.cn/status/4257078279009211？sourceType = qq&from = 1088095010&wm = 9006_2001&featurecode = newtitle.

（4）经济效益有限。城市轨道交通系统有着较强的公益性特征，较多地关注间接的社会整体效益，无法按运营成本核收票价，极易导致运营亏损。虽然已有少数城市轨道交通系统因乘客量巨大，产业开发经营较佳而略有盈余，但依然有众多的城市轨道交通系统处于“亏本经营”状态，其运营需要依赖国家与地方政府、社会机构提供补贴。

任务拓展

各种交通方式占用道路面积（静态）及客运量见表 1 – 1。

表 1 – 1　各种交通方式占用道路面积（静态）及客运量

交通方式	每一位乘客占用道路面积/m^2	每条车道每小时运送乘客量/人	交通方式	每一位乘客占用道路面积/m^2	每条车道每小时运送乘客量/人
自行车	6 ~ 10	2 000	公共汽（电）车	1 ~ 2	6 000 ~ 8 000
小汽车	10 ~ 20	3 000	轨道交通	地面约 0.5，地下接近 0	最大可达 80 000

表 1 – 1 显示，在所有交通方式中，采用轨道交通出行时，每位乘客所占用的道路面积是最小的，但是其每条车道每小时运送的乘客数量是最大的，它能够在节约道路资源的同时实现较大的客运量。城市轨道交通带来了新产业发展、沿线土地开发、城市合理布局、市民生活便利、增添现代都市景观等附加效应。因此，近年来，城市轨道交通呈现出蓬勃发展、方兴未艾的浪潮，无论在经济发达的国家和地区，还是在发展中国家和地区，它均成为改善和发展城市交通的主要手段。

任务操作

1. 描述城市轨道交通的内涵。
2. 分析城市轨道交通的优势和局限性，并将其与常规公交进行比较。

任务考核

一、单项选择题

1. 通常以电能为动力，采取轮轨运转方式的快速大运量公共交通之总称是（　　）。

A. 城市公共交通　　B. 城市轨道交通

C. 城市快速交通　　D. 城市道路交通

2. 世界上第一条地下铁道线路出现的时间和地点分别为（　　）。

A. 1969 年，中国北京　　B. 1900 年，法国巴黎

C. 1963 年，英国纽约　　D. 1863 年，英国伦敦

二、多项选择题

1. 下列选项中，属于城市轨道交通的优势的是（　　）。

A. 运量大　　B. 速度快

C. 污染少　　D. 效益好

2. 下列选项中，属于城市轨道交通的局限性的是（　　）。

A. 能耗低　　B. 运营成本高

C. 建设投资大　　D. 建成路网后不易调整

三、判断题

1. 城市轨道交通是城市公共交通的重要组成部分，随着城市的高速发展，人口不断增多，城市轨道交通逐渐成为城市中最主要的公共客运交通工具。（　　）

2. 城市轨道交通一般均采用电牵引动力方式，又是大运量、中速度、集约化的列车运行方式。（　　）

四、综合训练题

1. 什么是城市轨道交通？

2. 通过调研，结合常规公交，比较分析城市轨道交通的优势和局限性。

3. 自行查阅资料，想一想城市轨道交通在建设的过程中与常规公交有何不同。

TASK 任务2 城市轨道交通的分类

知识目标

1. 掌握城市轨道交通的类型。
2. 掌握不同类型城市轨道交通之间的区别。

能力目标

1. 能区分不同类型的城市轨道交通。
2. 能说明地铁和轻轨的区别。

任务引入

城市轨道交通发展迅速，因各个国家、地区、城市的发展有所不同，服务对象相同，城市轨道交通呈现出多种类型，且技术指标差异较大。从出行的角度看，选择一个你熟悉的、建有地铁的城市，乘坐该城市的地铁，了解城市轨道交通的组成部分。

任务分析

城市轨道交通种类繁多，技术指标差异较大。世界各国的评价标准各不相同，对于城市轨道交通并无严格的分类，不同的国家有不同的分类标准和分类方法。

一、按基本技术特征分类

根据我国2007年颁发的《城市公共交通分类标准》（CJJ/T 114—2007），城市轨道交通主要分为7类，包括地铁（metro/underground railway/subway）系统、轻轨（light rail transit,

LRT）系统、单轨系统（monorail system）、有轨电车（tram）、磁浮系统（maglev system）、自动导向轨道（automated guideway transit，AGT）系统和市域快速轨道系统（urban rail rapid transit system）。

台北捷运十大亮点

1. 地铁系统

地铁是在全封闭线路上运行的大运量或高运量城市轨道交通方式，其线路通常设于地下结构内，也可延伸至地面或高架桥上，泛指轴重相对较重（60 kg/m 以上）、高峰时单向客运量在 3 万 ~7 万人次/h 的大容量轨道交通系统，如图 1 –2 所示。

图 1 –2　地铁

地铁是城市快速轨道交通的先驱，是由电力牵引、轮轨导向，轴重相对较重、具有一定规模运量、按运行图行车，且车辆编组运行在地下隧道内，或根据城市的具体条件，运行在地面或高架桥上的快速轨道交通系统。地铁的主要技术参数见表 1 –2。

表 1 –2　地铁的主要技术参数

序号	项　目	技术参数	序号	项　目	技术参数
1	高峰小时单向运送能力/万人次	3 ~7	9	安全性、可靠性	较好
2	列车编组/节	6 ~8	10	最小曲线半径/m	300
3	列车容量/人	3 000	11	最小竖曲线半径/m	3 000
4	车辆构造速度/(km/h)	89 ~100	12	舒适性	较好
5	平均运行速度/(km/h)	30 ~40	13	城市景观	无大影响
6	车站平均站距/m	600 ~2 000	14	空气污染、噪声污染	小
7	最大通过能力/(对/h)	30	15	站台高度	一般为高站台，乘降方便
8	与地面交通隔离率	100%			

2. 轻轨系统

轻轨是在全封闭或部分封闭线路上运行的中运量城市轨道交通方式，其线路通常设于地面或高架桥上，也可延伸至地下结构内，如图1－3所示。

（a）

（b）

图1－3　轻轨

（a）武汉轻轨；（b）吉隆坡轻轨

轻轨系统最初的定义是采用轻型轨道的城市交通系统。轻轨最早使用的是轻型钢轨，现在已采用与地铁相同质量的钢轨，所以目前国内外都以客运量或车辆轴重的大小来区分地铁和轻轨。轻轨是指客运量或车辆轴重（60 kg/m以下）稍小于地铁的快速轨道交通。在《城市轨道交通工程项目建设标准》（建标104—2008）中，将每小时单向客流量为1万～3万人次的轨道交通定义为中运量轨道交通，即轻轨。

想一想

地铁与轻轨有何区别？

3. 单轨系统

单轨系统是指采用电力牵引列车在一条轨道梁上运行的中低运量城市轨道交通系统，又称为独轨交通。它与传统的钢轮钢轨系统完全不同，其最大的特点是车体比承载轨道宽。

单轨是指采用一条大断面轨道并全部为高架线路的轨道交通方式。根据车辆与轨道梁之间的位置关系，单轨车辆可分为跨座式单轨车辆和悬挂式单轨车辆两种类型，分别如图1－4和图1－5所示。

图1－4　跨座式单轨车辆

图1－5　悬挂式单轨车辆

与轮轨导向的交通方式相比，单轨有很多突出的优点。由于单轨车辆的走行轮采用特制的橡胶车轮，所以振动和噪声大为减少；单轨车辆两侧装有导向轮和稳定轮，可控制列车转弯，运行稳定、可靠；高架单轨的轨道梁宽仅为85 cm，不需要很大的空间，可满足复杂地形的要求，同时对日照和城市景观影响小；单轨交通造价低，建设工期短，它的工程建筑费用仅为地铁的1/3。

全球跨座式单轨列车发展

单轨系统也存在橡胶轮与轨道梁摩擦，产生橡胶粉尘的现象，对环境有轻度污染，列车运行期间发生事故时救援比较困难。

悬挂式列车

单轨系统适用于单向高峰小时最大断面客流量为1万~3万人次的交通走廊。因占地面积很少，与其他交通方式完全隔离，运行安全、可靠，建设适应性较强，所以单轨系统比较适合在以下情况使用：城市道路高差较大、道路半径小、线路地形条件较差的地区；旧城改造已基本完成，而该地区的城市道路又比较窄的区域；大量客流集散点的接驳线路；市郊居民区与市区之间的联络线；旅游区域内景点之间的联络线、旅游观光线路；等等。

小案例

云　轨

云轨（见图1-6）又称云中轨道，是比亚迪股份有限公司对自主研发的跨座式单轨列车系统的一种别称，云轨系统隶属单轨系统，拥有单轨系统的基本属性。

图1-6　云轨

全球首条比亚迪云轨线路在银川通车，其建成仅用了4个月。作为全球第一个落地的“云轨”项目，银川“云轨”花博园段由单根轨道组成环线，总长5.67 km，设置车站8座，采用7列“云轨”列车，每一列都由3节车厢编组。

同时，该项目还创下两个“第一”：我国第一条具有完全自主知识产权的跨座式单轨建成通车；全球第一个投入商业运营的云轨项目。

云轨系统是新型的单轨系统，最大客运能力为单向每小时1万~3万人次，最高速度为80 km/h（未来将继续研制100 km/h以上级别的单轨系统），它可广泛应用于中小城市的骨干线以及大中城市的加密线和机场港口、商务区、游览区等线路。造价低廉、中小运量的云轨系统能与地铁、公共汽车等其他公共交通错位发展、互为补充，缓解道路交通拥堵的压力，适合作为二、三线城市轨道交通的主体和一线城市郊区轨道交通的补充。

唯一成网运营里程最长（沈阳浑南有轨电车）

4. 有轨电车

有轨电车是与道路上其他交通方式共享路权的低运量城市轨道交通方式，线路通常设在地面上。有轨电车是由电力牵引、轮轨导向、1～3节编组运行在城市路面上的低运量轨道交通系统，如图1－7所示。

（a）

（b）

图1－7　有轨电车

（a）大连老式有轨电车；（b）南京新型现代有轨电车

有轨电车是较早发展的城市轨道交通之一，一般设在城市中心穿街走巷运行，具有上下车方便、造价低、建设容易的优点。有轨电车一般采用直流电动机驱动，多与汽车和行人共用街道路权，受路口红绿灯的控制，因此，有轨电车受干扰多、速度慢、正点率低、噪声大、安全程度低，极易与地面上的道路车辆产生冲突，从而引起道路交通堵塞，故很多城市的有轨电车被取消或改良为轻轨。

5. 磁浮系统

磁浮系统是通过磁力实现列车与轨道的非接触支承、导向和驱动的轨道交通。上海磁悬浮列车如图1－8所示。

磁浮系统具有运行速度快，运行平稳、舒适，易于实现自动控制，铁轨与车辆不接触，无噪声，不排出有害废气，有利于环境保护，建设经费低，运营、维护和耗能费用低等优点。按照运行速度，可将磁悬浮列车分为高速磁悬浮列车与中低速磁悬浮列车两种。高速磁悬浮列车的最高速度可达500 km/h，采用5～10节编组；中低速磁悬浮列车的最高速度可达100 km/h，采用4～6节编组。

你知道APM和地铁的区别吗

6. 自动导向轨道系统

自动导向轨道系统是在混凝土轨道上，采用橡胶轮胎，并通过导向装置，自动导引车辆运行方向的轨道交通系统。从广义上，自动导向轨道系统是所有现代化新型公共交通方式的总称；从狭义上，则将

图1-8 上海磁悬浮列车

其定义为由电气牵引，具有特殊导向操作和转向方式的胶轮车辆、单车或数辆编组，运行在专用轨道梁上的中小运量轨道运输系统，如图1-9所示。

图1-9 天津自动导向轨道电车

自动导向轨道系统是一种可实现无人驾驶并接受外界导向的行驶系统，常见的自动导向轨道系统利用导轮进行引导，是胶轮轨道系统与无轨电车的结合。其特点是使用胶轮，半接受或完全接受外界的导向与限制，运营路线可以部分利用专用道路段，也可以与其他汽车共用普通城市道路，在车道、导引、驱动、操作方面均具有轨道公共交通和常规公共交通的双重特性，噪声小，转弯半径小，爬坡能力强，建设、运营成本低，节能、环保。自动导向轨道系统主要适用于城市机场专用线或城市中客流相对集中区域的点对点运送乘客，必要时，中间可设少量停车站。自动导向轨道系统的车辆比地铁和轻轨的车辆小，一般列车编组2~6节，适用于单向每小时1万人次的客运量，属于中运量的城市轨道交通系统。目前，世界上营运的自动导向轨道系统有20多条，总长超过200 km，其中以日本居多。

7. 市域快速轨道系统

市域快速轨道系统是指服务范围覆盖城市市域范围的城市轨道交通系统，是联系城区与郊区，以及连接城市周边卫星城镇或者都市圈的城市轨道交通系统。因其服务对象以短途、通勤的旅客为主，因此它也被称为通勤列车。市域快速轨道系统往往是连接大中城市干线铁路的一部分，因此其还具有干线轨道的技术特征，通常是市郊旅客列车与干线客车和货车混合运行，站距一般为 1 km（市区）、3 ~ 5 km（郊区），比传统铁路 10 km 以上的站距小得多，因而可适应市郊的客流需求。市域快速轨道系统的客运量可达 20 万 ~ 45 万人次/天。如图 1 – 10 所示为北京新机场线市域快轨。

图 1 – 10　北京新机场线市域快速轨道

二、其他分类

按容量（运送能力），可将城市轨道交通系统分为高容量、大容量、中容量和小容量城市轨道交通系统；按导向方式，可将城市轨道交通系统分为轮轨导向和导向轨导向城市轨道交通系统；按线路架设方式，可将城市轨道交通系统分为地下、高架和地面城市轨道交通系统；按线路隔离程度，可将城市轨道交通系统分为全隔离、半隔离和不隔离城市轨道交通系统；按轨道材料，可将城市轨道交通系统分为钢轮钢轨系统和橡胶轮混凝土轨道梁系统；按牵引方式，可将城市轨道交通系统分为旋转式直流牵引、交流电机牵引和直线电机牵引城市轨道交通系统；按运营组织方式，可将城市轨道交通系统分为传统城市轨道交通、城市快速铁路和市郊铁路。

任务拓展

我国城市轨道交通制式

截至 2017 年年末，在我国内地 5 021. 7 km 的城市轨道交通运营里程中，从运营线路制式结构看，已开通的城市轨道交通包括地铁系统、轻轨系统、单轨系统、市域快速轨道系统、有轨电车、磁浮系统、自动导向轨道系统 7 种制式。其中，地铁系统为 3 881. 8 km，占比为 77. 3%；轻轨系统为 233. 4 km，占比为 4. 6%；单轨系统为 98. 5 km，占比为 2%；市域快速轨道系统为 501. 8 km，占比为 10%；有轨电车为 243. 4 km，占比为 4. 8%；磁浮系统为 58. 8 km，占比为 1. 2%；自动导向轨道系统为 4 km，占比为 0. 1%。

任务操作

1. 举例描述城市轨道交通的类型。
2. 怎样区分地铁与轻轨?

任务考核

一、单项选择题

1. 高峰时单向客运量在 3 万 ~7 万人次/h 的大容量轨道交通系统是（　　）。
   A. 有轨电车　　B. 地铁系统
   C. 轻轨系统　　D. 单轨系统
2. 地铁与轻轨的主要区别在于（　　）。
   A. 轮轨导向　　B. 地下线和高架线
   C. 速度快慢　　D. 单向高峰小时客流量
3. 由电力牵引、轻轨导向、1 ~ 3 节编组运行在城市路面上的低运量轨道交通系统是（　　）。
   A. 有轨电车　　B. 地铁系统
   C. 自动导向轨道系统　　D. 磁浮系统

二、多项选择题

1. 按线路架设方式，可将城市轨道交通系统分为（　　）。
   A. 地下城市轨道交通系统　　B. 高架城市轨道交通系统
   C. 地面城市轨道交通系统　　D. 轮轨导向轨道交通系统
2. 与轮轨导向的交通方式相比，单轨有很多突出的优点，包括（　　）。
   A. 振动和噪声大为减小
   B. 运行稳定、可靠
   C. 可满足复杂地形的要求
   D. 交通占地少、造价低、建设工期短

三、判断题

1. 有轨电车是较早发展的城市轨道交通之一，一般设在城市中心穿街走巷运行，具有上下车方便、造价低、建设容易的优点。（　　）
2. 磁浮系统具有运行速度快，运行平稳、舒适，但不易于实现自动控制等特点。（　　）

四、综合训练题

1. 城市轨道交通按基本技术特征，可分为哪些类型？请举例说明。
2. 通过查找资料，比较分析 APM 和云轨的区别，并说明目前我国有哪些城市已建成运营 APM 和云轨。
3. 城市轨道交通的分类方法有哪些？这些分类的依据分别是什么？
4. 简要说明市域快速轨道系统和城市地铁有哪些技术上的区别。

任务3 城市轨道交通的发展

知识目标

1. 了解城市轨道交通的发展。
2. 熟悉我国城市轨道交通的发展。

能力目标

1. 能明晰国内外城市轨道交通的发展历史。
2. 能根据城市的实际情况，进行城市轨道交通合理发展的分析。

任务引入

从城市和交通的发展历史来看，城市的规模大小与城市交通工具的技术进步密切相关。随着城市化的发展，人口密集、交通拥堵、环境污染成为城市发展的主要问题，这就需要一种运量中等、能耗低、占地少的交通形式来解决日益严重的交通拥堵问题。轨道交通应运而生。通过乘坐地铁出行，了解你熟悉的城市轨道交通的发展历程。

任务分析

一、世界城市轨道交通的发展

城市轨道交通的诞生和发展已有150多年的历史，世界城市轨道交通的发展大致经历了以下几个阶段。

1. 萌芽阶段（19世纪初至19世纪50年代）

19世纪以前，城市交通方式以步行和马车为主。1642年，法国的巴斯卡尔向法国政府提交了一份公共马车计划，很快得到了国王路易十三的许可，允许在巴黎的5条街上提供公共马车（见图1-11）服务——城市公共交通从此诞生。公共马车为现代公共交通的运营奠定了基础。

17世纪末，马车在欧洲已被大量用于公共事业，成为当时陆地上最重要的大众化交通工具。1775年，英国的约翰·乌特兰发明了有轨马车。这种在轨道上行驶的马车的颠簸程度相较于普通马车有所减轻，乘坐相对较为舒适，如图1-12所示。

有轨马车在钢轨上行驶，比无轨公共马车速度更快，行驶速度及平稳性有所提高。它又由于可以利用由多匹马组成的马队来提高牵引力、增大车辆规模、降低运输成本及票价，因而大受欢迎。1832年，约翰·斯蒂芬森在美国纽约建立了第一条市区有轨马车线路，前后共经营了3年。第一个提出将马车轨道嵌入路面的人是法国南特的埃米尔·卢巴，1852年，他负责修建了纽约6号街的马车轨道，那时纽约市内只有2辆有轨马车。1853年，卢巴在巴黎修建了第一条嵌入式凹形马车轨道，其终点站分别为协和广场与位于巴黎西郊的圣克鲁。

图 1-11　公共马车

图 1-12　有轨马车

同一时期，蒸汽机车也在发展。1804 年，英国的理查德·特里维西克设计制造的蒸汽机车"新城堡号"在轨道上试车成功。这是世界上第一条成功行驶蒸汽机车的轨道。

世界上最早开始成批生产的蒸汽机车是布伦金索普于 1812 年设计制造的。直到 1853 年，蒸汽机车被内燃机车取代。1827 年，法国的马克·塞甘取得了管式锅炉专利，这是蒸汽机车发展史上的重大进步。1825 年，哈格里斯、贝德莱和斯泰潘制造出两汽缸机车，这是世界上最早的客运列车，时速为 12.8 km。

2. 诞生起步阶段（19 世纪 60 年代至 19 世纪后期）

工业革命推动了原有城市规模的扩大和新工业城市的兴起，城市人口急骤增长。1843 年，有"地铁之父"之称的英国律师查尔斯·皮尔逊建议修建地铁。经过 20 年的酝酿和建设，世界上第一条地下城市铁路——地铁于 1863 年在伦敦正式开通，如图 1-13 所示。它标志着城市轨道交通在世界上正式诞生。

图 1-13　世界上第一条地铁

1863—1899 年，英国的伦敦和格拉斯哥、美国的纽约和波士顿、匈牙利的布达佩斯、奥地利的维也纳和法国的巴黎共 5 个国家的 7 座城市先后建成了地铁。

1870 年，美国第一条在曼哈顿格林威治大街及第九大道上的高架快速轨道交通线开始运营。

1870 年，比利时工程师格拉姆发明了直流电动机。与此同时，德国的冯·西门子开始研究由电动机驱动的车辆，并制成了世界上第一辆有轨电车，如图 1-14 所示。

图1－14　世界上第一辆有轨电车

1881年，德国西门子公司在柏林近郊铺设了第一条电车轨道，双轨中的一条铁轨为相线，另一条铁轨作为回路。

1884年，美国的范德波尔在多伦多农业展览会上试用电车运载乘客。1888年，美国的斯波拉格在美国弗吉尼亚州里磁门德市的几条有轨马车路线上，改用电力牵引车行驶，并对车辆电动机的悬挂方法、驱动方式、集电装置和控制系统进行了改进。这是世界上第一个投入商业运行的有轨电车系统。从此，有轨电车开始在世界范围内迅猛发展起来。

3. 初步发展阶段（19世纪末至20世纪20年代）

19世纪末，电力机车牵引方式开始进入城市轨道交通领域。该方式大大提升了城市轨道交通的实用性，使城市轨道交通进入了一个较为快速的发展时期。

1890年，在英国伦敦，第一条使用电力机车牵引的地下铁道建成。1896年，匈牙利布达佩斯修建了欧洲最早的电气化地铁，地铁开始进入电力牵引时代。这条地铁距离地面只有几米深，平行运行于该市最主要的街道安德拉什大街。时至今日，这条经改造的线路仍在使用中。该线就是1号红线地铁，当地居民称为“小地铁”。它是欧洲大陆上的第一条地铁，在整个欧洲则居英国之后。

1897年，6节编组的多节电动列车开始在美国芝加哥的南侧高架线上运营。1904年，美国纽约地铁巴尔蒙线开通，该线被誉为“纽约地铁之父”。美国纽约成为美洲最早建立地铁系统的城市，早期的纽约地铁如图1－15所示。1913年，阿根廷的布宜诺斯艾利斯建成地铁系统，成为拉丁美洲最早建立地铁系统的城市。

1890—1920年是有轨电车在世界范围内急速发展的时期。在第一次世界大战之前，世界上几乎每个大城市都有有轨电车。

有轨电车是于19世纪末进入我国的。1899年，德国西门子公司在北京修建了马家堡至永定门的有轨电车线路，但该线路在1900年义和团起义进攻北京时被拆毁。1906年，天津第一条有轨电车线路投入运营，天津成为我国第一个拥有有轨电车的城市。随后，上海、大连、北京、沈阳、哈尔滨、长春和香港等城市也相继修建了有轨电车线路。

图 1-15　早期的纽约地铁

4. 停滞萎缩阶段（20 世纪 30 年代至 40 年代末）

在这一阶段，由于汽车工业的发展和世界大战的爆发，以及城市轨道交通投资大、建设周期长等，城市轨道交通的发展呈现出停滞，甚至萎缩的局面，特别是在地面上行驶的有轨电车系统，在这一时期被大量拆除并被汽车所取代。

5. 复苏阶段（20 世纪 50 年代至 60 年代末）

第二次世界大战以后，各国经济开始恢复。在这一阶段，由于汽车数量过度增加，道路交通拥堵、事故频繁、能源过度消耗、尾气和噪声污染等一系列社会问题日益突出。人们又把解决城市交通问题的注意力转移到占地面积小、污染少、客运能力强的城市轨道交通上，许多城市开始兴建城市轨道交通系统。

6. 高速发展阶段（20 世纪 70 年代至今）

第二次世界大战以后，经过短暂的经济恢复，世界经济高速发展，城市人口高度集中，这就要求轨道交通高速发展，以适应日益增长的客运需求。于是，很多国家都确定了优先发展城市轨道交通的方针，有的国家甚至通过立法解决城市轨道交通的资金来源问题。这一切都标志着城市轨道交通进入了高速发展阶段。

10 条全球地铁趣闻

20 世纪 70 年代和 80 年代，各国地铁建设进入高峰期。在地铁高速发展的过程中，世界各国的地铁各具特色。莫斯科地铁被公认为世界上最豪华的地铁，有欧洲“地下宫殿”的美称，如图 1-16 所示。

首尔是当今世界上地铁运行线路最长的城市，有 19 条线路，全长 975 km；纽约地铁（见图 1-17）是当今世界上地铁车站最多的城市，车站数量达 468 个；巴黎地铁是世界上最密集、最方便的地铁，主要车站的出入口均设有计算机显示，应乘的线路、换乘的地点等让人一目了然，如图 1-18 所示。

图1-16　莫斯科地铁

图1-17　纽约地铁

图1-18　巴黎地铁

由于地铁造价昂贵，建设进度受财政和其他因素的制约，因此，西方大城市在建设地铁的同时，又重新把注意力转移到地面轨道上。

总之，城市轨道交通的高速发展既方便了居民出行，又引导了城市发展，在节约资源、能源与环保等方面也具有比较大的优势，还能促进沿线土地开发，加快城市发展，产生明显的国民经济效益、社会效益和生态效益。

小案例

世界地铁之最①

1. 世界上最早的地铁

世界上首条地下铁路系统是1863年开通的伦敦大都会铁路（Metropolitan Railway）。当时电力尚未普及，所以即使是地下铁路，也只能用蒸汽机车。短途的“大都市铁道”全程只有6.5 km，但该条线路的运营是非常成功的，第一年就运载了乘客950万人次。

2. 世界上最繁忙的地铁

莫斯科地铁年输送旅客量达26亿人次，是世界上最繁忙的地铁。目前，900多万位莫斯科市民平均每人每天要乘坐一次地铁，它的年客运量占全市公共交通总运量的45%。

① 佚名. 世界地铁之最中国上榜的这个城市你肯定意想不到.［2018-11-25］. http://qinhuangdao.house.qq.com/a/20161207/013848_all.htm.

3. 世界上地铁最多的国家

美国是世界上拥有地铁最多的国家。纽约、芝加哥、费城、华盛顿等10多个城市的地铁线路长达1 200 km，约占全世界地铁线路长度的1/5。

4. 世界上最安全的地铁

新加坡地铁为了防止火灾的发生，在乘客所触及之处，均不采用木质、天然纤维等易燃材料，同时还配备了一整套灭火救灾的自动监测系统。

5. 世界上最短的地铁

土耳其的伊斯坦布尔地铁总长度只有0.6 km，全程仅有首、尾两个车站，修建时连接伊斯坦布尔最繁华的两个地区。目前，该线路仍保持正常运营，行车间隔为3.5分钟，每次单向旅程耗时1.5分钟。

6. 世界上最快的地铁

美国旧金山地铁是当前世界上最新、最现代化的地铁。列车的运行速度高达128 km/h，为世界地铁列车高速冠军。

7. 世界上层次最多的地铁

一般地铁的层次基本上只有2~3层，而法国巴黎的地铁包括地面大厅在内，共有6层，是世界上层次最多的地铁。

8. 世界上最深的地铁

平壤地铁是在中国的援助下于1968年开始兴建的，是世界上最深的地铁，垂直深度约为100 m，而自动扶梯长度更是达到150 m，从地面乘自动扶梯到站台要花2.5分钟，地铁站内的温度常年保持在19 ℃~20 ℃。

9. 世界上埋深最浅的地铁

我国天津地铁的最浅处埋深仅为2~3 m，可谓世界上埋深最浅的地铁。

10. 世界上最有效益的地铁

香港地铁全长43.2 km，3条线路共有38个车站，日客运量达160万人次，成为全球独一无二最具商业价值的地铁，经济效益十分可观。

11. 世界上造价最高的地铁

U55号线是德国历史上距离最短、造价最高的地铁。其全长仅1.8 km，全段线路大部分位于德国政府办公区域地下，因此也被戏称为“总理地铁”。这条地铁线路共耗资3.2亿欧元，从开工到建成，前后花费将近14年。该线路目前共设3个站，分别是柏林主火车站站、联邦议会站和勃兰登堡门站，全线运行时间为3分钟。

二、我国城市轨道交通的发展

我国城市轨道交通的发展可以划分为早期有轨电车交通时代和现代城市轨道交通时代。

4分钟，回顾中国城市轨道交通40年变迁

1. 早期有轨电车交通时代

我国城市轨道交通系统的产生是从有轨电车开始的。最早的有轨电车出现于北京，起源于20世纪初。20世纪50年代，我国有轨电车的发展达到了高峰。北京、上海、天津、哈尔滨、长春、大连、鞍山等诸多城市都建成了多条有轨电车线路，它在我国城市交通中发挥了历史性的作用。如图 1－19 所示为北京前门大街有轨电车。

图 1－19　北京前门大街有轨电车

想 一 想

列举我国五个建设并运营有轨电车的城市。

2. 现代城市轨道交通时代

我国现代城市轨道交通是以 1965 年 7 月 1 日开工建设的北京地铁为开端的，发展至今大致经历了以下三个阶段：

（1）起步阶段（20 世纪 60 年代至 80 年代初）。在这一时期，我国先后于 1969 年在北京和 1976 年在天津开通了两条地铁。上海也在 20 世纪 60 年代进行了地铁的研究和试验，并建成一段试验段，但在“文化大革命”时期被迫中止。在这一时期，兴建地铁主要是用于防空备战，完全靠政府补贴运行。

（2）平稳发展阶段（20 世纪 80 年代中期至 2000 年）。在这一时期，中国开始了改革开放的进程，地铁的建设也由服务于战备转为服务于经济发展和城市客运。1996 年，台北市修建了第一条城市轨道交通线路，揭开了台湾地区修建城市轨道交通系统的序幕。

（3）快速发展阶段（21 世纪初至今）。进入 21 世纪，中国经济的迅猛发展为地铁建设带来了重大机遇，各大城市地铁项目竞相立项开工。根据中国城市轨道交通协会的统计，截至 2018 年年底，中国内地开通城市轨道交通的城市共 35 个，运营里程达 5 766.7 km。其中，33 个城市开通地铁 5 013.3 km，9 个城市开通轻轨 420.8 km，15 个城市开通有轨电车 332.6 km。2018 年中国内地新开通城市轨道交通线路 734.0 km，新增运营线路 22 条，新开通延伸段 14 段，涉及 16 个城市。其中地铁 627.7 km，轻轨 19.7 km，有轨电车 86.6 km。

下面以北京、上海和广州为例，介绍我国城市轨道交通的发展状况。

① 北京。北京是中国第一个拥有地铁的城市。1965 年 7 月 1 日，北京开始兴建地下铁道，即地铁 1 号线，一期工程全长 23.6 km，于 1969 年 10 月 1 日建成通车。此时的新加坡、

旧金山、汉城（现在的首尔）、华盛顿、亚特兰大等国际都市还没有地铁。随后，北京地铁2号线于1984年9月通车试运营。然而，在1969年到2001年的这33年时间里，北京共竣工42 km地铁，平均每年只修建1.3 km地铁。特别是从1987年到1997年的11年间，北京只开通了复兴门到西单的1.8 km地铁，此时的北京地铁发展已经远远地被其他国际大都市抛在了后面。

截至2018年12月，北京地铁运营线路共有22条，覆盖北京市11个市辖区，运营里程637 km，共设车站391座，开通里程居中国第二位，在建线路15条，共320.8 km。

② 上海。上海轨道交通建设始于1990年年初。1989年5月，中德双方正式签署了4.6亿马克的地铁专款贷款协议书。1990年3月7日，国务院正式同意，上海地下铁道工程开工兴建。经过地铁工程建设者的不懈努力，1993年5月28日，上海地铁第一条线路——1号线南段（徐家汇站—锦江乐园站）建成通车。1995年4月10日，上海轨道交通1号线全线（上海火车站站—锦江乐园站）建成通车。

截至2018年12月，上海轨道交通线网已开通运营16条线路（1～13号线、16号线、17号线、浦江线），共设车站415座（含磁浮线2座），运营里程共705 km（含磁浮线29 km），居中国第一位、世界第一位。在上海城市轨道交通的远期规划中，线路将达33条，运营里程达1 700 km，并与贯通全市各要点的高速城际铁路统一票务，有效换乘。

③ 广州。广州地铁1号线于1993年12月正式开工建设，1997年6月试运营，首段开通西塱站—黄沙站，全线于1999年6月28日正式通车，这标志着继北京、天津及上海后，广州成为中国第4个建有地铁系统的城市。

截至2018年12月28日，广州地铁运营线路共14条，分别为1号线、2号线、3号线、4号线、5号线、6号线、7号线、8号线、9号线、13号线、14号线（含知识城支线）、21号线、APM线和广佛地铁，共设车站257座，共有换乘站31座，运营里程478 km。开通运营里程居中国第三位、世界第四位。运营服务可靠度排名第一，运能利用率及行车正点率排名第三。

3. 我国城市轨道交通建设条件

《国务院办公厅关于进一步加强城市轨道交通规划建设管理的意见》（国办发〔2018〕52号）提出，要严格建设申报条件。城市轨道交通系统，除有轨电车外，均应纳入城市轨道交通建设规划并履行报批程序。地铁主要服务于城市中心城区和城市总体规划确定的重点地区，申报建设地铁的城市一般公共财政预算收入应在300亿元以上，地区生产总值在3 000亿元以上，市区常住人口在300万人以上。引导轻轨有序发展，申报建设轻轨的城市一般公共财政预算收入应在150亿元以上，地区生产总值在1 500亿元以上，市区常住人口在150万人以上。报建地铁、轻轨线路，初期客运强度分别不低于每日每千米0.7万人次、0.4万人次，远期客流规模分别达到单向高峰每小时3万人次以上、1万人次以上。这些申报条件将根据经济社会发展情况按程序适时调整。

截至2018年10月，中国内地建成投运地铁的城市已达32个，分别为北京、天津、上海、广州、深圳、南京、成都、沈阳、佛山、重庆、西安、苏州、昆明、杭州、武汉、哈尔滨、郑州、长沙、宁波、无锡、大连、青岛、南昌、福州、东莞、南宁、合肥、石家庄、长春、贵阳、厦门、乌鲁木齐。中国港澳台建成投运地铁的城市达4个，分别为香港、台北、高雄、桃园。中国内地建设中的地铁城市有9个，分别为常州、兰州、太原、徐州、南通、济南、呼和浩特、绍兴、洛阳，已停工的城市有1个，为包头；中国港澳台建设中的地铁城市有2个，分别为台中、澳门（澳门轻轨属于APM，故列入）。

任务拓展

中国地铁40年图谱①

从1978年到2017年，中国地铁开通城市从2个到36个，线路从2条到161条，如图1-20所示。

图1-20　中国地铁40年图谱

① 佚名．一图解读·中国地铁40年变化．[2018-11-12]．http://www.sohu.com/a/283246162_480400.

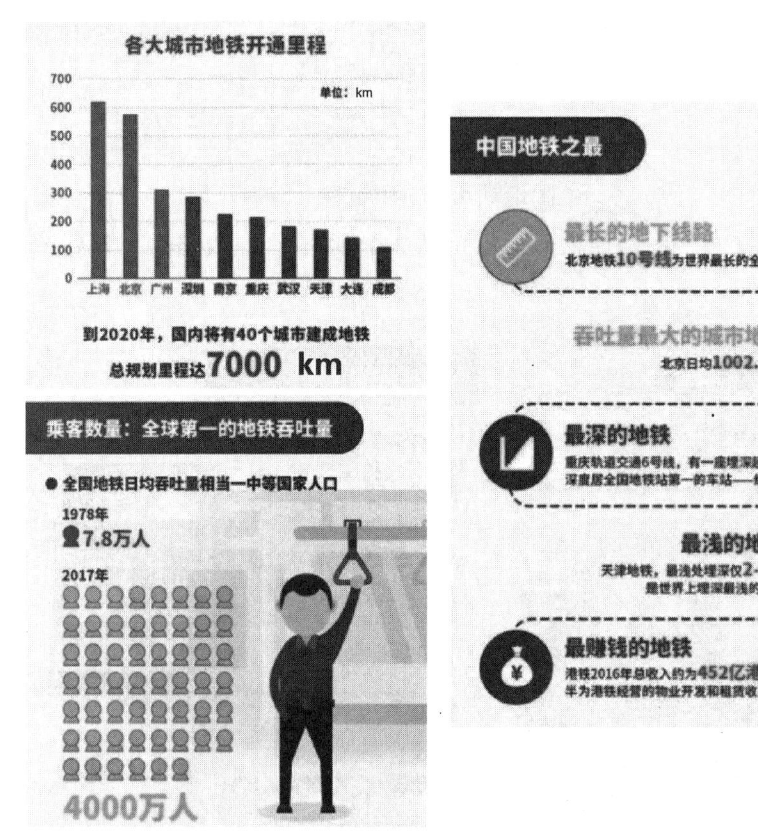

图 1-20　中国地铁 40 年图谱（续）

任务操作

以你的家乡所在的城市为例，调研相关数据，看其是否符合建设城市轨道交通的条件。

任务考核

一、单项选择题

1. 世界上第一条成功行驶蒸汽机车的轨道是（　　）的。

A. 中国　　B. 英国
C. 美国　　D. 法国

2. 我国第一个拥有有轨电车的城市是（　　）。

A. 北京　　B. 上海
C. 大连　　D. 天津

3. 世界上被公认为最豪华的地铁，有欧洲“地下宫殿”美称的是（　　）。

A. 莫斯科地铁　　B. 首尔地铁
C. 巴黎地铁　　D. 纽约地铁

4. 中国第一个拥有地铁的城市是（　　）。

A. 天津　　B. 北京
C. 上海　　D. 广州

二、综合训练题

1. 以你熟悉的城市为例，撰写一份该城市轨道交通发展的报告。
2. 说明申报城市轨道交通的条件。
3. 分析世界城市轨道交通发展的阶段及特点。
4. 自行查阅资料，说明城市轨道交通的未来发展趋势。

项目 2 PROJECT

城市轨道交通运营岗位

TASK 任务 1 城市轨道交通运营企业组织

知识目标

1. 了解城市轨道交通运营企业组织结构。
2. 熟悉城市轨道交通运营企业生产部门及其职责。

能力目标

1. 能明晰城市轨道交通运营企业的组成部门。
2. 能明确专业所在部门及其职责。

任务引入

城市轨道交通系统按功能分为两个子系统进行管理：一个是体现城市轨道交通基本功能的客运服务系统，主要任务是组织列车运行和进行客运服务；另一个是运营保障系统，主要是运营设备维护修理体系，主要任务是确保线路、供电系统、车辆、通信信号设备、机电设备等系统状态良好，使城市轨道交通系统安全、可靠、高效地运行。乘坐地铁出行，调研城市轨道交通运营企业组织结构及相关部门的职责。

任务分析

城市轨道交通运营企业主要负责提供快速、安全、准时、舒适、便利的运输服务，主要有企业内部的管理、组织列车运行和客运服务、内部生产以及运营设备的管理等。

一、城市轨道交通运营企业组织结构

城市轨道交通运营企业组织结构如图 2－1 所示。其中，职能部室包括党群监察部、企划部、办公室、人力资源部、财务部和安全技术部；生产部室包括物资部、调度票务部、客运部、车辆部和机电设施部。

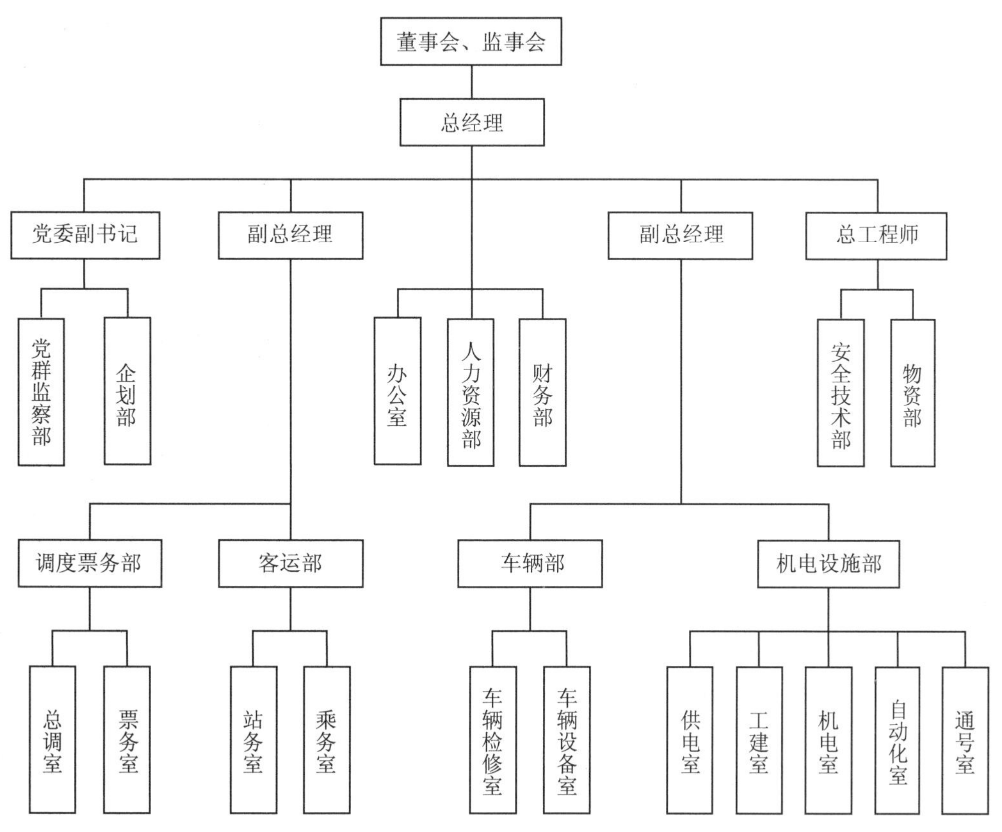

图2-1 城市轨道交通运营企业组织结构

想一想

你所学的城市轨道交通专业毕业生就业的岗位属于哪个部门？

小案例

南京地铁集团有限公司①

南京地铁集团有限公司内设10个部门，包括办公室、组织宣传部、人力资源部、规划发展部、质量安全部、资产管理部、财务部、监察室（审计部）、土地管理部、信息中心；1个直属单位，即南京地铁交通设施保护办公室；3家全资子公司，包括南京地铁建设有限责任公司、南京地铁运营有限责任公司、南京地铁资源开发有限责任公司；4家控股公司，包括南京地铁小镇开发建设集团有限公司、南京宁高轨道交通有限公司、南京宁北轨道交通有限公司、江苏宁句轨道交通有限公司（见图2-2）。南京地铁集团定位为资金的平台、资产的平台、资源的平台，以资金、资产、资源为纽带，通过建立和完善公司治理机制、业务管控机制、财务监管机制、干部聘用机制、绩效考核机制、项目管理机制和资金平衡机制七大配套机制，协调好与南京地铁建设有限责任公司、南京地铁运营有限责任公司、南京地铁资源开发有限责任公司、南京地铁小镇开发建设集团有限公司4个公司的关系，促使4个公司集中精力完成好南京地铁自身建设、运营、资源开发和小镇开发任务。

① 南京地铁．南京地铁集团有限公司简介．［2018-11-23］．http://www.njmetro.com.cn/about_01.aspx.

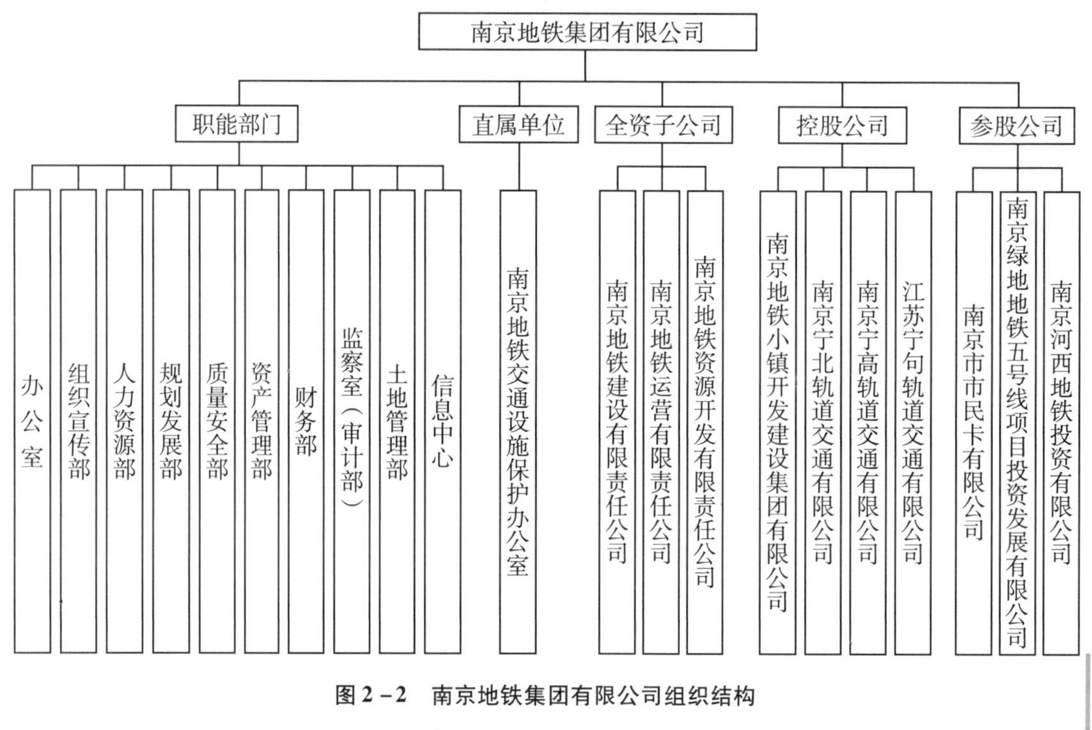

图 2－2　南京地铁集团有限公司组织结构

二、生产部门组织结构及其职责

1. 物资部

物资部负责执行企业物资计划、采购管理、仓储管理、生产类固定资产管理等工作。物资部人员结构如图 2－3 所示。

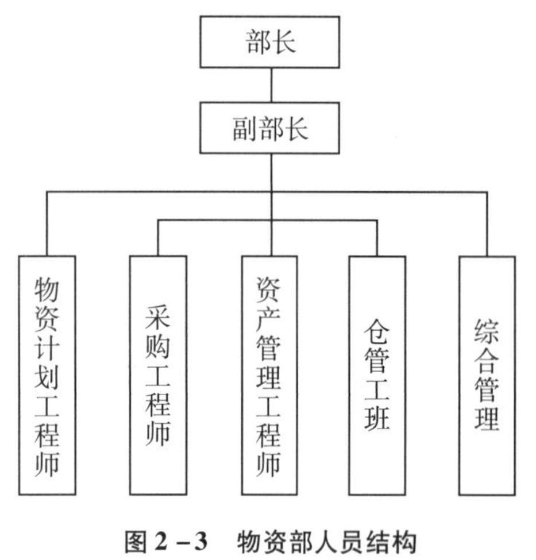

图 2－3　物资部人员结构

2. 调度票务部

调度票务部负责运输组织、生产协调、设备监控、票务管理、收益管理，对总调室、票务室进行归口管理。调度票务部人员结构如图 2－4 所示。

总调室负责行车调度、设备监控、应急处置、故障接报、信息发送和生产协调。

票务室主要负责票务管理、票卡管理、设备维修、安全技术管理以及日常管理等工作。

运输管理工程师负责行车组织管理、培训演练、统计分析日常行车指标、参与分析运营情况和调度指挥工作质量并编制运营质量分析报告、制订运输计划（包括运行图的安排、编制）。

施工管理工程师负责施工管理、编制与审批施工计划。

票务管理工程师负责组织拟定票务技术文本规章、工作流程，协调、检查、指导票务室管理工作的开展，各类票卡的新办、挂失、注销、补办和黑名单下载审核管理等工作。

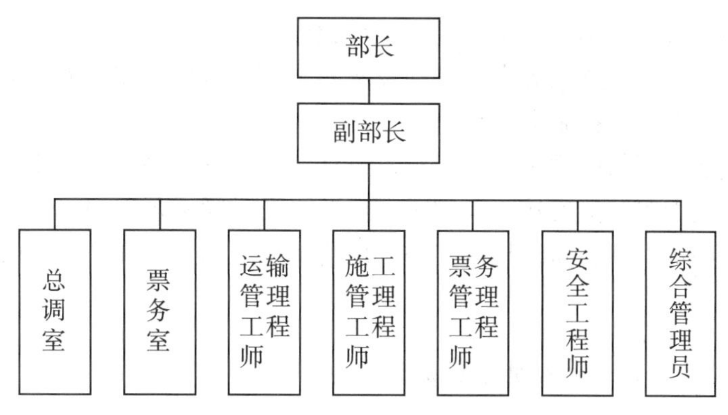

图2-4 调度票务部人员结构

安全工程师主要负责组织和检查部门安全生产、部门质量体系运行、资产管理等工作，并协助做好所属专业的管理。

综合管理员主要负责部门质量体系运行、统计、安全管理等综合性事务的管理。

3. 客运部

客运部负责乘务管理和站务管理，对乘务室、站务室进行归口管理。客运部人员结构如图2-5所示。

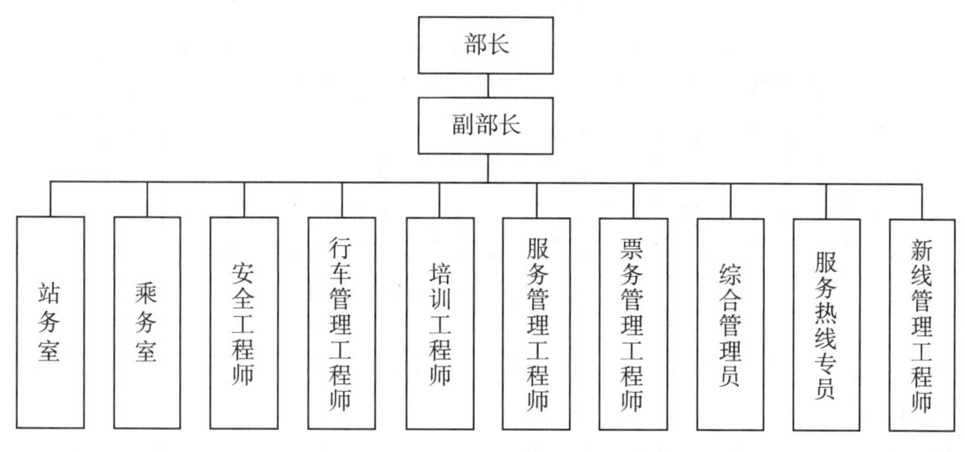

图2-5 客运部人员结构

站务室对站务生产、行政等工作进行统一指挥和管理，全面落实部门下达的年度生产经营计划、任务，确保站务的正常运作。

乘务室对电客车驾驶、行车安全、人员管理、消防安全、标准化等工作进行统一指挥和管理。

安全工程师主要负责组织和检查部门安全生产、部门质量体系运行等安全管理工作。

行车管理工程师负责站务、乘务技术管理，乘务运输策划，晚点分析，技术比武、演练。

培训工程师主要负责车站员工的培训组织和管理工作，制定有关员工培训的各项规章制度及相应的考核指标，负责员工晋升、转岗等各类考试、考核工作。

服务管理工程师负责组织、服务与热线管理相关的标准和文本的编制、修改、重审，协调、检查、指导客运部服务工作的开展，跟踪问题整改落实情况、客运系统投诉的调查，管理服务热线专员，及时汇总热线反馈问题报上级领导。

票务管理工程师负责线路票务专业管理及指导工作，定期对车站人员的票务工作进行检查，发现问题提出相关整改措施并督促落实。

综合管理员主要负责部门质量体系运行、统计、安全管理等综合性事务的管理。

服务热线专员负责服务热线接听、记录、汇总，及时联系各部门协助乘客解决问题。

新线管理工程师负责组织新线接管工作、新线系统联调工作和新线验收工作。

想一想

你在地铁车站看到的工作人员分别属于哪些部门？

4. 车辆部

车辆部负责电客车、车辆段设备和工程车的生产管理、技术管理、安全管理及对外协调等相关工作，对车辆检修室、车辆设备室实行归口管理。车辆部人员结构如图 2－6 所示。

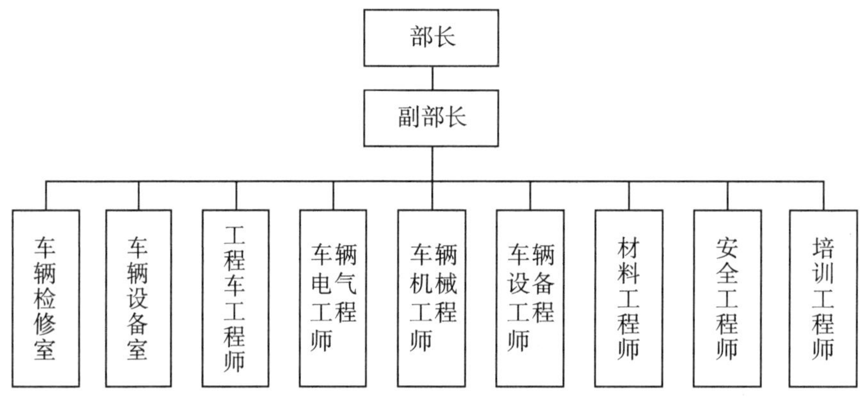

图 2－6 车辆部人员结构

车辆检修室履行对所辖技术组、生产调度组、班组的技术、生产、安全等工作的统一指挥和管理的职责。

车辆设备室负责车辆段设备和工程车的生产管理、技术管理、安全管理及对外协调等相关工作，对下属各班组实行归口管理。

工程车工程师负责工程车辆现场检修技术支持、相关检修规程和工艺的制定与完善等工作。最常见的工程车辆有救援车、轨道检测车等。

车辆电气工程师主要负责车辆电气系统（牵引辅助、网络控制系统）的技术管理、检修规程编制、疑难故障处理等工作。

车辆机械工程师主要负责车辆机械系统（车体、转向架、车门、制动）的技术管理、检修规程编制、疑难故障处理等工作。

车辆设备工程师负责车辆系统所属检修设备、工程车辆的统筹管理，如不落轮镟床、起重机、架车机、洗车机等。

材料工程师主要负责材料备件的管理、采购计划的申报、定额管理及成本核算等工作。

安全工程师主要负责组织和检查部门安全生产、部门质量体系运行等安全管理工作。

培训工程师主要负责员工的培训组织和管理工作，制定有关员工培训的各项规章制度及相应的考核指标，负责员工晋升、转岗等各类考试、考核工作。

5. 机电设施部

机电设施部负责所辖设备的生产管理、技术管理、安全管理以及对外协调等相关工作，对供电室、自动化室、机电室、通号室、工建室实行归口管理。机电设施部人员结构如图2-7所示。

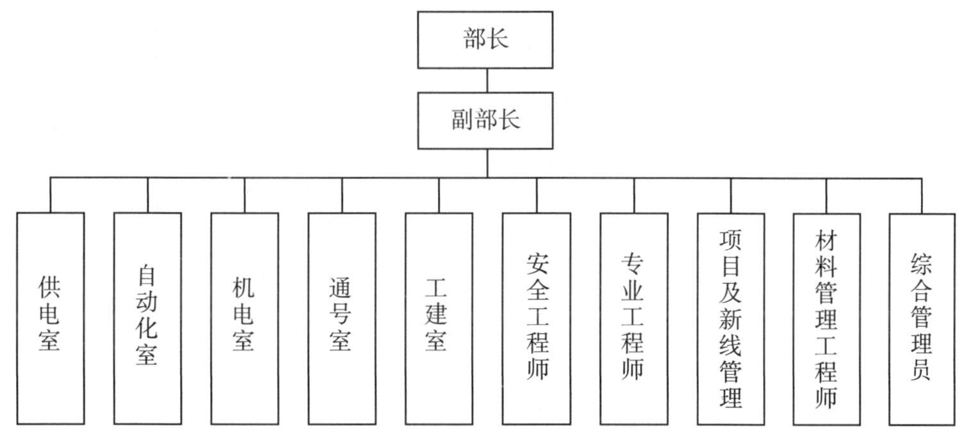

图2-7　机电设施部人员结构

供电室负责全线（车辆段及停车场）的供电工作，包括供电、接触网相关设备的日常维护和应急处理工作。

自动化室负责FAS（fire alarm system，火灾报警系统）、综合监控相关设备的维护管理，履行对本室技术组、综合组、生产调度组及所辖班组的技术、生产、安全工作统一指挥和管理的职责。

机电室负责通风空调、给排水、低压配电、电扶梯（包括电梯和自动扶梯）、屏蔽门相关设备的维护管理工作。

通号室负责通信、信号设备及信息化设备维护、故障处理，履行对本室技术组、综合组、生产调度组及所辖班组的技术、生产、安全工作统一指挥和管理的职责。

工建室负责全线（含车辆段及停车场）轨道、隧道、房建的维护工作，履行对本室技术组、综合组、生产调度组及所辖班组的技术、生产、安全工作统一指挥和管理的职责。

随着地铁线路的增加和企业规模的扩大，城市轨道交通运营企业会采取事业部制或分公司的管理模式，如南京地铁运营有限责任公司于2012年9月11日正式挂牌成立。公司职能为营运服务公司，受南京地铁集团有限公司委托，负责目前所有线路的运营管理、乘客服务及设施设备的维修保养，同时担负网络化运营的筹备任务，其组织结构如图2-8所示。

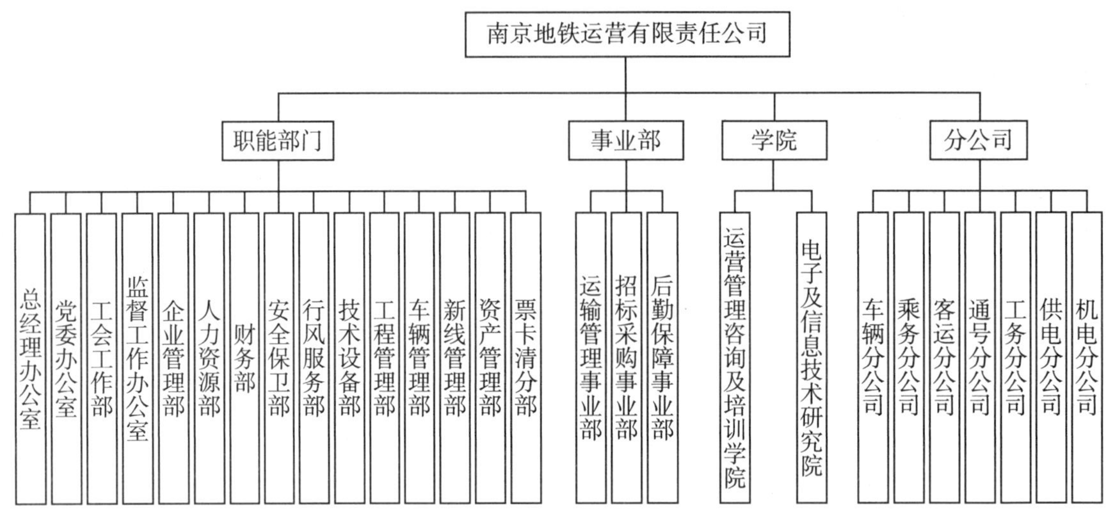

图 2-8　南京地铁运营有限责任公司组织结构

任务拓展

广州地铁集团有限公司①

广州地铁集团有限公司是广州市政府全资大型国有企业，负责广州城市快速轨道交通系统的工程建设、运营管理和附属资源开发经营，其组织架构如图 2-9 所示。该公司以服务社会、造福人民为宗旨，全面贯彻广州建设国家重要中心城市的战略部署，全力以赴“建设好、运营好、经营好”地铁，创造了良好的社会效益、经济效益和环境效益。

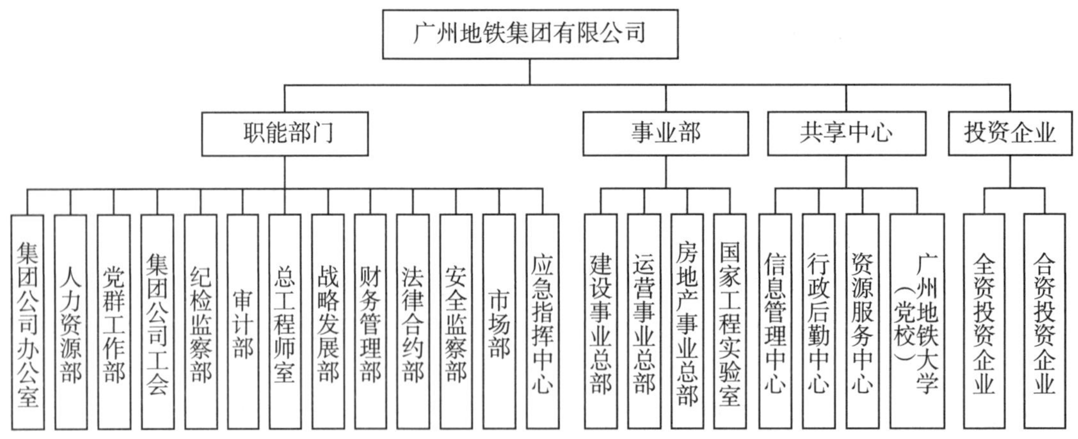

图 2-9　广州地铁集团有限公司组织架构

任务操作

查询几家城市轨道交通运营企业组织结构，并进行比较。

① 佚名. 全国 37 个城市地铁公司组织架构一览. [2018-12-10]. http://www.360doc.com/content/16/0616/18/32739745_568320549.shtml.

任务考核

一、单项选择题

1. 负责运输组织、生产协调、设备监控、票务管理、收益管理的部门是（　　）。

A. 调度票务部　　B. 客运部

C. 车辆部　　D. 站务室

2. 供电室、工建室属于（　　）。

A. 调度票务部　　B. 客运部

C. 车辆部　　D. 机电设施部

二、多项选择题

1. 生产部室包括（　　）。

A. 物资部　　B. 车辆部

C. 机电设施部　　D. 企划部

2. 客运部的职责包括（　　）。

A. 运输组织、生产协调、设备监控

B. 对车辆检修室、车辆设备室实行归口管理

C. 乘务管理和站务管理

D. 对乘务室、站务室进行归口管理

三、判断题

1. 票务室负责行车调度、设备监控、应急处置、故障接报、信息发送和生产协调。（　　）

2. 站务室对站务生产、行政等工作进行统一指挥和管理。（　　）

四、综合训练题

1. 绘制客运部组织结构，并说明其工作职责。

2. 绘制车辆部组织结构，并说明其工作职责。

3. 自行查阅资料，说明各个城市的城市轨道交通运营企业组织结构有何不同。

TASK 任务2 城市轨道交通运营企业生产岗位

知识目标

熟悉城市轨道交通运营企业生产岗位及其职责。

能力目标

1. 能明晰城市轨道交通运营企业的生产岗位。
2. 能明确专业对应生产岗位及其职责。

任务引入

城市轨道交通运营企业的主要生产岗位是良好的运营管理的前提和保证，包括行车管理、票务管理、乘客管理等。通过乘坐地铁出行，调研地铁企业中专业对应的生产岗位及其职责。

任务分析

一、调度、票务主要岗位及其职责

1. 总调室

总调室人员结构如图 2－10 所示。

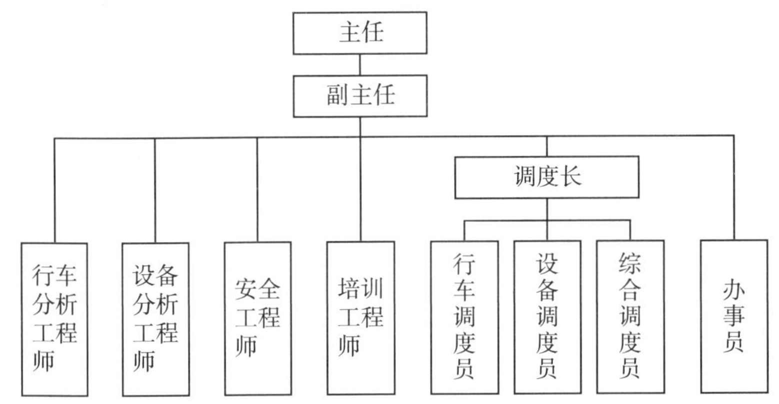

图 2－10　总调室人员结构

调度长负责总调室本班组的生产和日常管理工作，协助主任、副主任开展运营管理和班组管理。

行车调度员负责日常行车组织、指挥工作，按照列车运行图的要求组织行车，实现安全、准点和优质的运营服务。总调室调度大厅和调度设备如图 2－11 所示。

地铁是怎么运营的 1
——调度 OCC

图 2－11　总调室调度大厅和调度设备

设备调度员负责所辖范围内的供电系统、环控系统及火灾报警系统的设备管理维护工作。

综合调度员负责运营设备的运行情况、故障信息以及各项检修任务完成情况的统计分析，配合值班主任发布运营信息。

2. 票务室

票务室人员结构如图2－12所示。

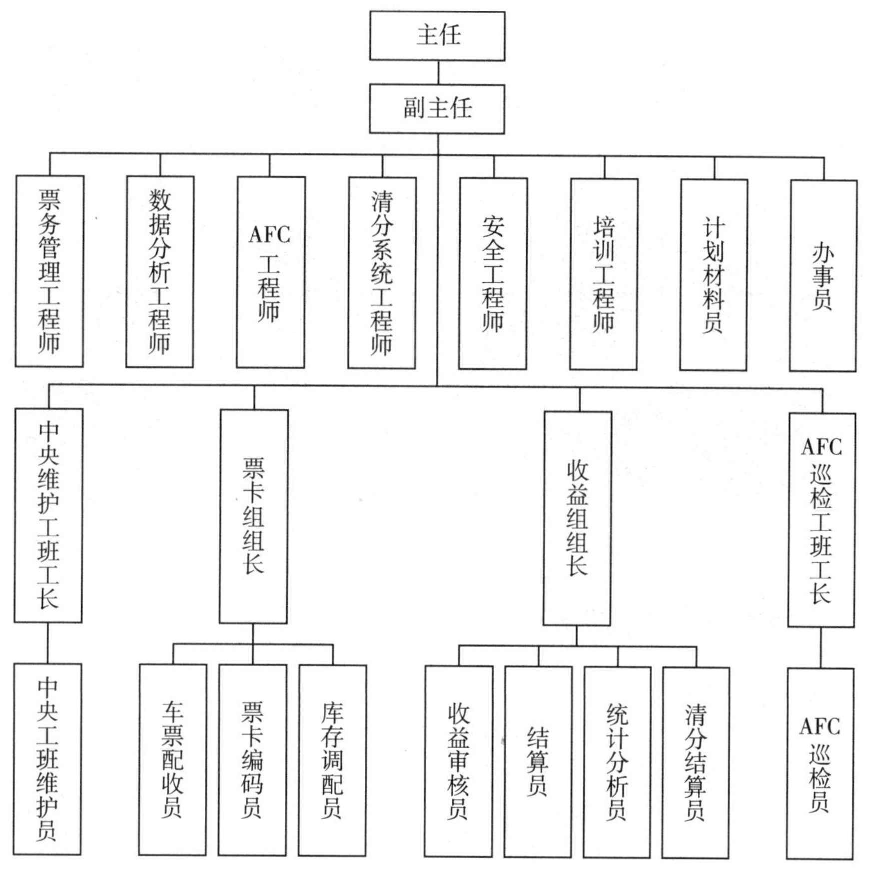

图2－12　票务室人员结构

收益组组长负责本组的日常管理及内部培训，制定、完善组内的管理办法及作业程序，制订收益组的工作计划等。

收益审核员负责车站各类报表的审核工作。

结算员负责线路间票务收益数据的整理、结算工作。

清分结算员负责线路收益清分结算工作，定期与财务做好对接工作。

中央维护工班工长负责本班组的日常管理，检查、指导本班组各岗位员工的工作，应做好中央AFC（automatic fare collection system，自动售检票系统）、ACC（AFC clearing center，自动售检票系统的清分中心）设备的日常维护和保养，机房的巡视工作，以及设备的软件、数据库、服务器、网络的技术保障工作，保证AFC设备设施安全、稳定地运行。

AFC巡检工班工长负责线路的日常管理，检查、指导本班组各岗位员工的工作，应做好正线AFC设备的维护和保养工作，保证AFC设备安全运行。

AFC巡检员负责对管辖范围内的AFC、门禁设备进行日常检修、设备维修和保养，以及部件维修、故障抢修工作，保证AFC设施设备安全运行（见图2－13和图2－14）。

图2－13　闸机保养

图2－14　自动售票机检修

二、客运岗位及其主要职责

1. 站务岗位及其职责

(1) 站务室人员结构。站务室人员结构如图2－15所示。

行车工程师负责运输组织管理和行车方面的工作，对车站突发行车事件进行业务指导，并做好后续调查分析。

地铁是怎么运营的2
——车站里的全能手

站长全面负责本区域站行车、票务、服务、安全等综合性工作，定期计划、检查、总结车站行车、客运和票务工作；负责车站员工的日常，定期进行员工教育，掌握员工的思想状况；负责监督车站乘客服务工作，处理乘客投诉、来信、来访、纠纷等。

值班站长负责本班组所有的工作，如考勤、担任应急情况的现场负责人等。

地铁值班站长到底是怎样工作的

值班员分为行车值班员和客运值班员。行车值班员负责车站的施工管理、行车监控，监督车站行车设备及全站动态，发现异常时及时上报。客运值班员负责车站现场的客流组织、客运服务、票务设备简易维修、TVM（ticket vending machine，自动售票机）的补币、设备的补票等。

站务员负责车站服务中心、站厅、站台的现场工作。服务中心主要负责乘客事务、换零钱等工作；站厅、站台的工作包括巡视设备运转是否正常、环境是否整洁、是否有乘客需要帮助、导向标志是否完整等。

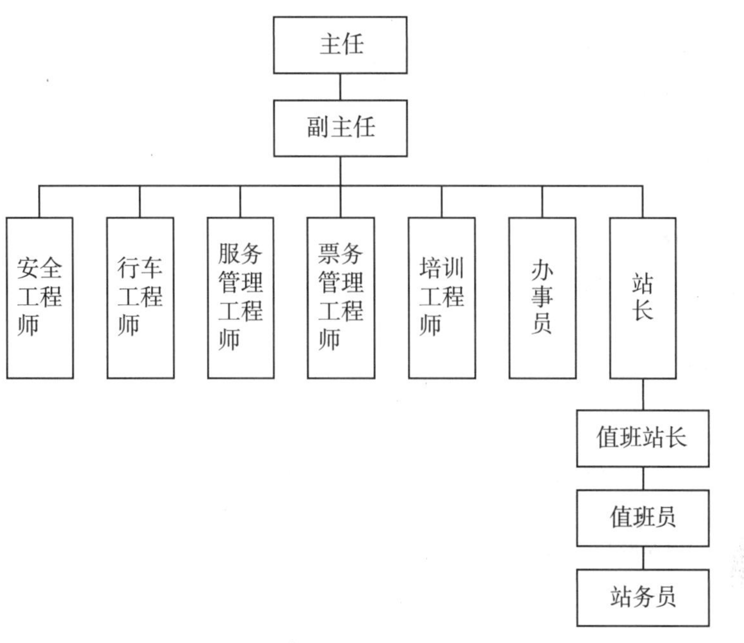

图2－15　站务室人员结构

（2）车站各岗位及其职责。

1）车站层级管理框架如图2－16所示。

在一般情况下，车站实行层级负责制，由上至下依次为站长、值班站长、值班员、站务员。信息汇报实行逐级汇报制度，由下至上依次为站务员、值班员、值班站长、站长。车站站长或值班站长负责协调驻站人员的工作。

2）车站各岗位工作职责，以某地铁公司为例说明如下。

① 地铁车站站长的工作内容和岗位职责见表2－1。

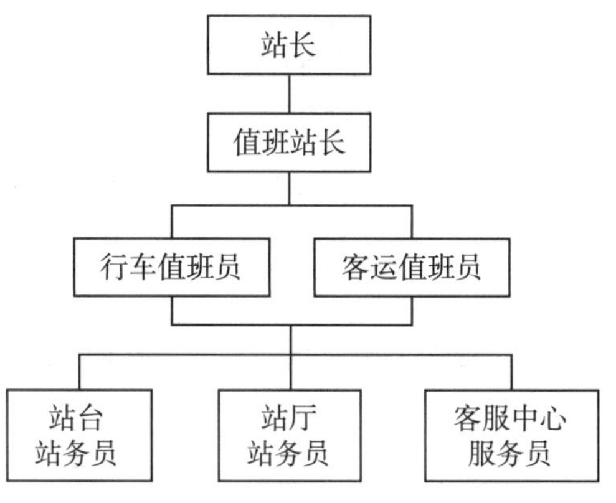

图2－16　车站层级管理框架

表2－1　地铁车站站长的工作内容和岗位职责

工作内容	岗位职责
工作分工	站长负责全站的行车、客运和票务管理，乘客服务、事故处理、员工管理、班组管理、安全管理、员工培训等工作。站长不在车站时，授权当班值班站长管理车站日常工作
行车、客运和票务管理	领导、监督值班站长的行车、客运和票务工作； 组织车站行车、客运和票务工作，编制、执行车站行车、票务和客运组织方案； 定期计划、检查、总结车站行车、客运和票务工作
乘客服务	领导、监督车站乘客服务工作，为乘客提供优质服务； 处理乘客投诉、来信、来访； 汇总服务案例、服务技巧，提高员工服务质量

续表

工作内容	岗位职责
事故处理	车站发生事故时，承担事故处理主任工作； 组织车站员工处理事故，尽快恢复正常运营； 经常检查车站安全隐患
员工管理	监督各层级人员的管理情况，统筹安排并协调各岗位的工作； 定期进行员工教育，掌握员工的思想状况； 对车站员工进行考核； 每月汇总、公布车站考核情况； 对保安员、保洁员进行监督、检查、管理，考核其工作质量
班组管理	每月根据上级要求和车站的实际情况，审核班组工作计划，并对班组工作质量进行考核； 监督班组管理成员的工作； 每月定期召开班组管理成员会议； 解决车站各班组出现的问题
安全管理	组织突发、紧急情况下的车站运作，确保车站行车、客运、票务、消防、治安、人身的安全； 进行车站日常安全检查，发现隐患并督促落实、整改； 每月进行安全教育、总结
员工培训	根据上级的要求和本站培训需求，制订车站培训计划； 按车站的实际情况安排培训工作； 定期检查培训效果，进行培训总结

② 地铁车站值班站长的工作内容和岗位职责见表 2 -2。

表 2 -2　地铁车站值班站长的工作内容和岗位职责

工作内容	岗位职责
工作分工	值班站长负责本班全站日常的行车、客运和票务管理，乘客服务、事故处理、设备日常管理、安全管理、员工培训等工作。当站长不在车站时，值班站长接受站长授权，管理车站日常工作
行车、客运和票务管理	服从行调指挥，执行行调命令； 监督值班员接发列车； 监督操作 LOW（local operator workstation，区域操作员工作站，即联锁工作站）； 组织乘客购票乘车； 在站长的领导下，组织突发、紧急情况下的车站运作； 根据需要巡站检查和指导车站各岗位的工作； 确保车票、现金的安全； 监督票务流程的执行，监督车站 AFC 设备的运作情况

续表

工作内容	岗位职责
乘客服务	处理乘客的服务需求； 处理乘客投诉、来信、来访、纠纷等； 根据服务标准，解决与乘客有关的问题，提供优质服务； 处理、汇总本班的服务事件、服务问题，并及时向站长汇报； 对站内服务设施、站外导向、告示牌等进行巡视、管理
事故处理	当站长不在车站时，担任事故处理主任，按应急方案操作； 组织相关员工处理事故，尽快恢复正常运营； 及时向行调报告处理情况
班组管理	每月根据上级要求和车站的实际情况制订班组工作计划，并对班组工作进行总结； 按规定在班前组织召开接班会，在班后组织召开交班会； 合理安排岗位，协调岗位工作； 对当班人员的劳动作业纪律进行监督、检查、考核； 掌握员工的思想状况，对当班员工进行思想教育； 对保安员、保洁员进行监督、检查、管理，考核其工作质量； 每月召开一次班组会议； 解决本班组出现的问题
安全管理	确保行车安全、车站员工及乘客的人身安全； 确保车站收益安全； 监督车站治安安全、消防安全工作； 进行车站日常安全检查； 及时向站长汇报安全情况
员工培训	组织实施车站本班培训工作； 定期总结本班培训工作，提出改进意见

③ 地铁车站值班员的岗位职责见表2－3。

表2－3　地铁车站值班员的岗位职责

岗位类型	岗位职责
行车值班员	在值班站长的领导下，负责车站行车组织工作； 负责监控和操作LOW、各设备系统终端界面、综合后备（integrated backup panel，IBP）盘，通过闭路电视（closed circuit television，CCTV）系统监视各区域的情况； LOW停用时，负责组织人工接发列车； 在线路施工和工程列车开行时，安排好安全防护工作，负责车站施工作业登销记管理、施工安全监控、施工负责人管理等工作； 按分公司、客运中心应急信息汇报程序，及时上报车站的各类应急信息； 协助值班站长管理站务员； 做好对乘客的广播

续表

岗位类型	岗位职责
客运值班员	在值班站长的领导下，主管车站客运、票务管理，组织站务员从事客运服务工作； 负责车票、钱款（含备用金）的配发、回收及保管工作； 负责车站营收统计工作，各种票务收益单据的申领、填写及保管； 负责车站票款解行的实施和安全； 协助值班站长管理站务员，处理乘客事务，提供优质服务； 监督站务员的在岗工作情况； 在非运营时间统计、汇总当日的营收情况； 巡视车站，维护车站安全，防止意外事件发生； 根据车站安排开关出入口

④ 地铁车站站务员的岗位职责见表 2－4。

表 2－4　地铁车站站务员的岗位职责

岗位类型	岗位职责
客服中心服务员	在客运值班员的领导下，负责客服中心工作，按规定处理与乘客相关的票务事宜； 按规定时间开关售票窗口； 兑零、售票时，严格执行“一收、二唱、三操作、四找零”的作业程序，准确兑零、售票，按规定提示乘客确认兑（找）零金额、票卡面值； 负责车站客服中心相关的问询工作，热情接待乘客，对乘客提出的问题，按规定妥善解决； 对无法通过自动检票机的票卡进行分析，并按规定处理； 完成相应票务报表的填写，准确填写结算单，向客运值班员交清当班票款，发现问题时及时汇报； 正确使用票务设备，负责客服中心内设备的管理及卫生清洁，并确保客服中心的门随时处于锁闭状态； 加强防范，确保票款安全
站厅站务员	注意站厅付费区、非付费区乘客的动态，发现有违反地铁规定的行为时，要及时制止； 帮助乘客，回答乘客询问，特别注意老、弱、病、残、孕等需要帮助的乘客； 协助值班站长、值班员及时更换钱箱、票箱，引导不能正常进出闸的乘客到客服中心处理； 负责站厅边门的管理，对通过边门进出的人员进行严格登记； 向客运值班员报告处理不了的问题； 留意地面卫生，通知保洁员对水渍、杂物等及时进行清理和设置警示牌，防止乘客摔倒； 负责检查自动扶梯的状态是否良好； 留意进站重点乘客（年老体弱者、小孩、神色异常者、残疾人、携大件物品的乘客等），向其提供帮助，及时发现隐患并通知其他岗位，必要时通知车控室，以便通知目的地车站接应；

续表

岗位类型	岗位职责
站厅站务员	多留意扶梯口，发现乘客在徘徊、试探上扶梯时，应及时指导或指引其走楼梯、乘坐垂直电梯； 注意乘客携带的物品，严禁乘客携带“三品”（易燃品、易爆品、有毒品）进站； 发现乘客携带超大、超长、超重物品时，禁止其进站乘车，并对乘客耐心解释； 当值班站长、客运值班员不在站厅时，负责接受乘客的口头表扬、投诉或建议，做好记录并及时向值班站长、客运值班员汇报； 发现精神异常、醉酒的乘客时，禁止其进站乘车，及时汇报车控室，必要时请求警务人员或其他同事协助，并注意自我保护； 对于在站厅、出入口范围内发生的治安、安全事件，要及时赶到现场，注意保护好现场，寻找两名及以上目击证人，有资格的人员可对伤者使用外用药； 在站厅、出入口范围内发现非地铁宣传品时，及时采取措施并报告车控室； 在运营时间内，每2小时巡视一遍出入口，并将巡视情况报车控室，车控室做记录； 发现有故意损坏或偷窃地铁设备设施行为时，及时制止并报告车控室； 负责站厅、出入口的客流组织工作，及时疏导乘客，防止乘客过分拥挤，及时向车控室汇报客流变化情况； 负责站厅票务工作的安全保卫
站台站务员	负责维护站台秩序，当客车进站时，应尽量于紧急停车按钮附近站岗，发现危及行车、人身安全时，及时通知司机或按压紧急停车按钮； 向乘客宣传站在安全线内候车，维护站台秩序，组织乘客有序乘降，对车门/安全门关闭时抢上抢下的行为予以制止； 监督车门/安全门的关闭情况，发现夹人、夹物时，及时用电台通知司机，若司机无回应，则立即按压紧急停车按钮，并及时汇报车控室； 检查站台乘客的候车动态，帮助乘客，回答乘客询问，发现有违反地铁规定的行为时要及时制止； 列车到达间隔巡视整个站台，发现问题时及时采取相应的处理措施； 站台站务员与司机之间有互联互控的责任，发生异常情况时通知司机，司机必须回应；司机要求车站协助时，车站须按规定给予配合，如NRM［不受控（ATP）人工驾驶模式/非限制人工驾驶模式］监控、车门故障协助处理等

想一想

在地铁车站，与票务有关的岗位有哪些？

2. 乘务岗位及职责

乘务室人员结构如图2－17所示。

运转工程师的主要工作是根据行调的运行图来编制乘务的出行图、统计司机的里程数、优化列车运行交路。

行车技术工程师负责线路的行车、车队的管理工作。

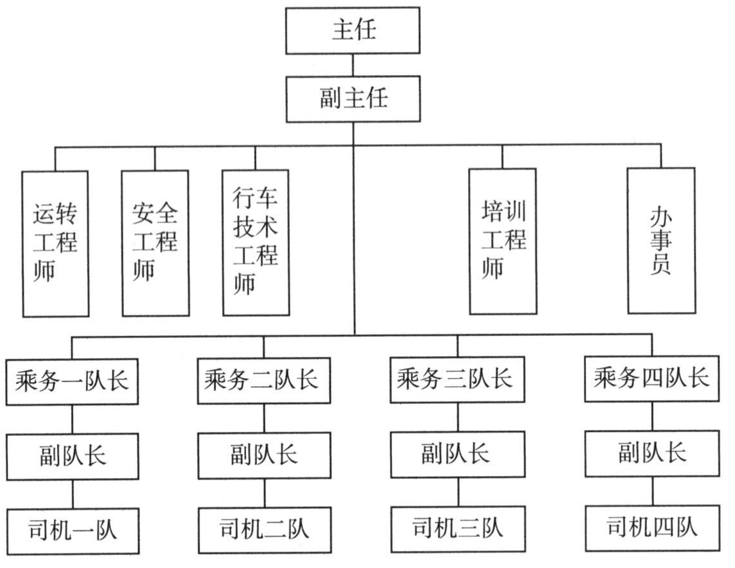

图 2-17　乘务室人员结构

车队队长负责整个车队的所有工作，包括司机交路安排、考勤、绩效、基础培训、组织会议、司机公寓管理、班组活动、台账填写等。

副队长主要负责基地、车场、正线的行车工作。

电客车司机负责电客车驾驶任务。国内司机配备根据“人车比”进行安排，即根据“司机人数/运营车辆数”来确定司机人数，“人车比”一般为 5~6。

司机如何开火车

三、车辆检修与设备岗位及其职责

1. 车辆检修岗位及其职责

车辆检修室人员结构如图 2-18 所示。

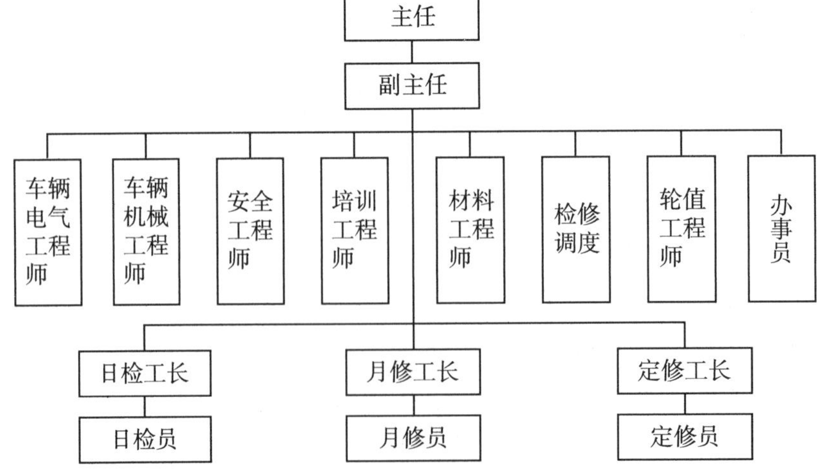

图 2-18　车辆检修室人员结构

日检工班主要负责列车夜间回库后的日检作业和故障处理、驻站列检作业。

月修工班负责列车的双周检、月修作业。

定修工班负责电客车的定修和临修作业。

如图2－19所示为车辆维修员在维护受电弓。

图2－19　车辆维修员在维护受电弓

2. 车辆设备岗位及其职责

车辆设备室人员结构如图2－20所示。

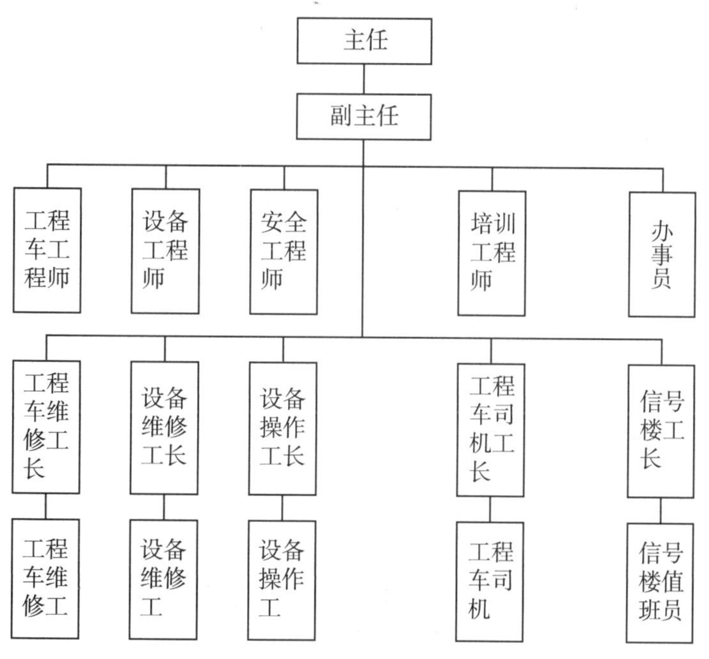

图2－20　车辆设备室人员结构

工程车工程师负责工程车辆现场检修技术支持、相关检修规程和工艺的制定、完善等工作。

设备工程师负责车辆系统所属检修设备的统筹管理。

工程车维修工班主要负责工程车辆的日常维护、临修作业。

设备维修工班主要负责各种检修设备的维修保养和检修。

设备操作工班负责大型检修设备（架车机、不落轮镟床、列车清洗机等）和特种设备（叉车、起重机等）的操作。

工程车司机负责所有工程车辆的操作，配合相关专业的施工、检修作业和抢修作业（见图2－21）。

图2－21　工程车辆作业

信号楼值班员负责布置、执行作业计划，开放进路并监督，双人作业起到互相监控、共同确保安全的作用。

四、机电设施岗位及其主要职责

1. 供电岗位及其职责

供电室人员结构如图2－22所示。

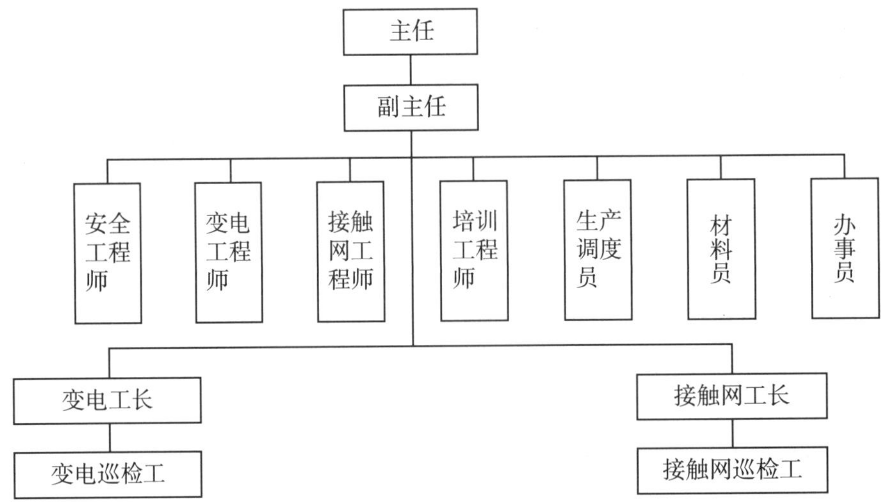

图2－22　供电室人员结构

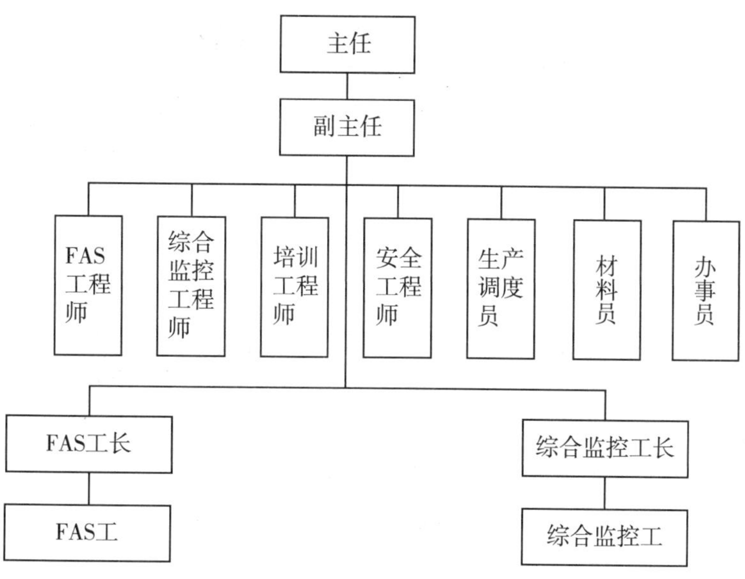

图2－28　自动化室人员结构

5. 通号岗位及其职责

通号室人员结构如图2－29所示。

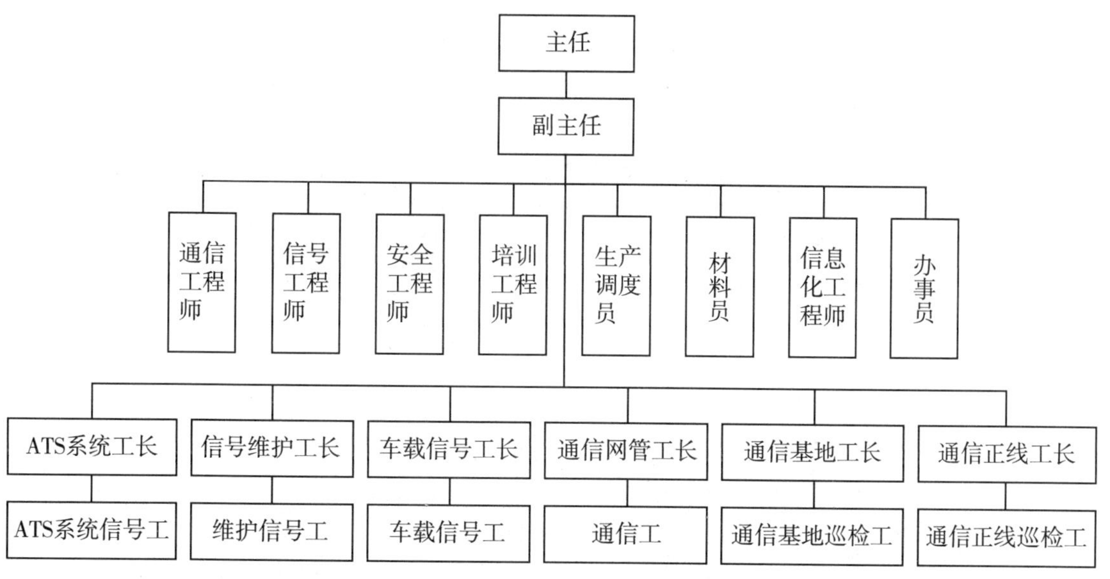

图2－29　通号室人员结构

通号室负责通信、信号设备及信息化设备的维护、故障处理。其中，通信网管工班设置于控制中心，负责通信专业网管设备的维护及故障处理工作。

通信正线工班负责辖区内各个车站（停车场）及区间通信各子系统通信设备的维护工作以及通信设备的故障处理、抢修工作。

ATS（automatic train supervision，自动列车监控）系统信号工、维护信号工和车载信号工的工作环境分别如图2－30～图2－32所示。

图 2-30　ATS 系统信号工的工作环境

图 2-31　维护信号工的工作环境

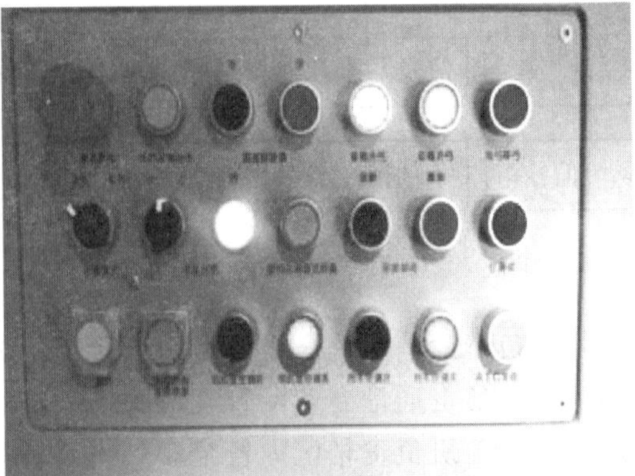

图 2-32　车载信号工的工作环境

想一想

以上所讲的各类型信号工应该具备哪些素质？

任务拓展

地铁车载信号工的工作日常①

随着列车自动控制系统的不断升级、无线通信技术的日益完善，人们越来越感受到现代轨道交通带来的方便与快捷。大连地铁列车上装载了先进系统——CBTC 系统（communication based train control system，基于通信的列车控制系统）。

CBTC 系统具有给列车提供安全定位、列车超速防护、安全紧急制动、安全停靠站台等诸多重要功能，是地铁列车高效、稳定、舒适运营的重要保障之一。

列车的安全运行需要 CBTC 系统的保驾护航，而 CBTC 系统的维护离不开车载信号工的坚守。如图 2－33 所示为车载信号工在维护 CBTC 系统。

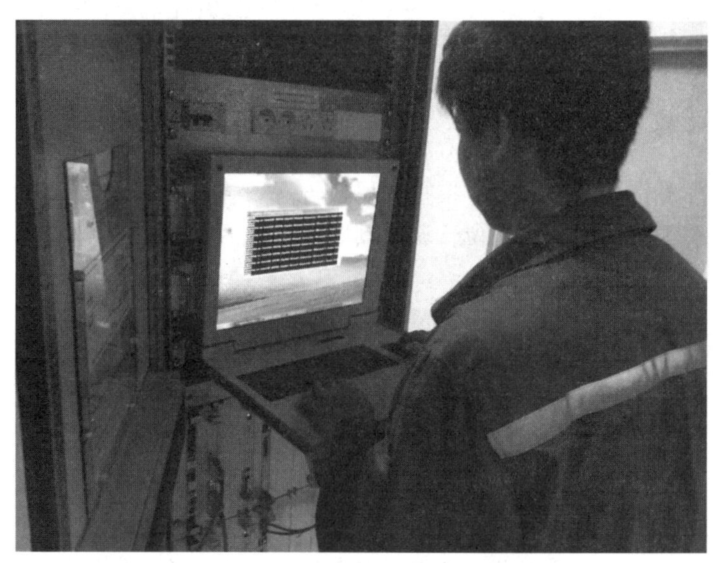

图 2－33 车载信号工在维护 CBTC 系统

每日凌晨，车载信号工便开始了一天的工作。为了保证列车的安全与准点，他们必须对每一辆列车的 CBTC 系统做上线前的例行检查。

在早晚高峰之际，他们需要时刻查看车载 CBTC 系统的运行状态，做到有问题早发现、早解决。

在午夜时分，列车一辆辆回库时，他们需要对每一辆列车的 CBTC 系统进行维护。下载当天的行车日志，并对日志进行分析，以最大限度地消除故障隐患。如图 2－34 所示为车载信号工在进行行车日志下载与分析。

车载信号工 24 小时的不间断守护不仅是地铁高品质运营的保障，更是对百万位乘客的安全、快速、准点出行做出的承诺。

---

① 佚名. 地铁车载信号工的日常.［2018－10－19］. http://www.sohu.com/a/198671053_349556.

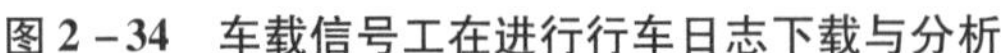
图 2－34　车载信号工在进行行车日志下载与分析

铁路系统工种排行

任务操作

1. 调研地铁车站岗位及其职责，撰写调研报告。
2. 结合专业，明确所对应的岗位，调研其职责。

任务考核

一、单项选择题

1. 负责日常行车组织、指挥工作，按照列车运行图的要求组织行车，实现安全、准点和优质运营服务的岗位是（　　）。

A. 行车调度员　　B. 设备调度员

C. 环控调度员　　D. 综合调度员

2. 负责线路收益清分结算工作，定期与财务做好对接工作的岗位是（　　）。

A. 结算员　　B. 统计分析员

C. 收益审核员　　D. 清分结算员

二、多项选择题

1. 综合监控工班负责（　　）的巡检和维修。

A. 综合监控系统　　B. 全线 SCADA

C. 控制中心门禁设备　　D. 杂散电流监测设备

2. 值班站长的管理权限、范围包括（　　）。

A. 负责本班内各岗位员工的考勤、工作安排和管理

B. 负责对当班期间保洁员、保安员、商铺人员、施工人员、设备维修人员等在站内或到站内工作的人员进行管理

C. 有权向站长、客运中心提出本人的建议和意见

D. 对本班员工有考核权，对岗位调整、晋升有建议权

三、判断题

1. 在正常情况下，车站实行层级负责制，由上至下依次为站长、值班站长、值班员、站务员。（　）

2. 国内司机配备根据“人车比”进行安排，即根据“运营车辆数/司机人数”来确定司机人数。（　）

3. 月检工班主要负责列车夜间回库后的日检作业和故障处理、驻站列检作业。（　）

4. FAS工班负责全线车站及区间隧道、控制室、主变电所、车辆段和综合基地的所有消防设备的巡检和维修工作。（　）

5. 通信正线工班负责辖区内各个车站（停车场）和区间通信各子系统通信设备的维护工作以及通信设备的故障处理、抢修工作。（　）

四、综合训练题

1. 说明客运岗位及其工作职责。

2. 说明通号岗位及其工作职责。

3. 查阅资料，说明城市轨道交通车站的各个岗位是如何协调工作，来保证城市轨道交通的安全、准点运行的。

项目3 PROJECT 城市轨道交通线路

TASK 任务1 城市轨道交通线路分类

知识目标

1. 了解城市轨道交通线路的分类方法。
2. 掌握城市轨道交通线路的类型及其功能。

能力目标

1. 能区分城市轨道交通线路的类型。
2. 能区分不同城市轨道交通线路的功能。

任务引入

城市轨道交通线路是由各种不同材料部件组成的，能保证列车以规定的速度平稳、安全、正点和不间断运行的整体工程结构，是列车行车的基础，也是城市轨道交通运营的重要设备之一。乘坐地铁出行，看一看地铁线路有哪几种类型。

任务分析

城市轨道交通线路是地铁列车行车的基础结构，其分类方式多种多样，可按线路铺设的空间位置、线路在运营中的作用等进行分类。

一、按线路铺设的空间位置分类

城市轨道交通线路按其铺设的空间位置，主要可分为地下线路、地面线路和高架线路三种类型，如图3－1所示。

1. 地下线路

地下线路常用于地下铁道系统，铺设于地下隧道内，一般设置在人口和建筑物密集、交通繁忙路段以及土地价值较高的区域。根据线路与城市道路的关系，城市轨道交通地下线路的平面位置有两种：线路位于道路规划红线（道路用地的边界线）范围内（包括线路位于道路中间、线路位于规划的慢车道和人行道下方）和线路位于道路规划红线范围外，如图3－2所示。

（a）　（b）

（c）

图3－1　城市轨道交通线路按其铺设的空间位置分类

（a）地下线路；（b）地面线路；（c）高架线路

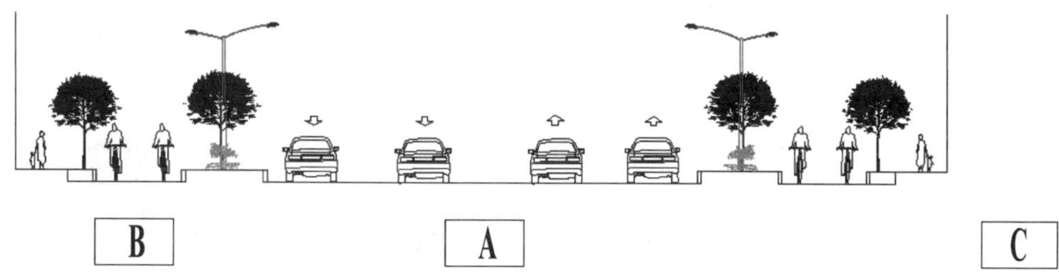

图3－2　城市轨道交通地下线路的平面位置

A位：线路位于道路中间下方；B位：线路位于规划的慢车道和人行道下方；C位：线路位于道路规划红线范围外

地下线路与地面道路交通完全分离，基本上不占城市地面空间，不受气候影响，建成运营后对道路交通及城市景观没有影响。地下线路的不足之处在于，由于其设于地下，需要较高的施工技术，较先进的管理，完善的环控、防灾措施与设备，因此，其工程造价和运营成本较高，同时，其建设过程会对地面交通产生一定的影响，改造调整与线路维护均较困难。

2. 地面线路

地面线路直接铺设于路面上，占用路面面积，对道路交通有很大影响，一般设置在道路和建筑物稀少的空旷地带。在城市道路上铺设地面线路时，一般有两种位置：一种是位于道路中心带上；另一种是位于快车道一侧。其平面位置如图 3 - 3 所示。

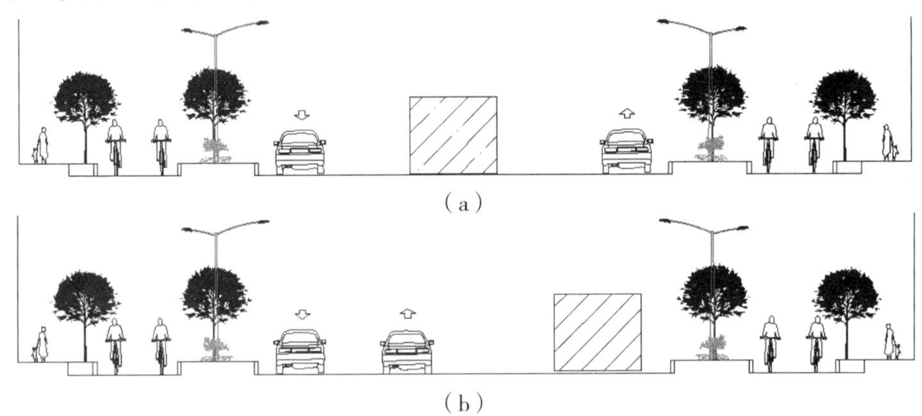

图 3 - 3　城市轨道交通地面线路的平面位置

（a）位于道路中心带上；（b）位于快车道一侧

地面线路普遍采用碎石道床。碎石道床线路造价低、弹性好，但稳定性较差、运行噪声较大。地面线路施工简便，工程造价较低，运营成本较低，线路调整与维护方便；其不足之处在于，运营速度难以提高（有部分信号控制的平面交叉点），且占地面积较大，会破坏城市道路路面，同时容易受气候（如雨、雾、台风）影响，乘车环境难以改善，会对城市环境造成一定的污染。

3. 高架线路

高架线路铺设于城市高架桥上，是城市轨道交通中一种重要的线路铺设方式，一般在市区外建筑物稀少及空间开阔的地段采用，一般有两种位置：一种是沿城市道路中央铺设；另一种是沿城市道路一侧铺设。城市轨道交通高架线路的平面位置如图 3 - 4 所示。

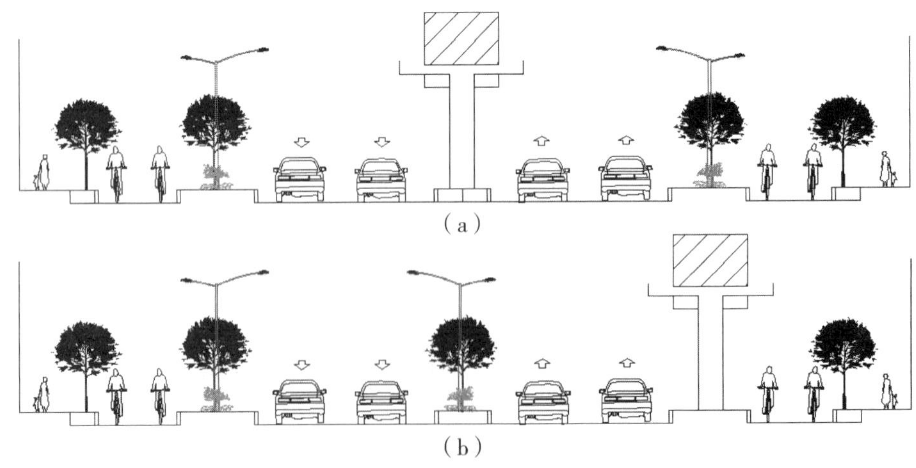

图 3 - 4　城市轨道交通高架线路的平面位置

（a）沿城市道路中央铺设；（b）沿城市道路一侧铺设

高架线路设置在高架工程结构物上，结构稳定，不影响地面道路交通，在施工、维护、管理、环控、防灾方面较地下线路方便，同时，其工程造价较低，介于地下线路和地面线路之间。高架线路的不足之处在于，其会影响城市景观，容易受气候变化影响，且需占用一定的城市用地，同时，列车运行时的噪声对沿街区域的声环境质量影响较大。

由于我国城市道路交通环境复杂，线路铺设形式应根据城市环境、地形条件和总体规划要求因地制宜地选择。较为理想的铺设方式是，在城市中心和建筑密集的区域，采用地下线路，也可适当采用高架线路；而在城市边缘区或郊区，宜采用地面线路或高架线路。

二、按线路在运营中的作用分类

城市轨道交通线路按其在运营中的作用，可分为正线、辅助线和车场线三类。城市轨道交通线路的整体布置如图3－5所示。

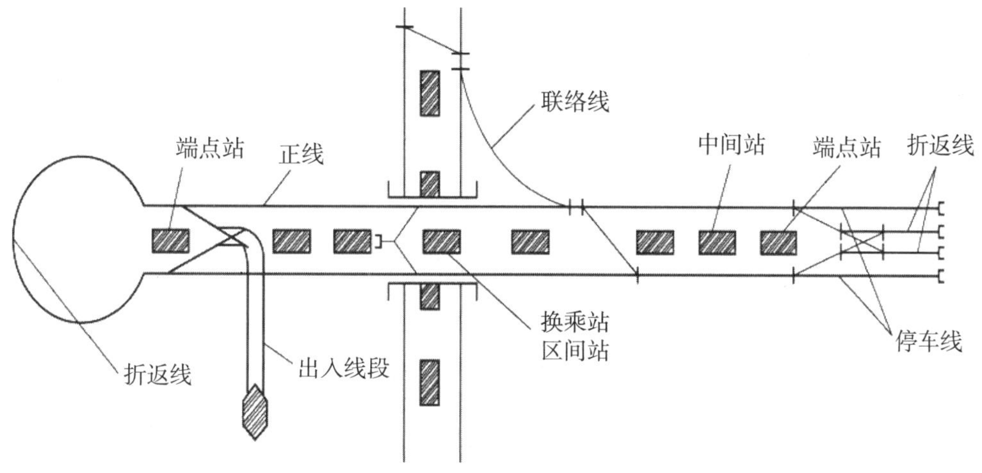

图3－5　城市轨道交通线路的整体布置

1. 正线

正线是指连接所有车站，贯穿运营线路始终点，供车辆日常载客运行的线路，如图3－6所示。

图3－6　正线

正线的行车速度高，密度大，且要保证行车安全和乘坐舒适性，对线路标准要求较高。在正线与其他交通线路的相交处，一般采用立体交叉；在特殊条件下（如线路运营初期、两条线路或交通方式的运量均较小时），若经过计算的通过能力满足要求，也可考虑平面交叉。

正线是独立运行的线路，大多数线路为全封闭的，一般设计为双线，采用上下行、分行，实施右侧行车惯例，以便与城市地面交通的行车规则相吻合（世界上除了英国、日本等部分国家和地区外，绝大部分国家和地区的城市道路交通均实行右侧行车规则）。一般来说，对于南北走向的线路，向北为上行，向南为下行；对于东西走向的线路，向东为上行，向西为下行；对于环线，内圈为上行，外圈为下行。

2. 辅助线

辅助线是为保证正线运营而配置的路线，是城市轨道交通系统的重要组成部分，直接关系到系统运营组织效率的高低。它包括折返线、渡线、停车线、联络线、安全线。

（1）折返线。折返线是指设置在线路两端终点站或准备开行折返列车的区间站，专供列车掉头、转线及存车的线路。折返线视不同的折返方法，可分为以下几种类型。

① 环形折返线。环形折返线也称“灯泡线”，如图 3－7 所示。

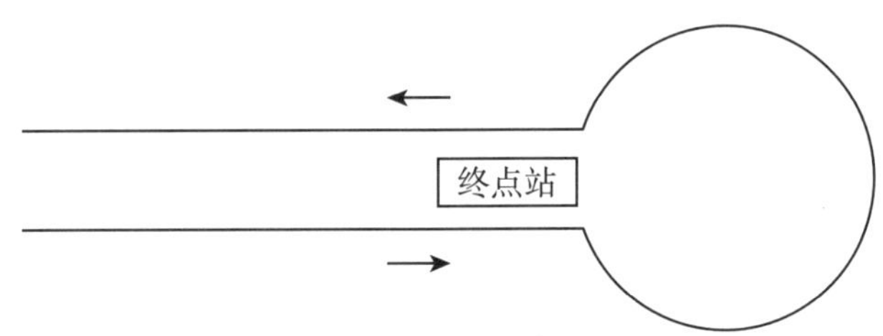

图 3－7　环形折返线

环形折返线将端点折返作业转化为沿一个环形单线区段运行的作业，实质上取消了折返过程，变为区间运行，有利于列车运行速度的发挥，消除了由折返作业而形成的线路通过能力限制条件，是一种可提高运行效率的折返方法。

环形折返线的不足之处在于：其占地面积较大，尤其是在地下修建时难度较大，投资较高；环线折返丧失了一端停车维护、保养、检查的机动线路，对车辆技术和运行组织要求较高。因此，该线路的机动性下降，线路延伸可能性甚微，一般只适用于线路较短、线路延伸可能性较小，且该端点站在地面的情况。如图 3－8 所示为某城市轨道交通的“灯泡线”。

图 3－8　某城市轨道交通的“灯泡线”

② 尽端折返线。尽端折返线可分为单线折返、双线折返、多线折返等，如图 3－9 所示。

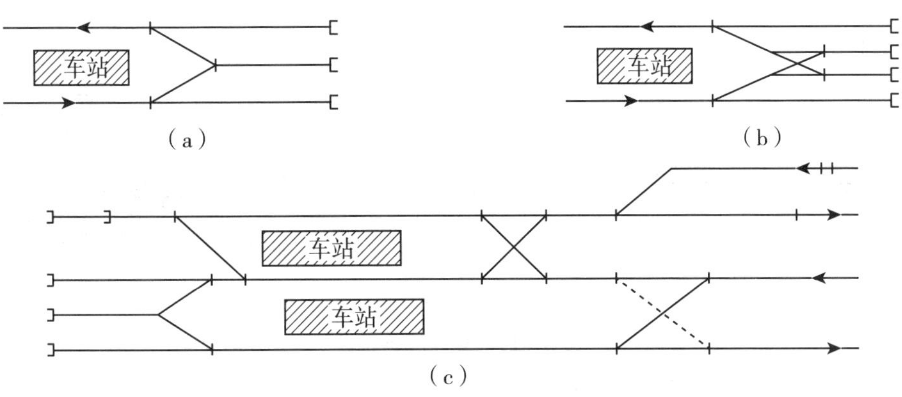

图 3－9　尽端折返线

(a) 单线折返；(b) 双线折返；(c) 多线折返

尽端折返线弥补了环形折返线的不足，使端点站既可有效组织折返（如双折返线可明显缩短折返时间），又备有停车线供故障停车、检修、夜间停车等作业使用。同时，尽端折返线也便于线路延伸，比较适合地下结构的端点站，以及线路较长或有延伸可能、土地不宜多占用的情况。

③ 渡线折返。渡线折返是指在车站前或车站后设置渡线，以完成折返作业。它可分为站前渡线折返、站后渡线折返和区间站渡线折返三种，如图 3－10 所示。

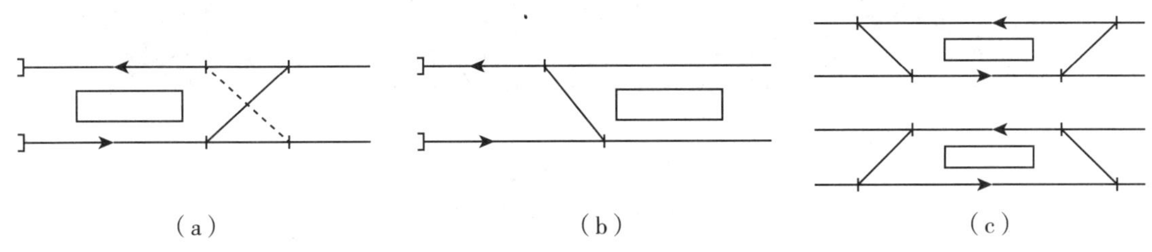

(a)　(b)　(c)

图 3－10　渡线折返

(a) 站前渡线折返；(b) 站后渡线折返；(c) 区间站渡线折返

利用渡线折返需要修建的线路最短，投资较少。然而，列车进出车站与折返作业存在严重的干扰，尤其是在区间站利用渡线进行区间列车折返，需占用正线进行作业，故对运营管理要求十分严格。同时，列车运行间隔时间因受其制约而需要延长，导致线路通行能力下降，安全可靠性存在隐患。因此，列车的运行速度较快、运行间隔时间较短（发车频率较高）、运量较大的线路不宜采用此方法。

④ 单轨线路折返。单轨线路折返与双轨线路折返不同，必须采用专门的转线设备来完成，如图 3－11 所示。

单轨线路折返设备因需承载线路、列车做转动或平移（包括单轨线路之间的分岔连接均需转动承载台上的道岔），故建造有一定的难度，投资较高，这也是制约单轨线路发展的一个因素。

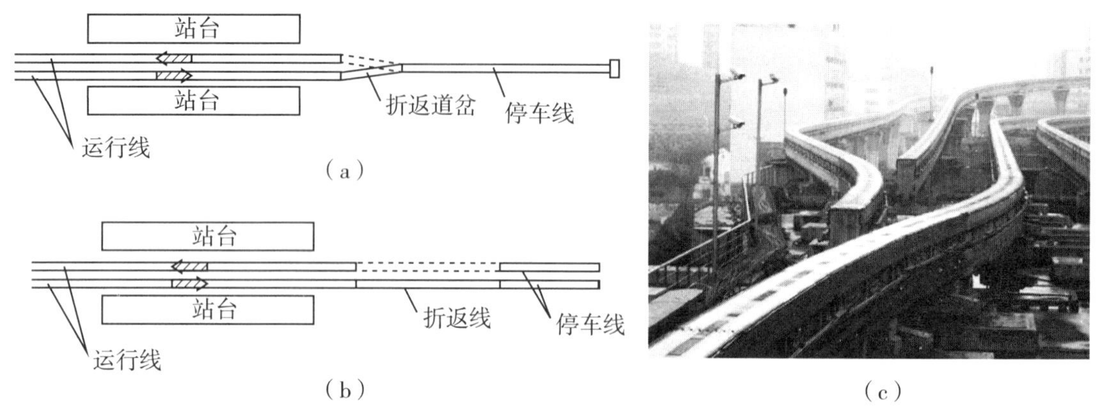

图 3-11　单轨线路折返

(a) 单轨线路利用道岔进行折返；(b) 单轨线路端点站平移折返；(c) 重庆的单轨线路

(2) 渡线。渡线是利用道岔将线路上下行正线（或其他平行线路）连接起来的线路，分为单渡线和交叉渡线两种，如图 3-12 所示。

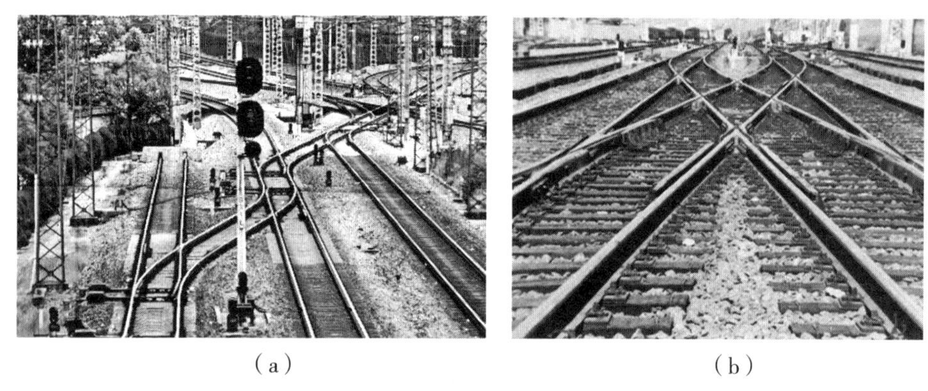

图 3-12　渡线

(a) 单渡线；(b) 交叉渡线

(3) 停车线。停车线一般设置在端点站，是专门用于停车、进行少量检修作业的尽端线，如图 3-13 所示。

图 3-13　停车线

车辆基地有众多的停车线，供夜间停止运营后的列车停放。需要进行检修作业的停车线设有地沟。城市轨道交通线路运输量大，列车运行间隔较短，在运营过程中，列车可能会发生故障。为了不影响后续列车运行，一般应在线路沿线每隔 3 ~5 个车站的站端，加设渡线和停车线。

（4）联络线。联络线是轨道交通线路之间为调动列车等作业方便而设置的连接线路，主要是两条正线之间的连接线，如图 3 – 14 所示。联络线按其布置形式，可分为单线联络线、双线联络线和联络渡线。

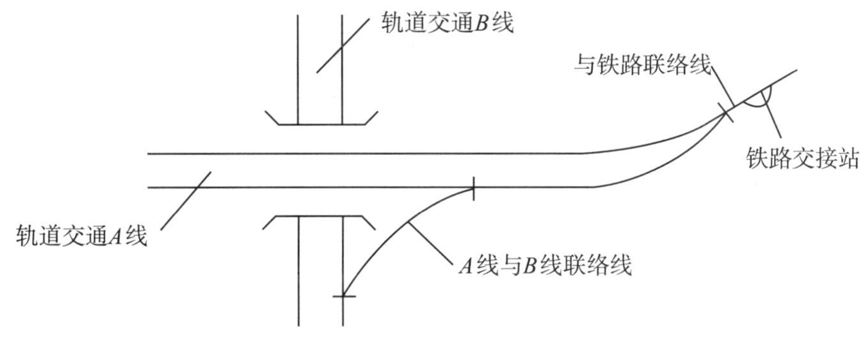

图 3 – 14　联络线

由于连接的轨道交通线往往不在一个平面上，因此联络线有较大的坡度和较小的曲线半径，故列车的运行速度不会太快。如果在地下建设，则施工难度较大，投资也随之增加。

（5）安全线。在出入段线、折返线、停车线和岔线上，应根据情况设置安全线，安全线的长度一般不小于 40 m。当出入线上的列车在进入正线前需要一度停车，且停车信号机与警冲标之间的距离小于列车的制动距离时，应设安全线，如图 3 – 15 所示。

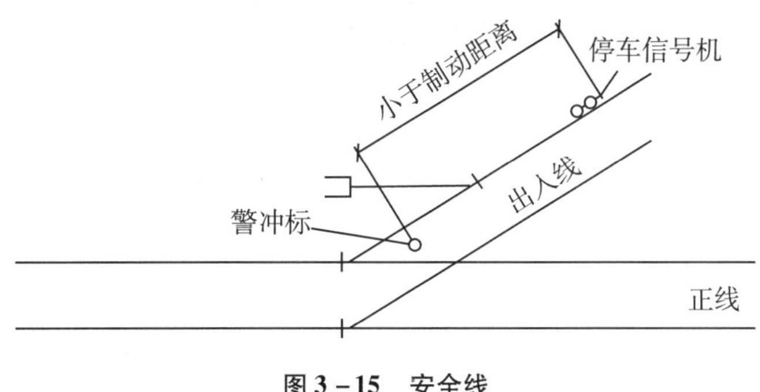

图 3 – 15　安全线

3. 车场线

车场线是车辆段内厂区作业与停放列车的线路，包括检修线、试验线、出入段线、洗车线。

试运行、试运营和正式运营的区别

（1）检修线。检修线是指设在车辆基地检修库内，专门用于检修列车的线路，如图 3 – 16 所示。检修线设有地沟，配有架车设备和检修设备。

（2）试验线。试验线是指设在车辆基地，用于对检修完毕的列车进行状态检测的线路，如图 3 – 17 所示。为达到必要的运行速度，试验线需要有一定长度标准和平纵断面特点。

图 3－16　检修线

图 3－17　试验线

（3）出入段线。出入段线是专供列车进出车辆段的线路，如图 3－18 所示。

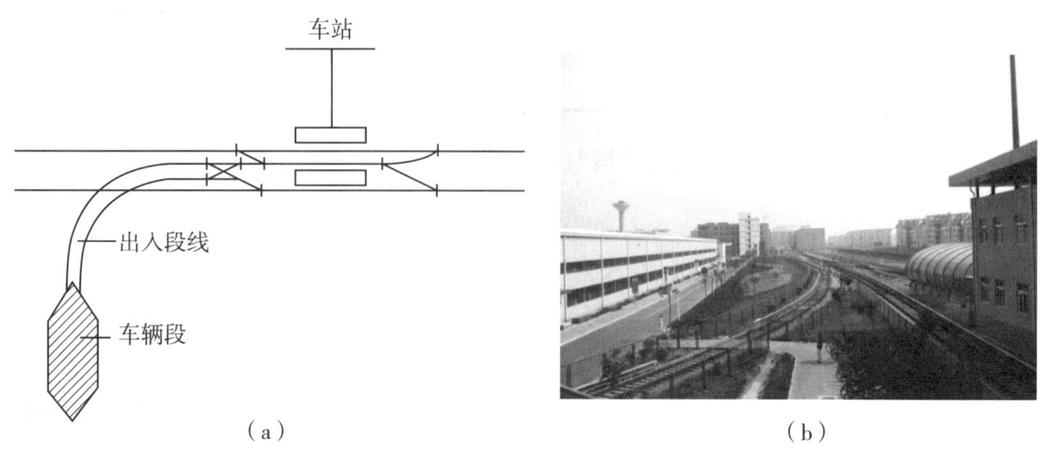

图 3－18　出入段线
（a）出入段线图示；（b）实际出入段线

为保证运行列车的停放和检修，应在城市轨道交通沿线的适当位置设置车辆段。车辆段与正线连接的线路为出入段线，该线可以设计为双线或单线，与城市道路或其他折返方式的交叉处可采用平交或立交。

（4）洗车线。洗车线是专门用于清洗车辆的线路，如图3－19所示。

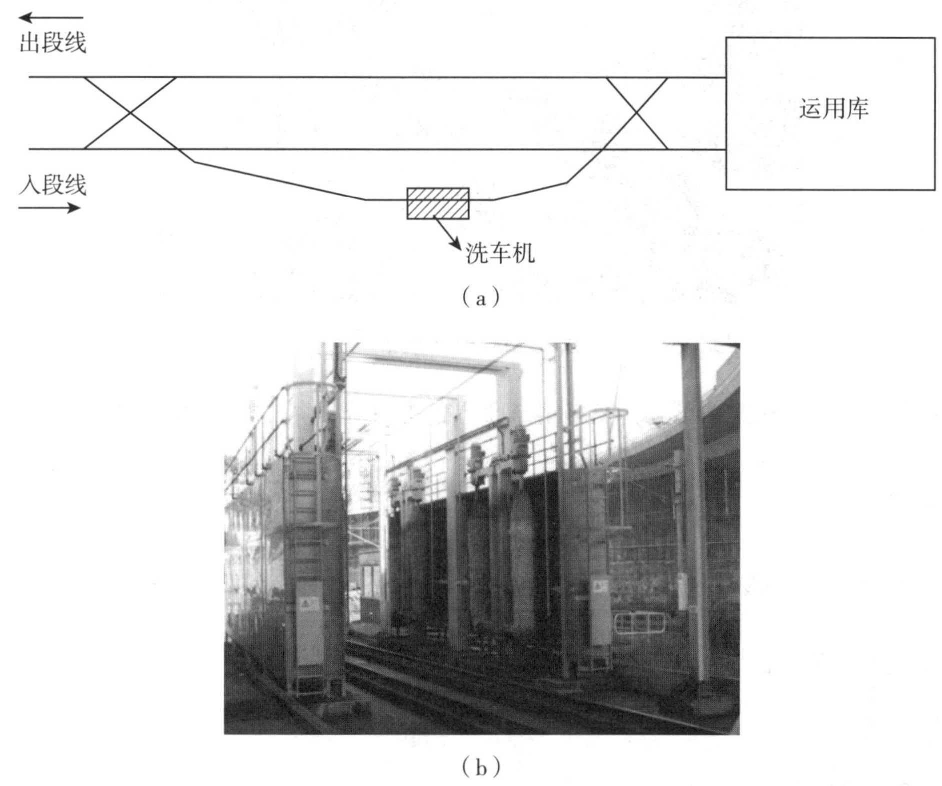

（a）

（b）

图3－19　洗车线

（a）洗车线图示；（b）实际洗车线

任务拓展

穿楼而过的地铁线路①

重庆轨道交通2号线李子坝站是国内第一座与商住楼共建共存的跨座式单轨高架车站，于2004年3月建成，占地面积为3 100 m^2，建筑面积为6 000 m^2。该站位于嘉陵江畔的李子坝正街39号商住楼6～7层，其因“空中列车穿楼而过”成为蜚声中外的“网红车站”，如图3－20所示。

李子坝站与商住楼同步设计、同步建设、同步投用，采用“站桥分离”的结构形式，轨道车站桥梁与商住楼结构支撑体系分开设置，有效解决了两者结构传力及振动问题。同时，单轨列车采用低噪声、低振动的充气橡胶轮胎和空气弹簧支撑车体，最大限度地减小了

① 百度百科．李子坝站．［2018－12－13］．https://baike.baidu.com/item/%E6%9D%8E%E5%AD%90%E5%9D%9D%E7%AB%99.

图 3-20 李子坝站

列车行驶带来的噪声和振动影响，使车站与商住楼能和谐共生，成功实现了城市土地资源的集约利用。

任务操作

1. 选择一条城市轨道交通线路，绘制其线路布置的整体平面图，并描述各条线路的功能。
2. 自行查阅资料，举例说明城市轨道交通线路的形式。

任务考核

一、单项选择题

1. （　　）是为保证正线运营而配置的线路，包括折返线、渡线、停车线、联络线、安全线等。

A. 正线　　B. 站内线路

C. 区间线路　　D. 辅助线

2. 渡线是指在上下行线之间（或其他平行线之间）设置的连接线，通过（　　）达到转线的目的。

A. 一组道岔　　B. 转向设备

C. 联络线　　D. 辅助线

3. 城市轨道交通地面线路多采用（　　）。

A. 沥青道床　　B. 碎石道床

C. 整体道床　　D. 其他道床

4. 下列选项中，不属于城市轨道交通线路中的辅助线的是（　　）。

A. 折返线　　B. 渡线

C. 联络线　　D. 出入段线

5. 位于轨道交通线路之间，为调动列车等作业方便而设置的连接线路称为（ ）。
A. 渡线 B. 辅助线
C. 联络线 D. 折返线

二、多项选择题

1. 按照其在运营中的作用不同，可将城市轨道交通线路分为（ ）。
A. 正线 B. 辅助线
C. 车场线 D. 折返线

2. 城市轨道交通线路中的辅助线包括（ ）。
A. 停车线 B. 安全线
C. 检修线 D. 联络线

3. 城市轨道交通地下线路的优点有（ ）。
A. 与地面道路交通分离，不占用城市地面空间
B. 不受气候影响
C. 对道路交通及城市景观影响较小
D. 工程造价和运营成本较低

4. 城市轨道交通地面线路的优点有（ ）。
A. 施工方法简便 B. 工程造价低
C. 运营成本较低 D. 线路调整与维护方便

5. 城市轨道交通高架线路的优点有（ ）。
A. 设置在高架工程结构物上，结构稳定
B. 不影响地面道路交通
C. 工程造价较低
D. 不受气候变化影响

三、判断题

1. 渡线是指利用道岔将线路上下行正线（或其他平行线路）连接起来的线路。（ ）

2. 折返线是指设置在线路两端终点站或准备开行这番列车的区间站，专供列车掉头、转线及存车的线路。（ ）

3. 当前世界地铁发展的趋势是从早期单一的地下隧道发展为高架线路。（ ）

4. 一般情况下，在城市轨道交通线路设计中，高架线路的占地面积大于地面线路。（ ）

5. 城市轨道交通线路较为理想的铺设方式是在城市中心和建筑密集的区域，采用地下线路或高架线路；而在城市边缘区或郊区，宜采用地面线路或高架线路。（ ）

四、综合训练题

1. 自行查阅资料，举例说明国内城市轨道交通中地下线路、地面线路和高架线路的使用情况，并结合实际，谈一谈这几种线路的优缺点。

2. 比较环形折返线、尽端折返线和渡线的优缺点。

3. 城市轨道交通线路中的辅助线有哪些类型？

4. 简要说明城市轨道交通的正线和辅助线在哪些方面存在不同之处。

5. 画图说明地铁车辆在各个类型折返线上的走向。

TASK 任务2 城市轨道交通线路组成

知识目标

1. 熟悉城市轨道交通线路的组成部分、功能及限界的类型。
2. 掌握道岔的组成、类型及功能。

能力目标

1. 能识别城市轨道交通线路的组成部分。
2. 能识别道岔的组成部分及其类型。

任务引入

城市轨道交通线路是城市轨道车辆运行的基础，其各组成部分既要保证车辆的安全运行，又要保证线路的稳固。以你熟悉的城市地铁为例，了解城市轨道交通线路的组成部分及其功能。

任务分析

城市轨道交通线路的组成包括线路下部基础和线路上部建筑。其中，线路下部基础包括路基、桥梁和隧道等建筑物；线路上部建筑主要是指轨道。

一、路基

路基是经过填筑或开挖而形成的直接支承轨道的结构，也称为线路下部结构，是铺设轨道的基础，它直接承受轨道传递的压力，并将其传递到地基。路基的状态影响线路的质量，进而影响行车速度和行车安全。城市轨道交通地面线路的路基主要用于地面段线路，包括地面正线、车辆段、停车线等，一般采用独立路基的方式，以减少与地面道路交通的互相干扰。采用路基的优点在于其造价低，施工简便，运营成本低，线路调整与维护较容易；缺点是运营速度难以提高（有部分平交道口），占地面积较大，影响城市道路交通，容易受气候影响，乘车环境难以改善，有一定的负效应（如产生噪声、影响景观等）。

二、桥梁和隧道

1. 桥梁

城市轨道交通中的高架桥一般比较长且平，宽度较小，单线为5 m，双线为9.5 m，其对基础沉降、桥墩刚度和桥梁工艺造型要求较高。桥梁主要由桥面、桥跨结构、墩台（桥墩和桥台）与基础等结构组成，如图3－21所示。

（1）桥面。桥面是指在桥梁上铺设的轨道、修建的人行道和护栏部分。

（2）桥跨结构。桥跨结构是桥梁承受载荷、跨越障碍的部分。

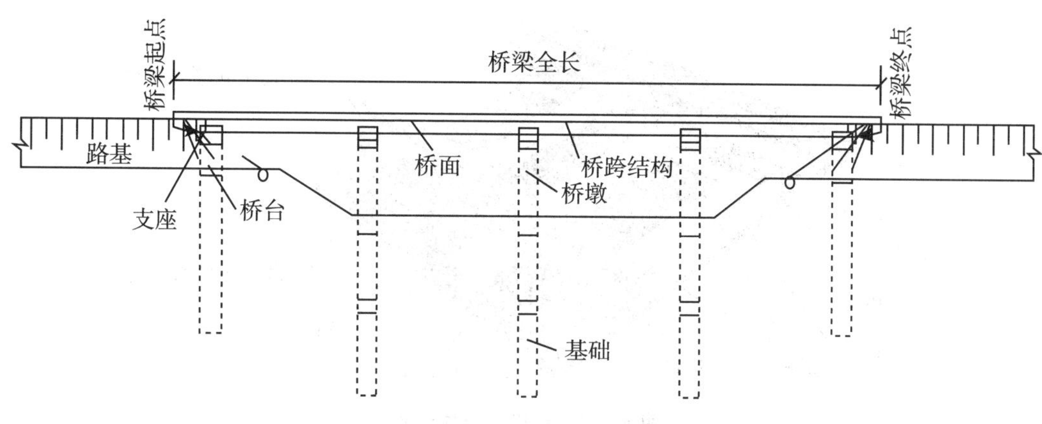

图3－21　桥梁的组成结构

(3) 墩台与基础。墩台与基础是桥梁的支撑体，其中设于桥梁中部的支撑体叫作桥墩，设于桥梁两端的支撑体称为桥台。为了避免桥梁下沉，确保桥梁的稳固性，在墩台之下往往还需设置基础。两个相邻墩台之间的空间称为桥孔，桥孔的数量和大小取决于桥梁的作用与建筑方式，而孔径和桥下净空高是检测各桥孔大小的要素。

2. 隧道

当城市轨道交通线路需翻山越岭时，为了避免开挖深路堑或修建很长的迂回线，常常采用隧道作为穿越山岭的建筑物。隧道连接地下车站并为轨道及相关设备提供空间，包括区间隧道和车站区段隧道。虽然修建地下隧道工程量巨大，造价昂贵，但其对于改善城市交通、树立良好的城市形象所创造的社会价值更大。

三、轨道

轨道是城市轨道交通系统的重要组成部分。轨道作为一个整体结构，铺设在路基之上，直接承受列车车辆及其荷载的巨大压力，对列车运行起导向作用。除此之外，轨道还应具有以下功能：

(1) 轨道的各个组成部分必须具有足够的强度和稳定性，能够承受来自列车的纵向和横向位移推力，保证列车按照规定的速度、方向不间断地运行。

(2) 轨道需具有耐久性和适当的弹性，以确保列车安全、平稳、快速地运行，保证乘客乘车时的舒适程度。

(3) 城市轨道交通均采用电力牵引，故要求轨道具有良好的绝缘性，以减少杂散电流。同时，轨道应采取相应的减振轨道结构，以达到减振、降噪的要求。

轨道主要由钢轨、轨枕、联结零件、道床、道岔、防爬设备等构成，如图3－22所示。

1. 钢轨

钢轨是轨道结构的重要组成部分，是轨道的基本承重结构，直接承受列车的荷载，其依靠钢轨头部内侧面和机车车辆轮缘的相互作用，引导机车车辆运行，并将所承受的机车车辆荷载分布开来，传递给轨枕、道床和路基，也为车轮滚动提供最小的接触面。另外，钢轨还有为供电、信号电路提供回路的作用，有时钢轨还起安全保护作用，这时的钢轨称为“护轨”，如防脱护轨、桥上护轨和道岔护轨等。

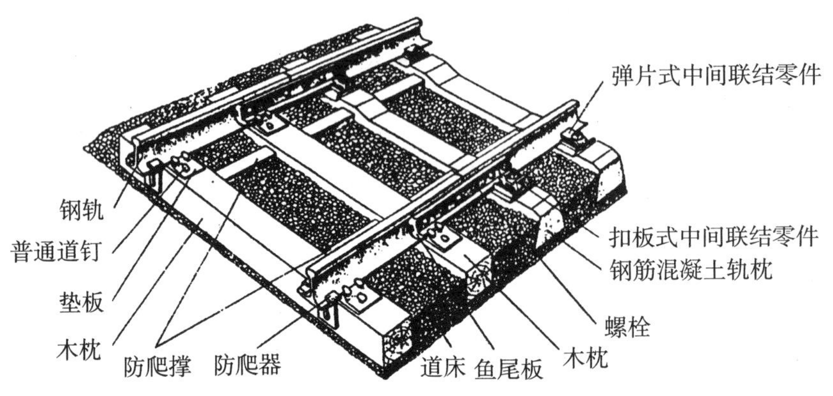

图 3－22　轨道的组成结构

（1）钢轨的形状。钢轨要求具有足够的承载能力、抗弯强度、断裂韧性、稳定性和耐腐蚀性。钢轨断面的形状多为工字形，由轨头、轨腰和轨底组成，如图 3－23 所示。

（2）钢轨的类型。按照钢轨的强度不同，城市轨道交通所使用的钢轨可分为 43 kg/m、50 kg/m、60 kg/m 和 75 kg/m 四种类型。钢轨的强度越大，表明其所能承受的质量越大，同时轨道的稳定性越强，从而养护维修的工作量减少，还能增加回流断面，减少杂散电流。为了提高城市轨道交通线路的运输能力，在经济条件允许的情况下，无论地面线路、地下线路还是高架线路，运营正线都宜选用重型钢轨。城市轨道交通正线通常采用 50 kg/m 和 60 kg/m 的钢轨。对于车场线来说，由于其主要供空车运行，车速低，考虑到经济性，宜选用 50 kg/m 或 43 kg/m 的钢轨。

（3）钢轨的连接。我国标准钢轨的长度有 12.5 m 和 25 m 两种，另外还有比标准长度短 40 mm、80 mm、120 mm、160 mm 的缩短轨，其主要用于铺设曲线线路轨道。铺设轨道时，需将各节钢轨连接起来，钢轨之间的连接方法一般有以下两种：

① 将标准长度的钢轨固定在轨枕上，各节钢轨之间使用钢轨接头夹板（鱼尾板）、螺栓固定，并留有一定的轨缝，如图 3－24 所示。

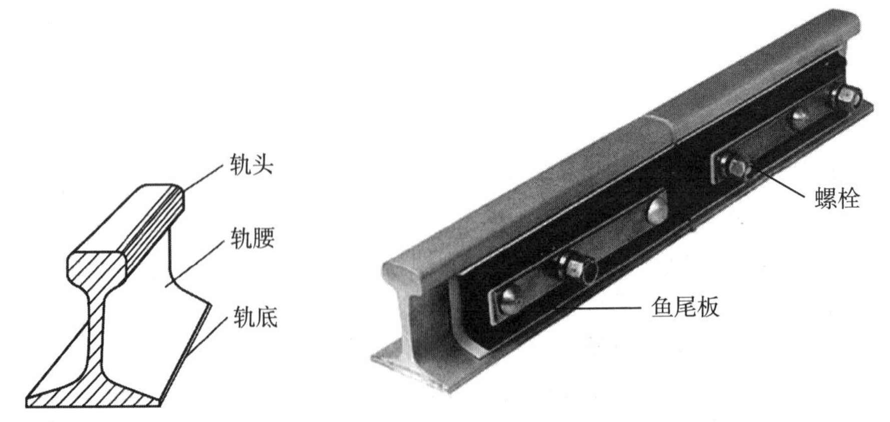

图 3－23　钢轨的断面形状及组成　　**图 3－24　钢轨连接**

采用此方法铺设的轨道在列车运行时，会产生较大的振动和噪声，乘客的舒适性体验较差；同时，由于钢轨接头是轨道结构的薄弱环节，养护维修的工作量增加。

② 为减少钢轨接头数量、降低接头带来的病害、提高乘客的舒适度，可将标准长度的轨端无螺栓孔的钢轨通过一定的工艺焊接起来，形成长度达数千米或数十千米的无缝线路，如图 3 – 25 和图 3 – 26 所示。

图 3 – 25　钢轨焊接

图 3 – 26　焊接后的钢轨

采用此方法连接的轨缝大大减小，消除了列车通过钢轨连接处时产生的冲击力，降低了振动和噪声，列车行驶更加平稳、高速，轨道的维修工作量也有所减少，故目前城市轨道交通正线钢轨的连接普遍采用此种方法。

（4）轨距。轨距是指轨道的两条钢轨之间的距离（以钢轨的内距为准），如图 3 – 27 所示。国际铁路协会在 1937 年制定的标准轨距为 1 435 mm。我国地铁和轻轨都以采用此标准轨距的国际标准双轨作为列车轨道，与国际铁路列车选用的轨道规格相同。

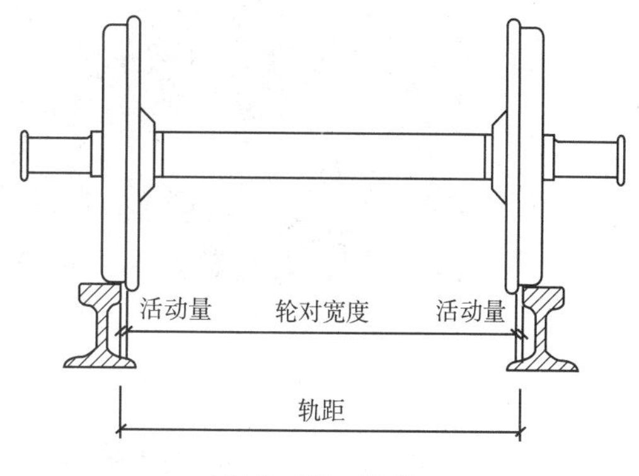

图 3 – 27　轨距

2. 轨枕

轨枕是轨道的基础部件之一，承垫于钢轨之下，它将钢轨所承受的压力分散传递到道床上，同时还能有效地保持钢轨的位置和轨距。因此，轨枕应具有一定的坚固性、弹性和耐久性。轨枕应按照《地铁设计规范》（GB 50157—2013）中的相关规定进行铺设。

从不同的角度，可将轨枕分为不同的种类。其中，按制造材料，轨枕可分为木枕、钢筋混凝土枕和钢枕。

① 木枕。木枕采用木材材料制成，需要经过特殊的加工和防腐处理，木枕轨道如图 3 – 28 所示。

图 3 – 28　木枕轨道

木枕的弹性和绝缘性较好，结构简单，受周围介质温度变化的影响小，质量小，加工和在线路上进行更换比较容易，并且有足够的位移阻力。另外，木枕比其他轨枕更能吸收列车行驶时所产生的压力而不易发生断裂。木枕的使用寿命一般为15年左右，但由于木枕上的道钉孔会日渐松弛，因此木枕的强度和寿命远不及钢筋混凝土枕，再加上木材资源有限，在我国，除桥上和道岔上以外，其他地方已很少使用木枕。

② 钢筋混凝土枕。钢筋混凝土枕是使用钢筋和混凝土浇筑而成的，如图3－29所示。按结构形式，可将其分为整体式轨枕、组合式轨枕和短枕式轨枕三种，如图3－30所示。整体式钢筋混凝土枕的整体性强、稳定性好、制作简便，是线路上广泛采用的一种形式；组合式轨枕由两个钢筋混凝土块组合而成，整体性不如整体式轨枕，但组合式轨枕承受正负弯矩的能力较强；短枕式轨枕又称为半枕式轨枕，主要用在整体道床上。

图3－29　钢筋混凝土枕

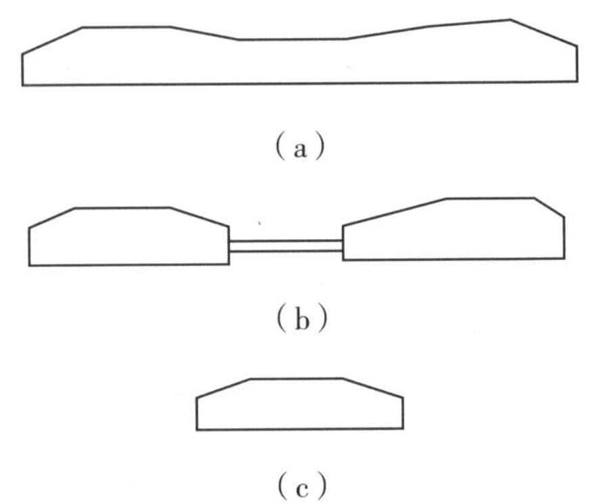

图3－30　钢筋混凝土枕的分类

(a) 整体式；(b) 组合式；(c) 短枕式

整体式钢筋混凝土枕的使用寿命长，稳定性好，维护保养的工作量小，损伤率和报废率比木枕要低得多。在无缝线路上，整体式钢筋混凝土枕比木枕的稳定性高、自重大，更能有效地防止钢轨爬行，使轨道的稳定性增加，因而更适用于高速行驶线路。因此，钢筋混凝土枕在城市轨道交通线路上已经得到广泛应用，但钢筋混凝土枕造价高，而且笨重、不易加工，搬运不便，弹性比木枕差，因此在桥梁、道岔等特殊地带的轨道只能采用木枕。

③ 钢枕。钢枕由钢材做成，由于钢枕对钢材的消耗量较大，造价很高，所以它没有得到广泛应用。

3. 联结零件

联结零件分为接头联结零件和中间联结零件。

(1) 接头联结零件。钢轨的接头联结零件主要由接头夹板，接头螺栓、螺母和弹性垫圈、平垫等组成，如图3－31所示。

接头夹板又称为鱼尾板，是钢轨接头处连接钢轨用的夹板，其标准形式为优质钢轧制的六孔双头式板。通过联结零件可把钢轨连接起来，从而使钢轨接头部分具有和钢轨一样的整体性，以抵抗弯曲与移位，并满足热胀冷缩的要求。导电钢轨接头联结零件还有轨道导电接续线、绝缘钢轨接头、胶结钢轨接头以及相应的绝缘配件或材料。此外，不同的钢轨接头，其联结零件的规格也略有差异。

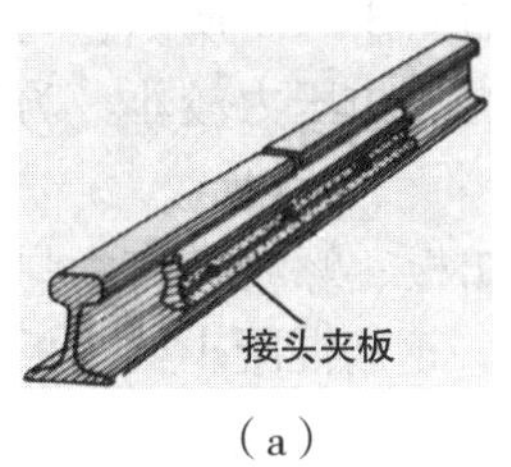

(a)

(b)

(c)

图3－31　接头联结零件的组成部件

(a) 接头夹板；(b) 接头螺栓、螺母；(c) 弹性垫圈、平垫

目前，城市轨道交通线路已基本采用无缝线路结构，钢轨接头联结零件的数量大大减少，但在无缝线路的缓冲区、轨道电路的绝缘区、有道岔的线路区段，接头联结零件还是不能少的。

(2) 中间联结零件。钢轨与轨枕通过中间联结零件联结，这种联结零件称为扣件。其作用是固定钢轨，保持轨距，并阻止钢轨发生相对于轨枕的纵、横向位移，防止钢轨倾斜，提供适当的弹性，将钢轨承受的载荷传递给轨枕或道床。扣件必须具有足够的强度、耐久性和一定的弹性，以有效地保持钢轨与轨枕的可靠联结。此外，扣件应尽量简单，以便安装和拆卸。

扣件由钢轨扣压件和轨下垫层两部分组成，主要包括弹性扣件、承托物和弹性垫板等。弹性扣件用来把钢轨紧扣在轨枕上；承托物用来把扣件固定于轨枕上；弹性垫板可使钢轨与轨枕之间互相绝缘，避免钢轨漏电，减少杂散电流，同时增加轨道弹性。

由于线路的环境条件要求不同，扣件的种类也多种多样。我国城市轨道交通线路中使用的扣件有如下几种：

① 传统扣件。传统扣件沿用了铁路上的常用扣件，主要分为木枕用扣件和钢筋混凝土枕用扣件。木枕用扣件主要有分开式扣件和混合式扣件；钢筋混凝土枕用扣件主要有扣板式扣件、弹片式扣件和弹条式扣件。在上述扣件种类中，除弹片式扣件以外，其余四种扣件常用于城市轨道交通碎石道床线路。

a. 木枕分开式扣件。木枕分开式扣件将固定钢轨和固定铁垫板的螺栓或道钉分开，如图3－32所示。一般用道钉将铁垫板固定在枕木上，铁垫板上有承轨槽，固定钢轨的螺栓安装在铁垫板上，然后用弹条或扣板将钢轨固定。

(a)

(b)

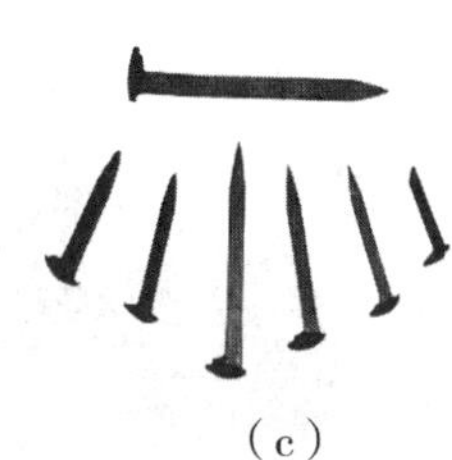
(c)

图3－32　木枕分开式扣件

(a) 木枕分开式扣件整体；(b) 铁垫板和螺栓；(c) 道钉

b. 木枕混合式扣件。木枕混合式扣件由铁质垫板和道钉组成，如图 3－33 所示。勾头道钉（方形）直接将钢轨与铁垫板以及枕木连接在一起。该连接方式的扣压力较小，为防止钢轨纵向爬行，需要较多的防爬设备。

c. 钢筋混凝土枕扣板式扣件。钢筋混凝土枕扣板式扣件主要由扣板、螺纹道钉、弹簧垫圈、铁座和绝缘缓冲垫片等组成，其为刚性扣件，如图 3－34 所示。钢筋混凝土枕扣板式扣件的优点是零件少，构造简单，调整轨距比较方便；缺点是用弹簧圈作为弹性元件，弹性不足，扣压力较小，使用过程中容易松动。目前，钢筋混凝土枕扣板式扣件已逐渐被钢筋混凝土枕弹条式扣件代替。

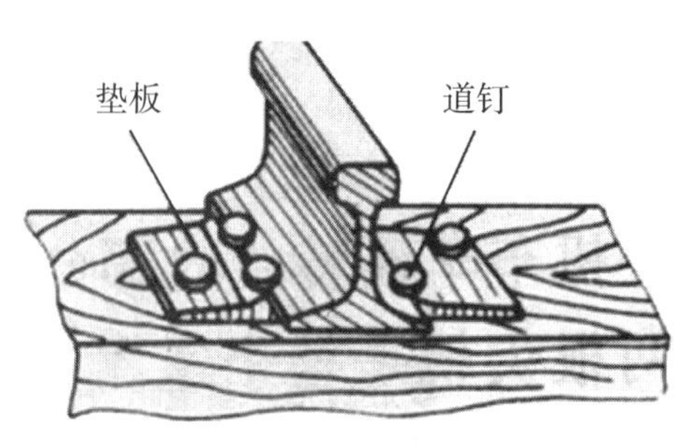

图 3－33　木枕混合式扣件

图 3－34　钢筋混凝土枕扣板式扣件

d. 钢筋混凝土枕弹片式扣件。钢筋混凝土枕弹片式扣件主要由螺纹道钉、螺母、平垫圈、弹片、轨距挡板和弹性垫板等零件组成，其为弹性扣件，如图 3－35 所示。钢筋混凝土枕弹片式扣件采用拱形弹片扣压钢轨，并用轨距挡板代替铁座，以调整轨距和传递横向推力于轨枕挡肩。拱形弹片是用弹簧钢制成的，弹片的一端扣压在轨底顶面上，另一端支承在轨距挡板上。由于拱形弹片的强度不足，容易产生残余变形，甚至折断，因此目前已很少使用。

e. 钢筋混凝土枕弹条式扣件。钢筋混凝土枕弹条式扣件主要由螺纹道钉、螺母、平垫圈、弹条、轨距挡板、挡板座和弹性垫板等零件组成，其为弹性扣件，如图 3－36 所示。钢筋混凝土枕弹条式扣件采用弹条作为钢轨扣压件，既利用了材料的弯曲变形和扭转变形性能，又不存在断面的削弱问题。其结构形式比较合理，具有压力大、弹性好、加压力损失较小、能较好地保持轨道的几何形位等优点，它现已成为我国城市轨道交通线路建设中使用的主型扣件。

图 3－35　钢筋混凝土枕弹片式扣件

图 3－36　钢筋混凝土枕弹条式扣件

② DT 系列扣件。DT 系列扣件是为城市轨道交通地下线路专门设计的扣件，如图 3－37 所示。DT 系列扣件广泛应用于城市轨道交通地下整体道床中。

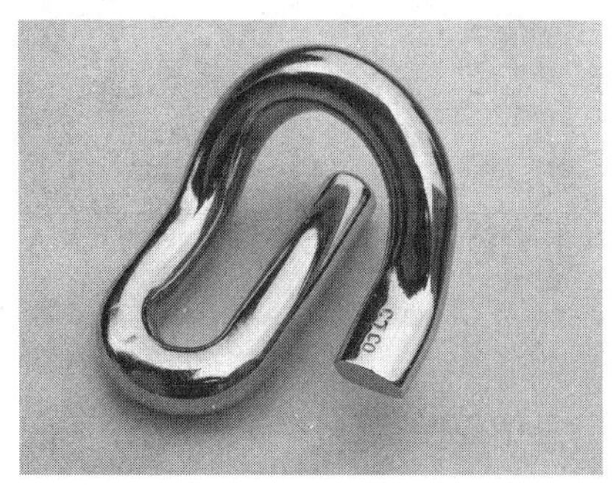

图 3－37　DT 系列扣件

③ WJ 系列扣件。WJ 系列扣件是一种无挡肩扣件，如图 3－38 所示。它主要用于城市轨道交通高架线路，是一种小阻力的扣件。

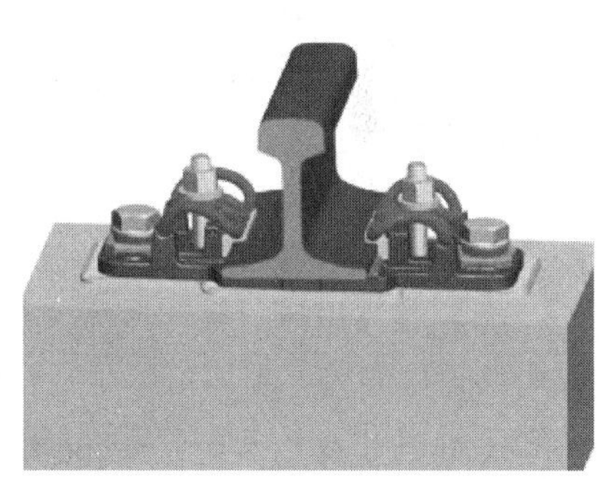

图 3－38　WJ 系列扣件

4. 道床

道床是轨道的重要组成部分，是轨道框架的基础。道床通常是指铺设在路基之上、轨枕之下的石碴、钢筋混凝土结构层。道床能支承轨枕，把来自轨枕上部的巨大载荷均匀地分布到路基面上，减小路基的变形，同时还可以依靠其自身和轨枕之间的摩擦来固定轨枕的位置，阻止轨枕的纵向或横向位移。道床的结构如图 3－39 所示。

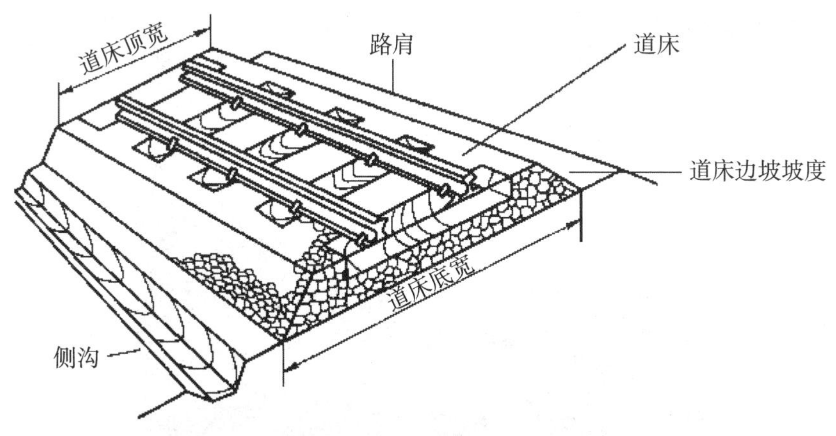

图 3－39　道床的结构

道床一般分为碎石道床、沥青道床、整体道床等。城市轨道交通地面线路多采用碎石道床，地下线路和高架线路多采用整体道床。

（1）碎石道床。碎石道床又称为有碴道床，是一种比较常用的道床形式。它一般是在轨枕下面，路基面上铺设石碴垫层。碎石道床分为木枕碎石道床和钢筋混凝土枕碎石道床，如图 3－40 所示。

（a）

（b）

图 3-40　碎石道床

（a）木枕碎石道床；（b）钢筋混凝土枕碎石道床

碎石道床结构简单、弹性好、施工容易、方便更换，同时其减振和减噪性能较好；但这种道床容易因行车压力而产生移位，轨道几何形位不易保证，且碎石上容易滋生杂草，维护保养工作频繁，维护保养成本较高。

（2）沥青道床。沥青道床是为了改善普通碎石道床的散体特性，加入乳化沥青或沥青砂浆而使其稳定的一种道床轨道结构形式。

（3）整体道床。整体道床又称为混凝土整体道床、无碴道床，是现代城市轨道交通中常用的道床形式。整体道床是指在坚实的基底上直接浇筑混凝土，以取代传统道碴层的轨下基础，常用于地下铁道隧道和无碴桥梁中。整体道床分为无枕式整体道床和轨枕式整体道床两种。道床内可预埋木枕、钢筋混凝土枕或混凝土短枕，也可在混凝土整体道床上直接安装扣件、弹性垫层和钢轨。

① 无枕式整体道床。无枕式整体道床也称为整体灌注式道床，如图 3-41 所示。无枕式整体道床的建筑高度较小，主要采用就地连续灌注混凝土基床或纵向承轨台。这种道床结构简单，减振性能好，但冲击振动要比轨枕式整体道床大，施工烦琐，机具复杂，施工进度较慢，承轨台抹面的精度不易保证，难以达到设计精度要求。

图 3-41　无枕式整体道床

② 轨枕式整体道床。轨枕式整体道床又分为短枕式整体道床和长枕式整体道床，如图 3-42 所示。

(a)

(b)

图3-42　轨枕式整体道床

(a) 短枕式整体道床；(b) 长枕式整体道床

短枕式整体道床的性能稳定，耐久性好，结构简单，施工方法简便，施工进度较快。我国北京地铁大多铺设这种道床，经过20多年运营，使用状态良好。

长枕式整体道床设侧向水沟，一般长轨枕预留圆孔，让道床纵筋穿过，加强了与道床的连接。它适用于软土地基隧道，可采用排轨法施工，施工进度较快。

轨枕式整体道床的特点是整体性好，坚固、稳定、耐久，轨道建筑高度小，隧道净空减少，轨道维修量小。轨枕式整体道床能适应城市轨道交通运营时间长、维修时间短的特点，但其弹性差，列车运行时引起的振动和噪声较大，造价较高，施工时间长。

小知识

新型道床

随着城市轨道交通的发展和人们对城市环境要求的不断提升，原有的一些道床形式已经不能适应城市的发展和需求，于是各国开始不断研制和改进道床结构，出现了一些可以满足新发展、新需求的新型道床形式，如减振浮动道床。

减振浮动道床是由弹性支承块、橡胶垫板、道床板、混凝土底座及配套扣件构成，能起到减振作用的一种道床形式。其原理是以线圈弹簧或弹性支承块托起整个轨框结构，以阻绝振动的传递，使路轨的振动减少，从而起到隔振、减振、降低噪声的作用。

目前，德国、英国、美国、日本、韩国、新加坡等国家的大多数城市轨道都采用了这一新型道床结构，其减振、降噪的效果得到普遍的认同。近年来，随着我国城市轨道交通的发展，减振浮动道床在北京、上海、广州、香港等地得到推广应用。

5. 道岔

道岔是线路上供列车车辆安全转线的设备，用来使列车车辆从一股道转向或越过另一股道。道岔是轨道的重要组成部分之一，一般在车站、车辆段、停车场使用较多。

由于道岔具有数量多、构造复杂、使用寿命短、限制列车速度、行车安全性能低、养护维修投入大等特点，其与曲线、接头并称轨道的三大薄弱环节。

(1) 道岔的组成。城市轨道交通中使用较多的是普通单开道岔，占全部道岔总数的95%以上。普通单开道岔的结构最简单，它将一条线路分为两条，主线为直线，侧线由主线的左侧或右侧岔出。一组普通单开道岔由转辙器、连接部分、辙叉及护轨组成。道岔的组成如图3-43所示。

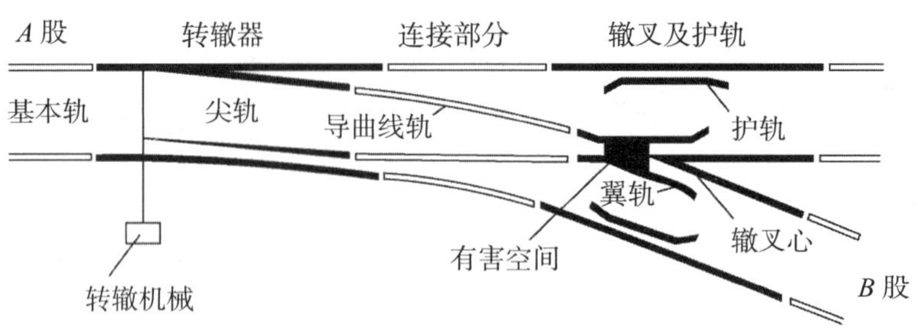

图 3－43　道岔的组成

① 转辙器。转辙器由两根基本轨、两根尖轨和转辙机械构成。基本轨是道岔中接触尖轨和靠近护轨的钢轨，位于尖轨外侧；尖轨是转辙器的主要部件，车辆进出道岔由它引导，为使转辙器能正确引导列车的行驶方向，尖轨尖端必须与基本轨紧密相贴；转辙机械用于扳动尖轨到不同的位置，使道岔能准确地开通直线或侧线。

② 连接部分。连接部分是指连接转辙器和辙叉部分的轨道。它包括四股钢轨，即两股直线钢轨和两股曲线（道岔曲股连接部分为导曲线）钢轨。目前线路上铺设的道岔导曲线均为圆曲线，其半径的大小取决于道岔的号数和列车过岔的速度。由于长度及界限的限制，导曲线一般不设超高和轨底坡。为防止导曲线钢轨在动荷载作用下的外倾和轨距扩张，可设置一定数量的轨撑或轨距拉杆，也可以在导曲线范围内设置一定数量的防爬器和防爬支撑，以减少钢轨的爬行。

③ 辙叉及护轨。辙叉及护轨主要由辙叉心、两根翼轨和两根护轨构成。辙叉是道岔中两股线路相交处的设备，能够使列车按确定的行驶方向，跨越线路正常地通过道岔。辙叉一般分为固定式辙叉和可动式辙叉，其中以固定式辙叉最为常用。辙叉及护轨部分的组成如下：

a. 辙叉心。辙叉心又称为岔心，用来连接两边轨道的钢轨。

b. 翼轨。翼轨是在内侧轮轨紧邻岔心处设置的钢轨，翼轨与岔心之间形成必要的轮缘槽，引导车轮行驶。翼轨最窄处与辙叉心尖端之间存在一段钢轨中断的间隙，叫作辙叉的有害空间。当列车车辆通过辙叉的有害空间时，轮缘有走错辙叉槽而引起脱轨的危险，因此必须设置护轨，对车轮的运行方向实行强制性引导。

c. 护轨。护轨是为防止车轮在岔心处因轮缘走错辙叉槽而引起脱轨或进错路线，在固定式辙叉两侧设置的钢轨。

（2）道岔的分类。道岔的种类繁多，常用的有单开道岔、双开道岔、三开道岔、渡线、交分道岔（包括单式交分道岔和复式交分道岔）等，如图 3－44 所示。

① 单开道岔。城市轨道交通中使用最多的道岔是单开道岔，单开道岔又分为左开道岔和右开道岔，如图 3－45 所示。

② 双开道岔。双开道岔又称为对称道岔，一般指单式对称道岔，由主线向两侧分为两条线路，道岔各部位均按辙叉角平分线对称排列，两条连接线路的曲线半径相同，且无主线和侧线之分，两条侧线的运行条件相同，如图 3－46 所示。

③ 三开道岔。三开道岔是复式道岔中较常用的一种。它相当于两组异侧顺接的单开道岔，由两组转辙机械操纵两套尖轨，通过一组道岔可以实现分别开通 3 个不同方向线路，如图 3－47 所示。

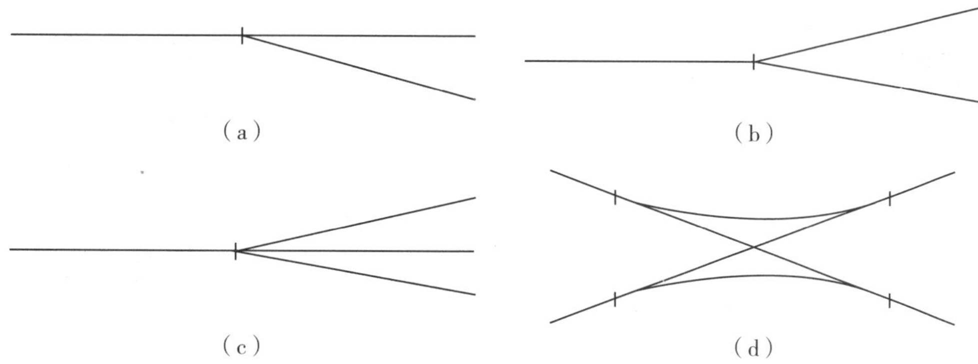

图3-44　道岔的种类

(a) 单开道岔；(b) 双开道岔；(c) 三开道岔；(d) 复式交分道岔

(a)　　(b)

图3-45　单开道岔

(a) 左开道岔；(b) 右开道岔

图3-46　双开道岔

图3-47　三开道岔

④ 渡线。渡线可分为单渡线和交叉渡线两种类型，如图3-48所示。单渡线是由两组类型、号数相同的单开道岔通过相同的钢轨连接两条线路的过渡线路；交叉渡线是由四组类型、号数相同的单开道岔和一组菱形交叉，以及连接钢轨组成的，用于平行股道之间的连接。

（a）

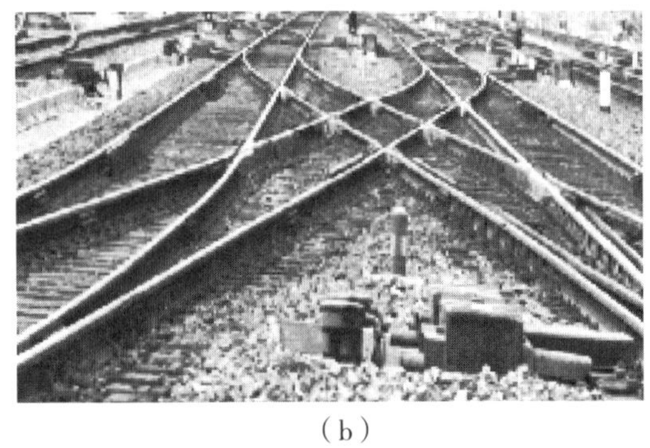

（b）

图3－48　渡线

（a）单渡线；（b）交叉渡线

⑤ 交分道岔。交分道岔是指两条线路相互交叉，列车不仅能够沿着直线方向运行，而且能够由一条线路转入另一条线路。交分道岔分为单式交分道岔和复式交分道岔。

a. 单式交分道岔。单式交分道岔是指两条线路相交，中间增添两副转辙器和一副连接曲线，列车可沿某一侧由一条线路转入另一条线路的结构道岔，如图3－49所示。

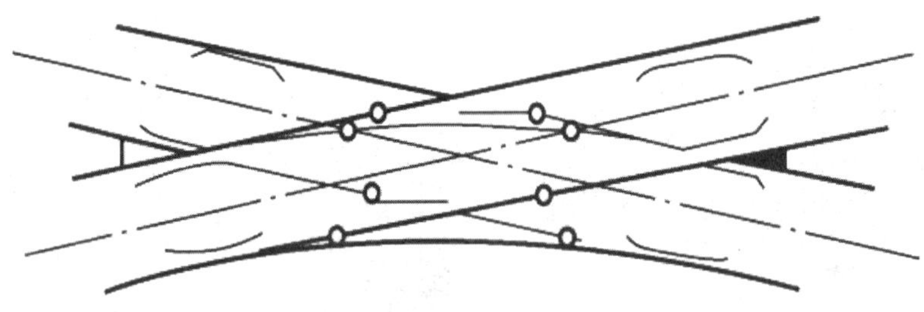

图3－49　单式交分道岔

b. 复式交分道岔。复式交分道岔是指两条线路相交，中间增添四副转辙器和两副连接曲线，列车可沿任何一侧由一条线路转入另一条线路的结构道岔，如图3－50所示。这种道岔既能达到线路交叉的目的，又能起到线路连接的作用。

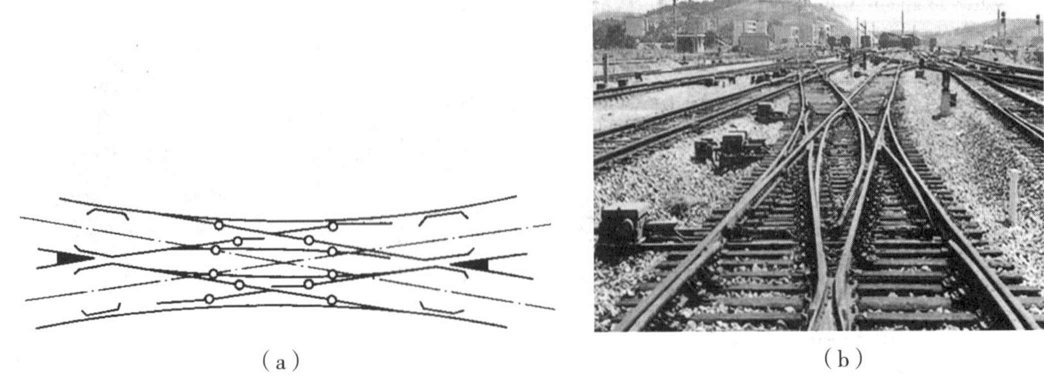

（a）　　　　（b）

图3－50　复式交分道岔

（a）示意图；（b）实物图

（3）道岔的号数。道岔的号数可用道岔辙叉角的余切来表示，即辙叉心部直角三角形两条直角边 FE 和 AE 的比值，如图3－51所示。

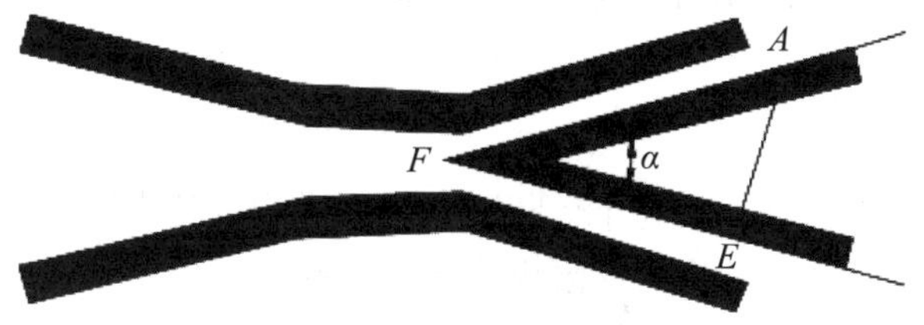

图3－51　道岔号数计算

道岔号数的计算公式为

$$N = \cot\alpha = \frac{FE}{AE} \tag{3-1}$$

式中：N 为道岔号数；FE 为辙叉跟端长；AE 为辙叉跟端支距。

N 越大，则导曲线的半径越大，列车通过道岔时越平稳，允许的过岔速度就越快，所以采用大号道岔对于列车运行是有利的，但大号道岔较长，占地多，工程造价高。因此，采用的道岔号数要因地制宜、因线而异，不可一概而论。常用道岔号数与辙叉角见表3－1。

表3－1　常用道岔号数与辙叉角

道岔号数	7	9	12	18	30	38
辙叉角	8°7′48″	6°20′25″	4°45′49″	3°10′47″	1°59′57″	1°34′42.9″

想一想

单开道岔是如何分类的？

6. 防爬设备

列车运行时作用在钢轨上的纵向力会使钢轨做纵向移动，有时甚至带动轨枕一起移动，这种纵向移动叫作爬行。列车速度越高，轴重越大，爬行就越严重。

线路爬行往往会引起接缝不匀、轨枕歪斜，从而对轨道造成极大破坏，危及行车安全。因此，必须采取有效措施防止线路爬行。目前，采用的方法除了加强轨道的相关组成部分以外，还采用防爬撑和防爬器来防止线路的爬行，如图3－52所示。

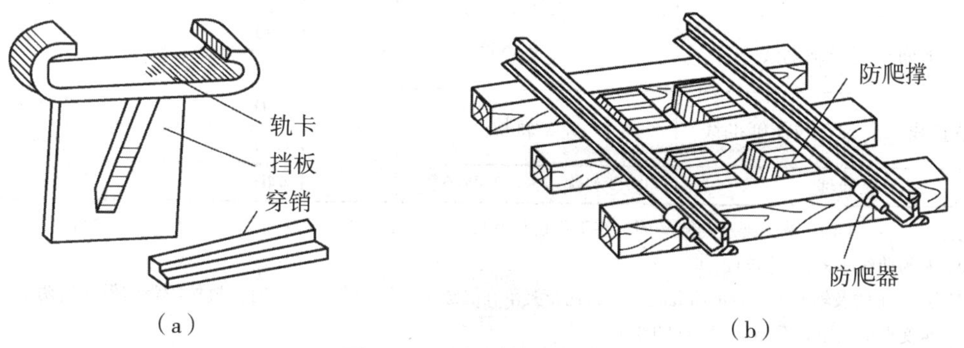

图3－52　防爬撑和防爬器

（a）局部构件；（b）防爬撑和防爬器外观

想一想

城市轨道交通中，铁路线路的爬行会带来哪些危害？

四、线路限界

限界是保障地铁安全运行、限制车辆断面、限制沿线设备安装、确定建筑结构尺寸的轮廓线。根据不同的功能要求，可将地铁限界分为车辆限界、设备限界和建筑限界。机车、车辆无论空、重状态，均不得超出车辆限界；一切设备在任何情况下，均不得侵入地铁设备限界；一切建筑物在任何情况下，均不得侵入地铁建筑限界。

1. 车辆限界

计算车辆在平直轨道上按规定速度运行，计及了车辆和轨道的公差、磨耗、弹性变形以及振动等正常运行状态下的各种限定因素，而产生的车辆各种部位横向和竖向动态偏移后的统计轨迹，以基准坐标系表示的包络线称为车辆限界。任何设备、设施均不得超过车辆限界，即不得侵入行车限界（简称侵限）。

2. 设备限界

设备限界是基准坐标系中位于车辆限界外，考虑了车辆在一系或二系悬挂故障状态下运行以及车辆在未计及因素下所产生的包络线。设备限界外安装的任何设备（不包括站台计算长度内），计及了它们的安装误差和柔性变形均不得侵入的空间。

3. 建筑限界

建筑限界是设备限界外的界限。沿线的任何永久固定建筑物，计及施工误差、测量误差和机构永久变形在内，均不得向内侵入的限界，称为建筑限界。

任务拓展

地铁公司线路维修规则（节选）①

轨枕每千米配置数量见表 3－2。

表 3－2 轨枕每千米配置数量

线别	轨枕	数量/(根/km)	备注
试车线	砼短轨枕整体道床	1 680	
	S－2 型砼枕	1 680	
地面正线及辅助线	S－2 型砼枕	1 760	$R \leqslant 400$；$i = 30‰$
		1 680	
地下正线、高架正线及辅助线	砼短轨枕	1 760	$R \leqslant 400$；$i = 20‰$
		1 680	其他
基地线	Ⅱ类木枕，S－2 型砼枕	1 440	

注：（1）砼：tóng，是混凝土的同义词。在工程设计和施工中，经常把“混凝土”三个字简写为“砼”。

（2）R 为曲线半径，i 为坡度。

（3）地下正线及辅助线，当钢筋混凝土短轨枕布置落在隧道主体结构变形缝上时，轨枕间距应做适当调整，并满足枕底边缘至变形缝的距离不小于 12 cm 的要求。

① 佚名．地铁线路维修规则．[2018－10－12]．https://wenku.baidu.com/view/ef1b7753dd3383c4ba4cd272.html.

任务操作

1. 选择一种线路类型，绘制其组成的结构图，并描述线路各组成部分的功能。
2. 自行查阅资料，假如你是一名地铁检修人员，说一说如何对地铁线路进行检修。

任务考核

一、单项选择题

1. 城市轨道交通线路的组成包括线路下部基础和线路上部建筑，下列选项中，属于线路上部建筑的是（　　）。

A. 路基　　B. 桥梁
C. 隧道　　D. 轨道

2. 标准轨距为（　　），宽轨距为（　　）。

A. 1 400 mm，1 525 mm　　B. 1 435 mm，1 524 mm
C. 1 425 mm，1 595 mm　　D. 1 400 mm，1 524 mm

3. 和道岔相连的有三条线路，每幅都有四根尖轨的是（　　）。

A. 二开道岔　　B. 三开道岔
C. 单开道岔　　D. 交分道岔

4. （　　）是轨道的基础部件，其作用是支承钢轨。

A. 道钉　　B. 挡板座
C. 弹性橡胶垫板　　D. 轨枕

5. （　　）的作用是固定钢轨、保持轨距，并阻止钢轨发生相对于轨枕的纵、横向位移，防止钢轨倾斜，提供适当的弹性，将钢轨承受的载荷传递给轨枕或道床。

A. 扣件　　B. 轨枕
C. 垫板　　D. 道钉

二、多项选择题

1. 钢筋混凝土枕按其结构形式，可分为（　　）。

A. 整体式　　B. 组合式
C. 跨座式　　D. 短枕式

2. 按照钢轨的强度不同，城市轨道交通所使用的钢轨可分为43 kg/m、50 kg/m、60 kg/m和75 kg/m四种类型。城市轨道交通正线通常采用（　　）的钢轨。对于车场线来说，由于其主要供空车运行，车速低，考虑到经济性，宜选用（　　）的钢轨。

A. 43 kg/m　　B. 50 kg/m
C. 60 kg/m　　D. 75 kg/m

3. 轨道是城市轨道交通系统的重要组成部分，其作用有（　　）。

A. 对列车运行起导向作用
B. 承受来自列车的纵向和横向力
C. 确保列车安全、平稳、快速运行
D. 减振、降噪

4. 按结构形式，可将轨枕分为（　　）。

A. 整体式轨枕　　B. 短轨枕与长轨枕

C. 组合式轨枕　　D. 短枕式轨枕

5. 下列方法中，可以预防城市轨道交通线路爬行的有（　　）。

A. 加强中间扣件的扣压力

B. 加强对道床的捣固，保证道床的质量和稳固性

C. 及时清筛道碴和更换老化的道床

D. 拧紧螺栓，保证螺栓的稳固性，减少钢轨和垫板之间的阻力

6. 根据不同的功能要求，可将地铁限界分为（　　）。

A. 车辆限界　　B. 设备限界　　C. 建筑限界　　D. 隧道限界

三、判断题

1. 路基本体是直接铺设轨道结构并承受列车载荷的部分，是路基工程的主体建筑物，由路基面、路肩、基床、基床下部、边坡、地基等几部分组成。（　　）

2. 轨枕是轨道的基础部件之一，承垫于钢轨之下，它能将钢轨所承受的压力分散并传递到道床上，同时又能有效地保持钢轨的位置和轨距。（　　）

3. 列车的速度越小，轴重越大，爬行就越严重。（　　）

4. 翼轨是防止车轮在岔心处因轮缘走错辙叉槽而引起脱轨或进错路线，而在固定式辙叉两侧设置的钢轨。（　　）

5. 由于道岔具有数量多、构造复杂、使用寿命短、限制列车速度、行车安全性能低、养护维修投入大等特点，其与曲线、接头并称轨道的三大薄弱环节。（　　）

四、综合训练题

1. 自行查阅资料，举例说明轨道由哪几部分组成，各部分主要起什么作用。
2. 画出普通单开道岔的示意图，并指出它由哪几部分组成，简述各部分的作用。
3. 自行查阅资料，简要说明在城市轨道交通中各个类型道岔的使用情况。
4. 绘图说明城市轨道交通限界。

TASK 任务3 城市轨道交通线路施工

知识目标

1. 了解城市轨道交通线路施工的方法。
2. 了解城市轨道交通不同类型线路施工方法的适用范围。

能力目标

1. 能识别不同类型的轨道交通线路施工方法。
2. 会描述各种施工方法的适用范围。

任务引入

城市轨道交通的建设周期较长、建设难度较大，为了满足线路的敷设要求和保证车辆的安全、平稳运行，其对施工的技术和方法要求较高。看一看你所在城市的地铁施工现场，了解其运用的施工方法。

地铁是怎么建成的

任务分析

城市轨道交通工程包括地下工程、地面工程和高架工程。其中，地下工程主要包括区间隧道工程和地下车站工程；地面工程主要包括筑堤工程、地面车站工程、车辆段与配套工程；高架工程主要包括高架桥工程和高架车站工程。

城市轨道交通工程的施工根据不同的工程种类，采取不同的施工方法。

一、地下工程施工方法

地下工程施工方法主要是指用于区间隧道工程和地下车站工程的施工方法。目前，国内外常用的地下工程施工方法主要有以下几种。

地铁明挖法施工

1. 明挖法

明挖法是指挖开地面，然后由上向下开挖土石方至设计标高后，自基底由下向上顺作施工完成隧道主体结构，最后回填基坑或恢复地面的施工方法，如图3－53所示。

图3－53　明挖法

明挖法施工属于深基坑工程技术。由于地铁工程一般位于建筑物密集的城区，因此，深基坑工程的主要技术难点在于对基坑周围原状的保护，防止地表沉降，减少对既有建筑物的影响。

明挖法适用于地铁线路（地下铁道）在地下几米深的情况。它是各国地下铁道施工的首选方法，在地面交通和环境允许的情况下，通常采用明挖法，浅埋地铁车站和区间隧道也经常采用明挖法。

2. 盖挖法

盖挖法是当地下工程明做时需要穿越公路、建筑物等障碍物而采取的一种新型工程施工方法，由地面向下开挖至一定深度后，将顶部封闭，其余的下部工程在封闭的顶盖下进行施工，主体结构可以顺作，也可以逆作。采取明挖法修建地下线路对城市交通及居民生活的干扰较大，而在城市繁忙地带修建地下铁道，尤其是在修建有综合功能的车站或需要严格控制基坑开挖引起的沉降时，采用明挖法难以实现，此时可选用盖挖法。盖挖法如图 3 –54 所示。

图 3 –54 盖挖法

盖挖法的优点在于，围护结构变形小，能够有效控制周围土体的变形和地表沉降，有利于保护邻近建筑物和构筑物；同时，基坑底部土体稳定，隆起小，施工安全；采用盖挖逆作法施工时，基坑暴露时间短，用于城市街区施工时，可尽快恢复路面。

盖挖法的缺点在于，采用该方法施工时，混凝土内衬的水平施工缝的处理较困难；采用盖挖逆作法施工时，暗挖施工难度大，费用高；每次分部开挖及浇筑衬砌的深度，需综合考虑基坑稳定、环境保护、永久结构形式和混凝土浇筑作业等因素来确定。

3. 暗挖法

暗挖法是指在特定条件下不挖开地面，全部在地下进行开挖和修筑衬砌结构的隧道施工方法。暗挖法主要有矿山法、新奥法、浅埋暗挖法、盾构法以及其他方法（包括掘进机法、顶管法、沉管法等）。

（1）矿山法。矿山法主要用钻眼爆破方法开挖断面而修筑隧道及地下工程，是一种传统的施工方法。

矿山法是按分部顺序采取分割式一块一块地开挖，并要求边挖边撑，以求安全，所以支撑复杂，木料耗用多。采用矿山法施工时，将整个断面分部开挖至设计轮廓，并随之修筑衬砌。当地层松软时，可采用简便挖掘机具进行，并根据围岩的稳定程度，在需要时，应边开挖边支护。分部开挖时，断面上最先开挖导坑，再由导坑向断面设计轮廓进行扩大开挖。分部开挖主要是为了减少对围岩的扰动，分部的大小和多少视地质条件、隧道断面尺寸、支护类型而定。在坚实、整体的岩层中，对于中、小断面的隧道，可不分部，而是将全断面一次开挖。如遇松软、破碎地层，须分部开挖，并配合开挖及时设置临时支撑，以防止土石坍塌。随着喷锚支护的出现，分部数目得以减少，并进而发展成新奥法。

（2）新奥法。当地下线路穿越基岩地段，围岩具有一定的自稳能力时，一般采用新奥法施工，即以喷射混凝土、钢筋网、钢架和锚杆作为主要支护手段，充分发挥围岩的自承能力，使其与支护结构成为一个完整的支护体系。对于岩石地层，应用新奥法时，可采用分步或全断面一次开挖锚喷支护和复合衬砌，必要时可做二次衬砌；对于土质地层，一般需对地层进行预支护或加固后再开挖、支护、衬砌，在有地下水的条件下必须降水后方可施工。

采用新奥法施工充分利用了围岩的自承能力和开挖面的空间约束作用，以锚杆和喷射混凝土为主要支护手段，及时对围岩进行加固，约束围岩的松弛和变形，并通过对围岩和支护结构的监控、测量来指导地下工程的设计与施工。

新奥法是目前广泛采用的一种施工方法。由于人们已经积累了比较成熟的施工经验，因此工程质量可以得到较好的保证。在我国，人们常把新奥法称为锚喷构筑法。采用该方法修建地下铁道时，对地面干扰小，工程投资也相对较低。在我国目前的地下铁道区间隧道修建工程中，该方法使用较多。但是，使用此方法施工时，不方便机械化作业，工人的劳动强度高、工作条件恶劣，需要有较全面的劳动保护措施。

（3）浅埋暗挖法。针对我国城市地下工程的特点和地质条件，经过多年来对新奥法的完善与发展，人们又开发出浅埋暗挖法。浅埋暗挖法一般采用超前预支护加固地层、分部开挖，架钢筋格栅拱、喷射混凝土等联合支护，然后做防水层，最后用模筑混凝土做二次衬砌。其原理是，利用土层在开挖过程中短时间的自稳能力，采取适当的支护措施，使围岩或土层表面形成密贴型薄壁支护结构。该方法为不开槽施工方法，主要适用于黏性土层、砂层、砂卵层等地质。

由于浅埋暗挖法具有造价低、拆迁少、灵活多变、无须太多专用设备以及不干扰地面交通和周围环境等特点，它在我国类似地层和各种地下工程中得到了广泛应用。

（4）盾构法。盾构法是暗挖法施工中的一种全机械化施工方法。它是将盾构机械在地中推进，通过盾构外壳和管片支承四周围岩，防止发生向隧道内的坍塌，同时在开挖面前方，用切削装置进行土体开挖，通过出土机械运出洞外，靠千斤顶在后部加压顶进，并拼装预制混凝土管片，形成隧道结构的一种机械化施工方法。盾构机是这种施工方法的主要施工机械，盾构机施工现场如图3－55所示。

重庆地铁列车撞上防护门

图3－55 盾构机施工现场

除竖井施工外，施工作业均在地下进行，既不影响地面交通、地面建筑物和地下管线，又可减少对附近居民的噪声和振动影响。盾构推进、出土、拼装衬砌等主要工序循环进行，施工易于管理，机械化程度高，工人的劳动强度低，施工进度快；同时，采用盾构法施工产生的土方量少，穿越河道时不影响航运，施工不受风、雨等天气条件的影响；在地质条件差、地下水位高的地方建设埋深较大的隧道，盾构法具有较高的技术、经济优越性。

（5）其他方法。除上述施工方法外，暗挖法还有以下几种：

① 掘进机法。掘进机法是挖掘隧道、巷道及其他地下空间的一种方法，简称 TBM（tunnel boring machine）法，是指用特制的大型切削设备，将岩石剪切挤压破碎，然后通过配套的运输设备将碎石运出。掘进机法主要适用于中等硬度的岩层条件的施工。

青岛地铁 1 号线
钻爆法 +TBM 施工

② 顶管法。顶管法是隧道或地下管道穿越铁路、道路、河流或建筑物等各种障碍物时采用的一种暗挖式施工方法。在施工时，通过传力顶铁和导向轨道，用支承于基坑后座上的液压千斤顶将管压入土层中，同时挖除并运走管正面的泥土。当第一节管全部顶入土层后，接着将第二节管接在后面继续顶进，这样将一节节管子顶入，做好接口，建成涵管。该方法特别适于修建穿过已成建筑物、交通线下面的涵管。

③ 沉管法。沉管法就是将若干个预制段分别浮运到海面（河面）现场，并一个接一个地沉放安装在已疏浚好的基槽内。沉管法是在水底建筑隧道的一种施工方法。

想 一 想

说明明挖法、盖挖法和暗挖法的异同之处。

二、地面工程与高架工程施工方法

城市轨道交通地面工程与高架工程的主要施工方法分别是地面筑堤法和高架桥法。

1. 地面筑堤法

地面筑堤法是一种从地面筑起护堤，在堤上铺设道床和轨道的方法。虽然地面筑堤法的建设费用不高，但堤下土地不能利用，造价反而更高。

2. 高架桥法

城市轨道交通工程中的高架桥主要是用混凝土建造的，类似于城市高架桥和公路高架桥的建筑形式，包括拱形桥、梁形桥和刚性框架桥。桥梁分为箱梁、T 形梁、槽形梁、板梁等，如图 3－56 所示。

在高架桥跨越一般河流时，桥梁的孔径应保证设计洪水频率、流冰以及其他漂浮物或船只通过的安全要求。当高架桥跨越铁路、公路或城市道路时，桥梁的孔径和桥下净空应满足规定限界。在一般情况下，城市地势平坦，全线采用高架结构时，为了节省轨道交通系统的造价，高架桥结构要求有较小的建筑高度。

地铁是怎样建成的
——直观绘图告诉你

(a) (b) (c) (d)

图3-56 高架桥的桥梁

(a) 箱梁；(b) T形梁；(c) 槽形梁；(d) 板梁

想一想

说一说你所在城市的地铁高架线路施工时采用的方法。

小案例

北京地铁19号线全面施工①

北京市首条南北走向的地铁快线19号线一期工程已经全面施工。2015年年底进场的19号线一期工程，线路全长22.4 km，共设车站10座。这条地铁线既是北京首条南北走向的地铁快线，又是与新机场线相连的通道，堪称新机场线“城内段”。

19号线一期工程的新发地站为三层三跨岛式车站，采用明挖法施工。同时，从新发地站至草桥站区间，采用盾构法施工。目前，盾构施工在加快推进，左线掘进461环，右线掘进156环。根据施工线路的地质条件、土层条件和地上结构情况，目前的工作进度是一般每天施工15环，最高日进度为27环。

任务拓展

中国首条公铁合建隧道全线贯通②

2018年6月9日上午9时，在武汉长江江畔30 m深处，直径为15.76 m的超大盾构“开泰号”从工作井中探出了头，宣告武汉三阳路长江隧道全线贯通！

① 佚名. 地铁19号线一期全面施工.［2018-12-16］. https://newhouse.fang.com/house/2018-07-23/29044578.htm.

② 摘自http://guba.eastmoney.com/news,600820,765617776.html.

作为我国首条公铁合建隧道、采用最大直径盾构法所建隧道，“超级工程”三阳路长江隧道的建设有着超级大的难度：地质极其复杂，隧道断面极大，出土量达 100 万 m^3。三阳路隧道使用的超大直径盾构如图 3－57 所示。

图 3－57　三阳路隧道使用的超大直径盾构

武汉三阳路长江隧道工程是武汉市轨道交通 7 号线一期工程过江段，距离长江二桥 1.3 km、距离青岛路长江隧道 1.9 km，规划定位为城市道路和轨道交通共用过江通道，是连接汉口滨江商务区和武昌岸临江商务区的重要纽带。这是中国第一条穿越复合地质土层的 15 m 级超大直径盾构法所建隧道。

任务操作

1. 选择某个城市的地铁线路，查找资料，描述其所采用的施工方法。
2. 比较城市地铁施工方法的适用范围。

任务考核

一、单项选择题

1. 适合市区软土层隧道施工，利用盾构机械在地中推进，通过盾构外壳和管片支承四周围岩，防止发生向隧道内的坍塌的施工方法是（　　）。

A. 沉管法　　B. 矿山法　　C. 盾构法　　D. 明挖法

2. （　　）是在水底建筑隧道的一种施工方法。

A. 沉管法　　B. 矿山法　　C. 盾构法　　D. 明挖法

3. （　　）是指挖开地面，然后由上向下开挖土石方至设计标高后，自基底由下向上顺作施工完成隧道主体结构，最后回填基坑或恢复地面的施工方法。

A. 沉管法　　B. 矿山法　　C. 盾构法　　D. 明挖法

4. （　　）是当地下工程明做时需要穿越公路、建筑物等障碍物而采取的一种新型工程施工方法，由地面向下开挖至一定深度后，将顶部封闭，其余的下部工程在封闭的顶盖下进行施工，主体结构可以顺作，也可以逆作。

A. 盖挖法　　B. 矿山法　　C. 盾构法　　D. 明挖法

5.（　　）是目前广泛采用的一种施工方法，在我国，人们常把此方法称为锚喷构筑法。采用该方法修建地下铁道时，对地面干扰小，工程投资也相对较低，在我国目前的地下铁道区间隧道修建工程中，该方法使用较多。

A. 盖挒法　　B. 新奥法　　C. 盾构法　　D. 明挖法

二、多项选择题

1. 城市轨道交通工程包括地下工程、地面工程和高架工程。地下工程主要包括（　　）；地面工程主要包括（　　）；高架工程主要包括（　　）。

A. 区间隧道工程　　B. 地下车站工程
C. 筑堤工程　　D. 地面车站工程
E. 车辆段与配套工程　　F. 高架桥工程
G. 高架车站工程

2. 城市轨道交通地下工程暗挖法包括（　　）。

A. 盖挖法　　B. 新奥法
C. 浅埋暗挖法　　D. 矿山法

3. 城市轨道交通地下工程常用的施工方法有（　　）。

A. 明挖法　　B. 暗挖法
C. 盾构法　　D. 沉管法

4. 使用盖挖法施工的优点有（　　）。

A. 能够有效控制周围土体的变形和地表沉降，有利于保护邻近建筑物和构筑物
B. 基坑底部土体稳定，隆起小，施工安全
C. 基坑暴露时间短，用于城市街区施工时，可尽快恢复路面
D. 难度小，费用低

5. 城市轨道交通线路使用盾构法施工的优点有（　　）。

A. 除竖井施工外，施工作业均在地下进行，不影响地面交通、地面建筑物和地下管线
B. 对附近居民的噪声和振动影响较小
C. 施工易于管理，机械化程度高，工人的劳动强度低，施工进度快
D. 施工不受风、雨等天气条件的影响，具有较高的技术、经济优越性

三、判断题

1. 明挖法是指挖开地面，然后由上向下开挖土石方至设计标高后，自基底由上向下顺作施工完成隧道主体结构，最后回填基坑或恢复地面的施工方法。（　　）

2. 浅埋暗挖法的原理是，利用土层在开挖过程中短时间的自稳能力，采取适当的支护措施，使围岩或土层表面形成密贴型薄壁支护结构。该方法为不开槽施工方法，主要适用于黏性土层、砂层、砂卵层等地质。（　　）

3. 沉管法是隧道或地下管道穿越铁路、道路、河流或建筑物等各种障碍物时采用的一种暗挖式施工方法，适于修建穿过已成建筑物、交通线下面的涵管。（　　）

4. 在高架桥跨越一般河流时，桥梁的孔径应保证设计洪水频率、流冰以及其他漂浮物或船只通过的安全要求。当高架桥跨越铁路、公路或城市道路时，桥梁的孔径和桥下净空应满足规定限界。（　　）

5. 地面筑堤法是一种从地面筑起护堤，在堤上铺设道床和轨道的方法。（　　）

四、综合训练题

1. 自行查阅资料，举例说明城市轨道交通线路在施工时需要进行哪些步骤、有哪些需要注意的地方。

2. 结合平时乘坐地铁的经历，说一说地铁线路的施工对城市交通会产生什么样的影响、有何改进措施。

3. 简述明挖法的施工步骤及其优缺点。

4. 简述矿山法的施工步骤及其优缺点。

5. 自行查阅资料，说明盾构法施工有何技术难题、现阶段有无改进措施。

PROJECT

项目 4

城市轨道交通站场

TASK

任务1 城市轨道交通车站组成

▶ 知识目标

1. 掌握城市轨道交通车站的组成。
2. 掌握城市轨道交通车站站台的类型。

▶ 能力目标

1. 能识别城市轨道交通车站的组成部分。
2. 能区分不同的城市轨道交通车站站台类型。

任务引入

城市轨道交通车站是客流的节点，是乘客出行的基地，乘客上下车及相关的作业都是在车站进行的，同时其也是列车到发、通过、折返、临时停车的地点，还是轨道交通线路的电气设备、信号设备、控制设备等集中的场所，以及运营、管理人员工作的场所。通过乘坐地铁出行，了解不同的车站组成部分及站台类型。

任务分析

城市轨道交通车站是城市轨道交通路网中一种重要的建筑物，是供乘客乘车、换乘和候车的场所。

一、车站的界定

车站是指在城市轨道交通运输生产活动中客流集散的场所，以及乘客出行乘坐列车始发、终到与换乘的地点，是运营企业与服务对象的主要联系环节。车站是线路上供列车到达、出发和通过的分界点，某些车站还具有折返、停车检修、临时待避的功能。因此，车站要能安全、迅速、方便地组织乘客进出，能全面、可靠、机动地满足运营要求。

为保证旅客使用方便，安全、快捷地进出，城市轨道交通车站平面布置应遵循紧凑、合理、适用的原则，一般由出入口及通道、站厅层、站台层、车站管理用房、设备用房和生活用房等组成。

二、车站的组成结构

(一) 出入口及通道

1. 出入口

出入口是乘客由地面进入车站或由车站上到地面的通道，其位置应满足城市规划及交通的要求，选择人流集中的地点。出入口应尽量与城市过街地道相结合，与地下商场、公共建筑楼群相连通，以方便乘客和疏散客流，地下车站的出入口通道也可以兼作人行过街设施。为减轻乘客疲劳，在条件许可的情况下，地面出入口与站厅层、站厅层与地下站台层之间均应设置自动扶梯和为残疾人服务的设施。

2. 通道

通道是乘客进出车站、出入站台和换乘列车的必由之路，可分为出入口通道和换乘通道，其中换乘通道如图 4 –1 所示。通道的数量和宽度不仅要使乘客出入车站方便和满足高峰时的乘客通行需求，而且要满足紧急情况下快速疏散乘客的要求，同时还要兼顾与城市公路的立交功能。因此，通道的设计要与车站的总体设计相适应。

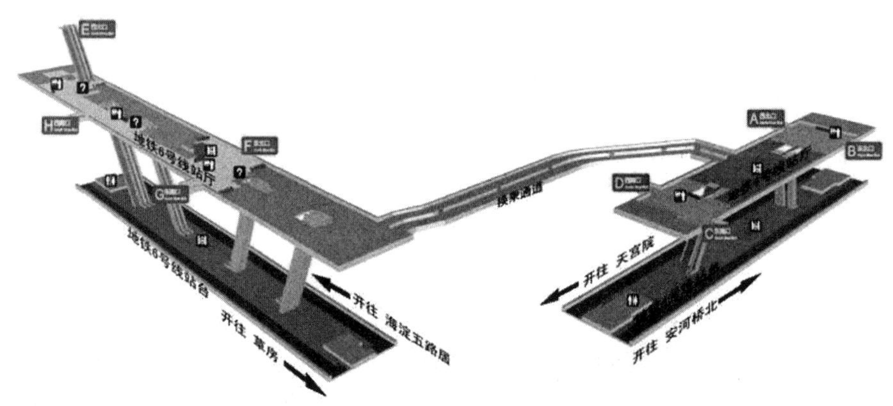

图 4 –1　换乘通道

(二) 站厅层

乘客问讯台、购票设备、安检设备、进站检票和出站验票设备的布置区域称为站厅层，如图 4 –2 所示。其主要功能是集散客流，为乘客提供售票、检票等服务。站厅层除付费区和非付费区之外，还有管理与设备用房，部分车站站厅层还设置有商铺。对于地下车站，一般地下一层为站厅层；对于高架站、地面站，一般地上一层为站厅层。

(三) 站台层

站台层是最直接体现车站功能的层面，其主要作用是供列车停靠、乘客上下车，如图 4 –3 所示。车站站台的形式有岛式、侧式和岛、侧混合式三种。

1. 岛式站台

岛式站台是指站台位于上、下行线路之间的站台，可供上、下行线路同时使用，如图 4 –4 所示。站台两端有供乘客上、下的楼梯通至地面。具有岛式站台的车站称为岛式车站。岛式站台具有站台面积利用率高、能灵活调剂客流、乘客中途改变乘车方向方便、车站管理集中、站台空间宽阔等优点，因此，它常用于客流量较大的车站。

图4－2　站厅层

图4－3　站台层

图4－4　岛式站台

2. 侧式站台

侧式站台是指站台位于上、下行线路的两侧的站台，如图 4－5 所示。具有侧式站台的车站称为侧式车站。

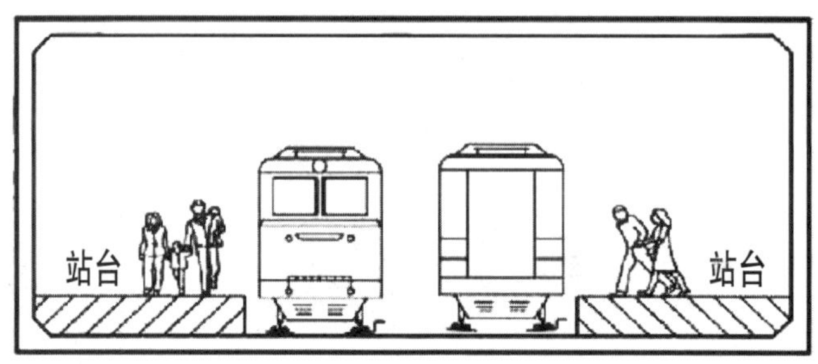

图 4－5　侧式站台

侧式站台的特点是，上、下行乘客可避免相互干扰，正线和站线之间不设喇叭口，造价低，改建容易，但是站台面积利用率低，不可调剂客流，乘客中途改变乘车方向时须经地道或天桥，车站管理分散，站台空间不及岛式站台宽阔。因此，侧式站台多用于两个方向客流量较均匀（或流量不大）的车站及高架车站。岛式站台和侧式站台的优缺点比较见表 4－1。

表 4－1　岛式站台和侧式站台的优缺点比较

类型 项目	岛式站台	侧式站台
站台利用	站台利用率高，可起到分散客流的作用，当相反方向的列车不同时到达时，可相互调节客流，但当相反方向的列车同时到达时，容易使乘客交错混乱，甚至乘错方向	两站台分别利用，利用率低，但相对方向的客流不交叉，不致乘错车，对客流不起调节作用
站台管理	管理集中方便，便于乘客中途折返	工作人员增加，管理分散不方便，不方便乘客中途折返，乘客须经天桥、地道或地面才能折返
站台结构	须设中间站厅，结构较复杂，建筑费用高	可不设中间站厅，结构较简单，建筑费用低
站台建筑	空间完整，站台延长困难	空间较分散，站台延长较容易

3. 岛、侧混合式站台

岛、侧混合式站台是指将岛式站台和侧式站台同设在一个车站内，如图 4－6 所示。具有这种站台形式的车站称为岛、侧混合式车站。岛、侧混合式车站主要用于两侧站台换乘或列车折返。该种形式的站台可设置为一岛一侧式或一岛两侧式。

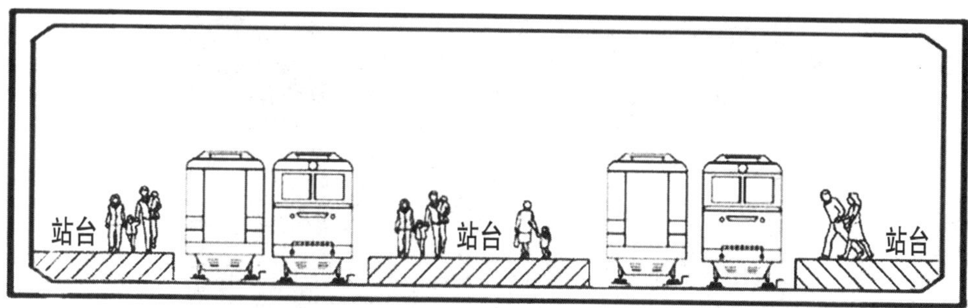

图4－6　岛、侧混合式站台

想一想

你所在城市的地铁有哪些类型的站台？概括其优缺点。

（四）车站管理用房、设备用房和生活用房

1. 车站管理用房

车站管理用房是指车站工作人员的办公用房，主要包括车站控制室（见图4－7）、站长室、票务室、广播室、售票亭等。车站控制室是车站运营与管理的中心，一般应设在便于对售票、检票、楼梯和自动扶梯口等部位进行监视的地方。

图4－7　车站控制室

2. 车站设备用房

车站设备用房主要是安置设备、对设备进行日常维修及保养的场所，如图4－8所示，主要有环境控制机房、事故风机房、通信机械室、通信测试室、环控电控室、消防泵房等。车站强弱电设备应分开控制，有噪声源的设备用房应远离乘客活动区。

3. 车站生活用房

车站工作人员的日常生活用房主要包括更衣室、休息室、茶炉间、卫生间等。一般设计生活用房时，只考虑给工作人员使用，容量较小，故它不对外开放。

图 4－8　车站设备用房

（五）通风道及风亭

车站是乘客非常集中的地方，尤其是地下车站。由于人流密集，环境相对封闭，车站里的空气很容易污浊。为保证乘客和车站工作人员的身体健康，地下车站都设置了环境控制系统，它可以为车站不间断地进行空气置换，以满足车站空气清新的要求。因此，要设置相应的通风道和风亭（见图 4－9），以进行通风换气。

图 4－9　风亭

任务拓展

中国名字最特别的三个地铁站，一个最励志，一个特别长①

随着经济的快速发展，人们的生活越来越好，各大城市都修建了地铁，为人们的出行提供了便利，也促进了地区经济的发展。在我国成百上千个地铁站当中，你知道有哪些地铁站

① 佚名．中国名字最特别的三个地铁站，一个最励志，一个特别长．［2019－1－12］．https://baijiahao.baidu.com/s?id=1621178762166689094&wfr=spider&for=pc.

的名字起得很特别吗？今天我们就一起来了解一下我国名字最特别的三个地铁站吧，它们一个很励志，一个很长，总之与众不同。

第一个就是翻身站（见图4－10）。翻身站与翻身战同音，人在什么时候需要翻身呢？不就是失败的时候才需要翻身吗？正是因为如此，才说这个站名非常励志。它是深圳地铁5号线上的一个车站，该站一共有三个出入口，车站总长两百多米，它的建筑面积并不是非常大，它所处的地段也不算很繁华，它能够被人们知晓、熟记，大部分的原因是它这特别的名字。

图4－10　翻身站

第二个则是古田一路站，千万不要以为这个名字就很长了，后面还有更长的呢。这个名字看上去非常普通，但对武汉熟悉的朋友应该知道，在武汉1号地铁路线中，就有4个地铁站的名字中有“古田”，只是数字不同而已。开往古田一路站的列车如图4－11所示。众所周知，武汉的交通十分便利，素有“九省通衢”的称号。它将地铁站取相似的名字，只是排序不同，到底是为了给人们提供便利，还是为何呢？

图4－11　开往古田一路站的列车

第三个是那个名字特别长的地铁站——南艺·二师·草场门站（见图4-12），这个名字恐怕说一遍都不一定能记住。该站是南京地铁4号线的车站，它的名字很特别，并且它是中国最美的地铁站之一。在地铁站内有一面艺术墙，主题是“书画同源”，极具艺术气息。作品主要表现了“书圣”王羲之的《兰亭集序》和他“书成换白鹅”的典故，还有顾恺之所绘制的《洛神赋图》的场景。

看世界那些不同的地铁文化

图4-12　南艺·二师·草场门站

任务操作

1. 选择你熟悉的城市地铁车站，绘制其车站平面图，描述车站的组成部分和出入口的标志，并说明其布局上的缺点和改进措施。
2. 绘制并比较城市轨道交通站台的类型。

任务考核

一、单项选择题

1. 乘客进出车站的必经之路是（　　）。

A. 出入口　　B. 通道
C. 站厅　　D. 站台

2. 乘客问讯台、购票设备、安检设备、进站检票和出站验票设备的布置区域称为（　　）。

A. 客服区　　B. 站厅层
C. 站台层　　D. 付费区

二、多项选择题

1. 岛式站台的优点有（　　）。

A. 站台面积利用率高　　B. 能灵活调剂客流
C. 乘客中途改变乘车方向方便　　D. 车站管理分散

2. 车站管理用房包括（　　）。

A. 车站控制室　　B. 环境控制机房

C. 票务室　　D. 售票亭

三、判断题

1. 站长室是车站运营与管理的中心，一般应设在便于对售票、检票、楼梯和自动扶梯口等部位进行监视的地方。（　　）

2. 站厅是最直接体现车站功能的层面，其主要作用是供列车停靠、乘客上下车。（　　）

四、综合训练题

1. 以南京地铁1号线南京交院站、安德门站、中华门站为例，区分车站站台的类型，并说明其优缺点。

2. 描述地铁站台与站厅的功能。

TASK 任务2 城市轨道交通车站分类

知识目标

1. 掌握城市轨道交通车站的类型。
2. 熟悉联锁站和非联锁站。

能力目标

1. 能区分不同类型的车站及其功能。
2. 能区分联锁站和非联锁站。

任务引入

城市轨道交通车站因其功能和地位不同，分类方法也多种多样，它们都在城市轨道交通系统中扮演着非常重要的角色。通过乘坐地铁出行，了解不同的车站类型及其功能。

任务分析

城市轨道交通车站根据其用途的不同发挥着不同的运营功能，也有不同的分类。

一、按信号系统功能分类

按信号系统功能，可将城市轨道交通车站分为联锁站和非联锁站。

（1）联锁站。联锁站是指具有信号联锁设备，一般可以监控列车运行、排列列车进路以及对列车运行进行控制的车站。联锁站通常有道岔。

（2）非联锁站。非联锁站是指没有联锁设备，一般不能监控列车运行、不能排列列车进路的车站。非联锁站通常无道岔。

小案例

南京地铁1号线新街口站、鼓楼站、竹山路站等为联锁站，张府园站、珠江路站、南京交院站等为非联锁站。

二、按车站所处位置分类

按车站所处位置不同，可将城市轨道交通车站分为地下车站、地面车站和高架车站，分别如图4－13～图4－15所示。

（1）地下车站。地下车站一般为地面出入口、中间站厅和地下站台的两层或三层结构形式，出入口通道总数不得少于两个。由于建在地下，其造价比地面车站、高架车站要高得多。

（2）地面车站。地面车站设置在地面层。地面车站造价低，但占用地面空间大，对线路经过的区域造成地面的人为分割。

图4－13　地下车站

图4－14　地面车站

图4－15 高架车站

（3）高架车站。高架车站一般为地面出入口、地面或高架站厅、高架站台的两层或三层结构。高架车站占用地面空间较大，对城市街道景观影响较大。

三、按运营功能分类

城市轨道交通车站按其运营功能不同，可分为终点站、中间站、换乘站和区间站。

上海地铁4个虚拟换乘站

（1）终点站。终点站即线路两端端点车站。它具有乘坐（乘客上下车）、客运服务、列车折返和少量检修作业等功能。

（2）中间站。中间站是线路中数量最多、功能最少的基本站型。它具有乘降、客运服务等功能。

（3）换乘站。换乘站是两条或两条以上轨道交通线路交叉设置的车站，如图4－16所示。它具有乘降、客运服务和乘客换乘等功能。

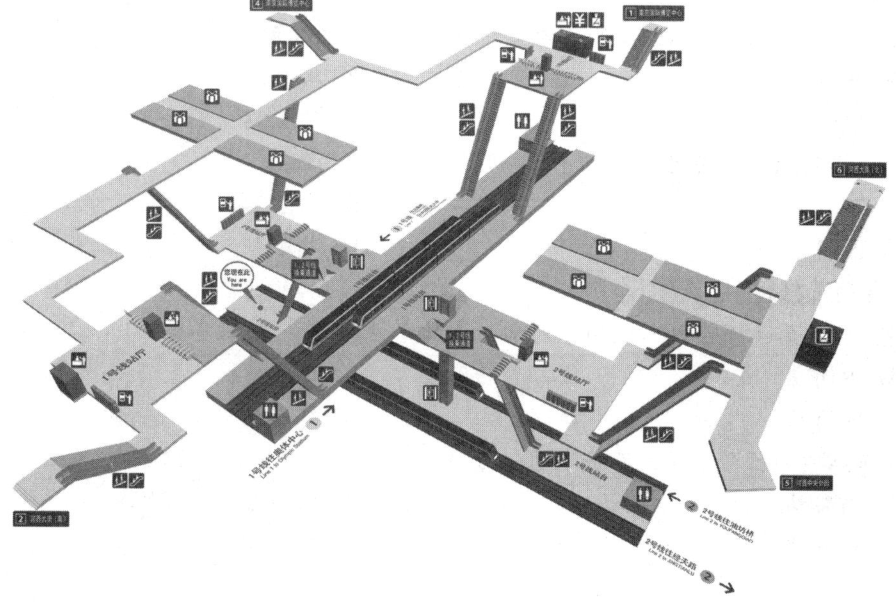

图4－16 换乘站

(4) 区间站。区间站也称为折返站或区域站，设置在线路中间，可供列车折返和开行区间列车的车站。它具有乘降、客运服务和部分列车折返等功能。

小案例

河定桥站是南京地铁 1 号线的车站，为地下两层岛式车站，南段设有存车线，存车线上方为商业开发空间，车站总长为 492.4 m，标准断宽为 19 m，建筑面积为 21 082 m^2。自 2014 年 6 月 1 日起，它成为南京地铁 1 号线小交路折返站。

想一想

中间站与区间站有何异同?

任务拓展

北京地铁规模最大的车站①

西单站借鉴了日本"地下城"的思路，是北京地铁建设以来规模最大的地铁车站。它是三拱二柱双层岛式的站，按 8 节车编组设计，长度为 260 m，站台宽度为 16 m，建有 5 个敞开式出入口，为乘客购物和出入乘车提供方便。

任务操作

1. 以你熟悉的城市地铁为例，区分其车站的类型，并说明其优缺点。
2. 查找资料，概括全国城市有哪些比较有特色的地铁车站。

任务考核

一、单项选择题

1. (　　) 是指位于两条及两条以上线路交叉点上的车站。

A. 折返站　　B. 换乘站

C. 中间站　　D. 终点站

2. 可以排列列车进路的车站是 (　　)。

A. 联锁站　　B. 中间站

C. 区间站　　D. 非联锁站

二、多项选择题

1. 除了供乘客上下车外，还用于列车折返的车站有 (　　)。

A. 中间站　　B. 换乘站

C. 区间站　　D. 终点站

2. 按车站所处位置不同，可将车站分为 (　　)。

A. 高架站　　B. 地面站

C. 地下站　　D. 中间站

① 佚名. 我国最大跨度的北京地铁西单车站. [2018-11-10]. http://jz.docin.com/p-719992464.html.

三、判断题

1. 中间站具有乘降、客运服务和部分列车折返等功能。　（　　）

2. 地下车站的优点是与地面交通完全分离，不占城市地面与地上空间，基本不受地面气候影响。　（　　）

四、综合训练题

1. 结合你平时乘坐地铁的经历，选择一个车站，说明其属于哪一类车站，并说明原因。

2. 城市轨道交通车站按其运营功能不同，可以分为哪些类型？

3. 城市轨道交通车站按其所处的位置不同，可分为哪些类型？其各有何特点？适用范围是什么？

4. 联锁站与非联锁站在功能上有何不同？

5. 自行查阅资料，看一看国内外有哪些独特的车站，撰写一份调研报告。

TASK 任务3 城市轨道交通车辆基地

知识目标

1. 熟悉城市轨道交通车辆基地的组成。
2. 熟悉城市轨道交通车辆段的功能。

能力目标

1. 能识别城市轨道交通车辆段的组成部分。
2. 能区分不同的车辆检修类型。

任务引入

城市轨道交通车辆基地作为城市轨道交通车辆停放和检修基地、设备维修和材料供应基地、人员培训基地，具有占地面积大、工程造价高、设备及技术接口复杂等特点。通过乘坐地铁出行，了解地铁车辆基地的分布及功能。

任务分析

一、车辆基地的组成

城市轨道交通除车辆保养基地（车辆段）以外，还有综合维修中心、材料总库和职工技术培训中心等基地，有条件时，应尽量将它们与车辆段规划在一起，总称车辆基地，如图4－17所示。

图 4－17　车辆基地

1. 车辆段

车辆段是车辆停放、检查、整备、运用和修理的管理中心所在地。若运行线路较长，为了有利于运营和分担车辆的检查、清洗工作，可在线路的另一端设停车场，负责部分车辆的停放、检查、整备和运用工作。当技术经济、合理时，也可以在两条或两条以上线路共设一个车辆段。

（1）车辆段的组成。车辆段主要由列车停放区、车辆清洗区、检查和小修库、大修车间等组成。

① 列车停放区。列车停放区兼有停车、整备、清扫、日常检查和驾驶员出乘等多种功能。为实现这些功能，在列车停放区，除设有停车线以外，还设有运用车间、运转值班室、驾驶员待班室、出乘室等。

② 车辆清洗区。车辆清洗区主要分为自动清洗线（见图 4－18）和人工清扫线，其中，自动清洗线一般安装有自动洗车机，用于自动清洗，自动完成喷淋、去污、上蜡、吹干等洗车作业。为保证车厢内部和难以自动清洗部位的整洁，还需设置专门的人工清扫线。

图 4－18　自动清洗线

③ 检查和小修库。设置检查和小修库的目的是，利用列车的停放时间和停放场地对车辆的重要部件进行例行技术检查，对危害行车安全的一般故障进行临时修理。检查和小修库一般设在停车区或列车折返时停留和准备场所的停车线旁。

④ 大修车间。大修车间（见图4－19）用于对车辆进行检修，根据检修作业范围，可分为大、架修库和定修库。其中，大、架修库承担车辆的大修、架修作业；定修库承担车辆的定期维修作业。

图4－19　大修车间

（2）车辆段的主要功能。

① 车辆段承担所属线路车辆的编组、停放、清洁、列检工作。

② 车辆段承担所属线路车辆的临修和定修工作。

③ 车辆段承担所属线路和由多条联络线互相沟通的线路的车辆大修、架修工作。

④ 车辆段承担车辆部件的检测、修理工作，满足车辆各修程对互换部件的需求。

⑤ 车辆段具有维修能力，可成为地铁网络的车辆部件维修点，为其他车辆服务。

2. 综合维修中心

综合维修中心主要负责对城市轨道交通系统中各种设备和设施的维修管理，具体包括工务、建筑、供电、机电、通信、信号及自动化设备和系统的运用、维修、巡检、抢修、管理，涉及线路、路基、轨道、桥梁、涵洞、隧道和房屋建筑等设施的维护和保养，以及供电、通信、信号、机电设备和自动化设备的运用、维修、保养与故障修理工作。

3. 材料总库

材料总库负责城市轨道交通系统材料、配件、设备和机具，以及劳保用品等的采购、存放、发放、管理工作，为城市轨道交通工程各系统的建设、运营和维修所需材料、机电设备、配件等提供储存和供应服务。在工程建设期间，材料总库可作为工程材料、设备临时存放的场所，宜设在大、架修车辆段内，根据需要，可在定修段或停车场内分别设物资分库或材料库。

4. 职工技术培训中心

城市轨道交通系统网络一般宜共用一个培训中心。培训中心宜设于车辆基地内，负责组织和管理车辆段及综合基地职工的技术教育与培训。对职工的实际操作培训，宜利用车辆基地的既有设施。在培训中心内，应设司机模拟驾驶装置以及其他系统模拟设施，并设教室、设备室、教职员工办公室及配套设施。培训中心应以城市轨道交通线网规划为依据，进行合理规划，根据功能和任务确定建设规模。

二、车辆的检修

1. 检修的分类

(1) 预防性检修。

① 计划修。计划修是指根据事先确定的计划，当达到一个事先确定的时间周期或者一个车辆运行里程时，对相关设备进行的检查和处理。

② 状态修。在对设备进行检测时，一旦某一参数超过了事先确定的限定警戒值，就需要介入状态修。该类检修要根据参数的变化趋势进行。

(2) 故障检修。故障检修是在某个部件出现故障之后所采取的检修方式，即临修。故障检修的工作负荷一般是无法预计和评价的，总是由使用者（运营者）发现故障之后报告，然后展开维修，并在故障维修过程中通过换件快速处理故障。故障维修可以是彻底维修，也可以是临时性的维修。设备在临时维修之后仍然可以投入运营，并等待彻底维修。在这些不同的维修程序结束之后，就应该认为设备恢复可使用状态，可以投入正常运营。这种维修一般在各线车辆段或停车场进行。

2. 车辆修程和检修内容

城市轨道交通车辆的修程大致可分为列检、月检、定修、架修和厂修。

(1) 列检。列检也叫日检，是每天对容易出现危及行车安全的各主要部件（如轮对、弹簧、转向架、受流器、控制装置、空气制动装置、车钩及缓冲装置、蓄电池、车门风动开关装置、车体、车灯等）进行外观检查，对危及行车安全的故障及时进行重点修理。

(2) 月检。月检是对车辆外观和一般功能进行检查，即对车辆主要部件进行外观检查和必要试验，对危及行车安全的故障进行全面修理。月检有单月检和双月检。

(3) 定修。定修主要是预防性维修，修理过程需要架车，也称年检。它是对各大部件的技术状态和作用进行较仔细的检查，对检查发现的故障进行针对性的修理，对车上的仪器和仪表进行校验，同时车辆组装后要经过静调和试车。

(4) 架修。架修的主要目标是检测和修理大型部件（如走行部、牵引电动机、传动装置等）。同时，经架车对车辆各部件进行解体和全面检查、修理、试验，对计量的仪器、仪表进行校验，车体要重新进行油漆、标记，并在组装后进行静调和试车，一般在车辆运营 5 年或 50 万 km 后进行架修。

(5) 厂修。厂修是全面恢复性的修理。厂修要求对车辆进行全面解体、检查、整形、修理和试验，完全恢复其功能。组装后的车辆要重新进行油漆、标记、静调和试车。总之，厂修后的车辆基本上要达到新车出厂水平，一般在车辆运营 10 年或 100 万 km 后进行厂修。

小知识

南京地铁 1 号线车辆基地①

南京地铁 1 号线设小行车辆基地（见图 4－20，含综合维修中心、材料总库、南京地铁行政人员办公场所）和中国药科大学站车辆段。其中，小行车辆基地主要承担全线

① 百度百科. 南京地铁 1 号线. [2018－11－13]. https://baike.baidu.com/item/%E5%8D%97%E4%BA%AC%E5%9C%B0%E9%93%811%E5%8F%B7%E7%BA%BF.

地铁车辆的架修、定修和本线部分车辆的停放、运用、列检、整备和月修等工作，还负责南京地铁10号线列车的较大维修和架修、南京地铁2号线列车的架修工作。

图4－20　小行车辆基地

任务拓展

这座青岛地铁车辆段，值得为它打Call！①

青岛地铁2号线辽阳东路车辆段（见图4－21）是国内首座半地下半地上双层上盖车辆段，占地15万m^2，总建筑面积4万m^2，15大单体建筑，施工时间仅为15个月，高峰时期同时施工人员达2 500人。

图4－21　青岛地铁2号线辽阳东路车辆段

① 佚名. 这座青岛地铁车辆段，值得为它打Call！[2019－1－4]. https://www.sohu.com/a/220839543_99972531.

青岛地铁2号线辽阳东路车辆段位于山东青岛市崂山区西侧，主要承担青岛地铁2、4、5号线车辆大、架修，以及青岛地铁2号线车辆检修及停放任务。其基地盖体为二层结构，出入段线为四条隧道，两出两入，两上两下。

辽阳东路车辆段平面布置分为盖外区域及盖下区域两部分：盖外区域包括杂品库、污水处理站、综合楼，盖下区域主要包括运用库、检修主厂房、物资总库、调机工程车库、综合维修车间、牵引所及库前岔区等。

任务考核

一、单项选择题

1. 每天对容易出现危及行车安全的各主要部件进行外观检查，对危及行车安全的故障及时进行重点修理是指（　　）。

A. 列检　　B. 月检

C. 定修　　D. 架修

2. 一般在车辆运营（　　）后进行架修。

A. 20年或200万km　　B. 10年或100万km

C. 1年或10万km　　D. 5年或50万km

3. 供定修、架修、大修后的列车在验收前进行动态调试的线路是（　　）。

A. 试车线　　B. 静调线

C. 牵出线　　D. 检修线

二、多项选择题

1. 车辆基地的组成部分主要有（　　）。

A. 车辆段　　B. 综合维修中心

C. 材料总库　　D. 培训中心

2. 车辆段的组成部分主要有（　　）。

A. 停车区　　B. 清洗区

C. 检修区　　D. 大修区

三、判断题

1. 城市轨道交通车辆的修程通常分为列检、月检、定修、架修和厂修。（　　）

2. 城市轨道交通车辆的检修可分为预防性维修和故障维修。（　　）

四、综合训练题

1. 以你熟悉的地铁线路为例，说明车辆基地的布局和功能。

2. 车辆基地的主要线路有哪些？它们各有哪些功能？

3. 简要说明城市轨道交通车辆的修程分为哪几种类型。

4. 车辆检修的分类方法有哪些？

5. 简要说明车辆段的组成和功能。

PROJECT

项目 5

城市轨道交通车辆

任务1 城市轨道交通车辆分类

知识目标

1. 熟悉城市轨道交通车辆的特点。
2. 掌握城市轨道交通车辆的分类。

能力目标

1. 能识别城市轨道交通车辆的类型。
2. 能举例说明城市轨道交通不同车辆类型的特点。

任务引入

城市轨道交通车辆作为运输乘客的重要载体，不仅要保证运行的安全、准点、快捷，而且要有良好的乘客服务设施，使乘客感到舒适、便利，同时还要考虑对城市景观和环境的影响。通过乘坐地铁出行，调研地铁车辆的宽度、车门数、座位数，了解车厢内的设施设备，感受地铁与其他交通工具的异同。

任务分析

一、城市轨道交通车辆的特点

地铁车辆是在地铁线路上可编入列车中运行的单节车，地铁列车由若干地铁车辆完整组合，编组成列。车辆是城市轨道交通系统中完成乘客运输任务的直接工具，其特点如下。

1. 载客能力强

城市轨道交通车辆作为城市公共交通工具，主要在市内和市郊运行；乘客上下车频繁，客流量大且集中，A 型地铁列车（车宽为 3 m）的车辆定员人数可达 310 人/节。

2. 安全性能高

车辆采用安全自动控制系统来操作，严格保证车辆行车间隔；供电采用双电源，停电的可能性甚微；设备先进，稳定性高，突发情况下的适应能力强。

3. 乘坐环境佳

车厢内设有照明系统、空气调节装置和倾角座椅，同时采取多种有效措施来降低车厢内来自轮轨系统和动力系统的噪声，乘坐舒适性较好。

4. 动力性能好

城市轨道交通车辆作为城市公共交通工具，因站距短，车辆以最高速度运行是困难的，所以需要有较大的启动加速度和制动减速度，以达到启动快、停车制动距离短、提高车辆平均速度的目的。

5. 能源消耗低

城市轨道交通车辆主要采用电气牵引，而且轮轨摩擦阻力较小，与公共电车、公共汽车相比，节省能源，运营费用较低。

二、城市轨道交通车辆的分类

世界各地的城市轨道交通车辆没有统一的标准，一般而言，其往往是按照某个地方的城市轨道交通所需量身定制的。我国不仅有地铁、轻轨列车，而且有市域列车、现代有轨电车、跨座式单轨列车、中低速磁浮列车等多种制式的城市轨道交通列车，遍布城市地上、地下、地面空间的轨道交通立体网络，为居民提供了丰富多样而又经济适用的出行选择，将更多的居民更快捷、方便地连接在一起。地铁列车则是由多个地铁车辆编组而成，按照适用范围和车体宽度，城市轨道交通车辆的分类见表 5－1。

表 5－1　城市轨道交通车辆的分类

系统	分　类	车辆和线路条件	客运能力 N/(人次/h) 和运营速度 v/(km/h)	备　注
地铁系统	A 型车辆	车长：22.0 m 车宽：3.0 m 定员：310 人 线路半径：≥300 m 线路坡度：≤35‰	N：4.0 万～7.5 万 v：≥35	高运量，适用于地下、地面或高架线路
	B 型车辆	车长：19.0 m 车宽：2.8 m 定员：230～245 人 线路半径：≥250 m 线路坡度：≤35‰	N：3.0 万～5.0 万 v：≥35	大运量，适用于地下、地面或高架线路
	直线电机 B 型车辆（L_B）	车长：16.8 m 车宽：2.8 m 定员：215～240 人 线路半径：≥100 m 线路坡度：≤60‰	N：2.5 万～4.0 万 v：≥35	大运量，适用于地下、地面或高架线路

续表

系统	分　类	车辆和线路条件	客运能力 N/(人次/h)和运营速度 v/(km/h)	备　注
轻轨系统	C 型车辆	车长：18.9～30.4 m 车宽：2.6 m 定员：200～315 人 线路半径：≥50 m 线路坡度：≤60‰	N：1.0 万～3.0 万 v：25～35	中运量，适用于地下、地面或高架线路
	直线电机 C 型车辆（L_C）	车长：16.5 m 车宽：2.5～2.6 m 定员：150 人 线路半径：≥60 m 线路坡度：≤60‰	N：1.0 万～3.0 万 v：25～35	中运量，适用于地下、地面或高架线路
单轨系统	跨座式单轨车辆	车长：15.0 m 车宽：3.0 m 定员：150～170 人 线路半径：≥50 m 线路坡度：≤60‰	N：1.0 万～3.0 万 v：30～35	中运量，主要适用于高架线路
	悬挂式单轨车辆	车长：15.0 m 车宽：2.6 m 定员：80～100 人 线路半径：≥50 m 线路坡度：≤60‰	N：0.8 万～1.25 万 v：≥20	中运量，主要适用于高架线路
有轨电车	单厢或铰接式有轨电车	车长：12.5～28.0 m 车宽：≤2.6 m 定员：110～260 人 线路半径：≥30 m 线路坡度：≤60‰	N：0.6 万～1.0 万 v：15～25	低运量，适用于地面（独立路权）、街面混行或高架线路
磁浮系统	中低速磁浮车辆	车长：12.0～15.0 m 车宽：2.6～3.0 m 定员：80～120 人 线路半径：≥50 m 线路坡度：≤70‰	N：1.5 万～3.0 万 最高运营速度：100	中运量，主要适用于高架线路
	高速磁浮车辆	车长：端车为 27.0 m，中车为 24.8 m 车宽：3.7 m 定员：端车为 120 人，中车为 144 人 线路半径：≥350 m 线路坡度：≤100‰	N：1.0 万～2.5 万 最高运营速度：500	中运量，主要适用于郊区高架线路

续表

系统	分　类	车辆和线路条件	客运能力 N/(人次/h)和运营速度 v/(km/h)	备　注
自动导向轨道系统	胶轮特制车辆	车长：7.6～8.6 m 车宽：≤3 m 定员：70～90 人 线路半径：≥30 m 线路坡度：≤60‰	N：1.0 万～3.0 万 v：≥25	中运量，主要适用于高架或地下线路
市域快速轨道系统	地铁车辆或专用车辆	线路半径：≥500 m 线路坡度：≤30‰	v：120～160	适用于市域内中、长距离客运交通线路

1. 按车体宽度与驱动方式分类

城市轨道交通车辆按车体宽度与驱动方式，可分为 A 型车辆、B 型车辆、C 型车辆、现代有轨电车、单轨车辆、L 型车辆和磁浮车辆 7 种车型。

（1）A 型车辆，宽度为 3.0 m，为大运量城市轨道交通系统的车型，如南京地铁 1 号线、2 号线车辆。

（2）B 型车辆，宽度为 2.8 m，为中大运量城市轨道交通系统的车型，如北京地铁 4 号线、5 号线车辆。

（3）C 型车辆，宽度为 2.6 m，为中小运量城市轨道交通系统的车型，如上海地铁 5 号线、6 号线、8 号线车辆。

（4）现代有轨电车，如南京河西有轨电车、沈阳浑南现代有轨电车。

（5）单轨车辆，如重庆轻轨 3 号线车辆，是跨座式单轨车辆。

（6）L 型车辆为直线电机系列，如广州地铁 4 号线、5 号线、6 号线车辆。

（7）磁浮车辆，如长沙磁浮快线、北京地铁 S1 线车辆。

需要注意的是，前 5 种车辆为旋转电机驱动，为黏着牵引；后 2 种车辆为直线电机驱动，为非黏着牵引。

小案例

南京地铁 1 号线车辆

南京地铁 1 号线采用的地铁车辆是世界上最先进的 A 型车辆，共配车 45 列，每列车有 6 节编组，行走制式为钢轮钢轨，轨距为 1 435 mm，每节车厢每侧各有 5 扇塞拉式车门，颜色以蓝色为主色调，裙边白色，黑色窗框勾边。

南京地铁 1 号线第一列列车由法国阿尔斯通公司在法国生产、调试并用轮船运至上海港，然后由陆路汽车运往南京，其余 19 列以及南京地铁 1 号线南延线新列车均由中车南京浦镇车辆有限公司生产。中车南京浦镇车辆有限公司和法国阿尔斯通公司合作生产的这种地铁车辆是地铁车辆家族中载客量最大的，这种列车每节车厢长 24.4 m，宽 3.0 m，高 3.8 m，每列编组为 6 节，是世界上流行的一种车辆，正被新加坡等地采用。

2. 按牵引动力配置分类

在《地铁车辆通用技术条件》（GB/T 7928—2003）中，地铁车辆按牵引动力配置，分为动车（motor，用M表示）和拖车（trailer，用T表示）。

（1）动车本身带有动力装置，即装有牵引电动机，具有牵引和载客双重功能。动车又可分为带有受电弓的动车（用Mp表示）和不带受电弓的动车（用M表示）。

（2）拖车本身没有动力牵引装置，需要通过动车的牵引拖带来实现运行，仅有载客功能，可设置司机室（用Tc表示），也可带受电弓（用Tp表示）。

城市轨道交通车辆在运营时，一般采用动拖结合、固定编组，从而形成电动列车组。

3. 其他分类方式

（1）按受电方式，可将车辆分为受电弓受电车辆和受流器（又名集电靴）受电车辆。

（2）按车体材料，可将车辆分为钢结构车辆和铝合金结构车辆。

（3）按电压等级，可将车辆分为直流1 500 V车辆和直流750 V车辆。

任务拓展

南京地铁车辆类型①

南京地铁列车全部采用架空接触网，南京地铁1号线、2号线和10号线全部采用A型车辆，地铁3号线采用A型鼓形列车，地铁4号线、S1号线、S3号线、S7号线、S8号线、S9号线均采用B型鼓形列车。南京地铁1号线、2号线、4号线、10号线车辆由中车南京浦镇车辆有限公司和法国阿尔斯通公司联合制造，3号线车辆由中车南京浦镇车辆有限公司、新誉集团、庞巴迪运输集团瑞典有限公司联合制造，S1号线、S3号线、S8号线、S9号线车辆均由中车南京浦镇车辆有限公司自主制造。南京地铁车辆类型见表5－2。

表5－2　南京地铁车辆类型

线　路	起讫站	车辆编组	标志色	通车时间
1号线	迈皋桥站—中国药科大学站	6A	蓝色	2005年5月15日
2号线	油坊桥站—经天路站	6A	红色	2010年5月28日
3号线	林场站—秣周东路站	6A	绿色	2015年4月1日
4号线一期	龙江站—仙林湖站	6B	紫色	2017年1月18日
10号线一期	安德门站—雨山路站	6A	香槟色	2014年7月1日
S1号线	南京南站—空港新城江宁站	6B	宝石绿色	2014年7月1日
S3号线	南京南站—高家冲站	6B	粉紫色	2017年12月6日
S7号线	空港新城江宁站—无想山站	4B/6B	薄红梅色	2018年5月26日
S8号线一期	泰山新村站—金牛湖站	4B	深橘黄色	2014年8月1日
S9号线	翔宇路南站—高淳站	3B	明黄色	2017年12月30日

① 百度百科. 南京地铁. [2018－11－14]. https://baike.baidu.com/item/%E5%8D%97%E4%BA%AC%E5%9C%B0%E9%93%81/5045076? fr=aladdin.

任务操作

调研你所熟悉的城市地铁所选车辆的具体参数，如长、宽、高，定员人数，每节车厢的门数等。

任务考核

一、单项选择题

1. A 型车辆的宽度为（　　）。

A. 3.0 m　　B. 2.8 m　　C. 2.6 m　　D. 3.2 m

2. 城市轨道交通车辆中有动力的车厢叫（　　）。

A. 拖车　　B. 动车　　C. Tp　　D. Tc

二、多项选择题

1. 城市轨道交通车辆的特点包括（　　）。

A. 载客能力强　　B. 安全可靠性高

C. 乘车环境舒适　　D. 能源消耗低

2. 按车体材料，可将城市轨道交通车辆分为（　　）。

A. 钢结构车辆　　B. 钛合金结构车辆

C. 铝合金结构车辆　　D. 铜结构车辆

三、判断题

1. 城市轨道交通车辆按牵引动力配置，可分为动车和拖车，它们均能载客。（　　）

2. 拖车本身没有动力牵引装置，需要通过动车的牵引拖带来实现运行，仅有载客功能。（　　）

四、综合训练题

1. 按车体宽度与驱动方式，分别可将城市轨道交通车辆分为哪些类型？
2. 按牵引动力配置，可将城市轨道交通车辆分为哪些类型？
3. 简要说明城市轨道交通的车辆有哪些特点。
4. 自行查阅资料，看一看国内外的车辆编组形式有何异同。
5. 自行查阅资料，分析城市轨道交通车辆的未来发展趋势，并撰写一篇调研报告。

TASK 任务 2 城市轨道交通车辆编组和编号

知识目标

1. 掌握城市轨道交通车辆的编组方式。
2. 熟悉城市轨道交通车辆的车厢编号方式。

能力目标

1. 能区分不同城市线路车辆的编组方式。
2. 能识别车厢编号、屏蔽门编号。

任务引入

城市轨道交通车辆应具有先进性、可靠性和实用性的特点，应满足容量大、安全、快速、舒适、美观和节能的要求。为了保证车辆的这些性能，就需要将各个独立的车辆连接起来形成运行体。通过乘坐地铁出行，调研地铁车辆编组方式和车厢编号方式，理解其含义。

任务分析

一、城市轨道交通车辆编组

按照运营需求，将各个独立的车辆连接起来形成一个运行体，称为车辆编组。车辆编组应考虑线路坡度、运营密度、站间距离、舒适度、安全可靠性、工程投资、客流大小等因素。

城市轨道交通车辆编组通常由4~8节车辆组成一列列车，它可以是全动列车编组，也可以是动拖结合编组，依线路、客流、车型情况而定，但必须有两个车头，并且对称（见图5-1）。

图5-1　对称编组

在车辆编组方式中，以M表示动车，T表示拖车，c表示带有驾驶室，p表示带有受电弓；或以A表示带司机室的无动力拖车，B表示带受电弓的动车，C表示不带受电弓的动车。

1. 小编组

小编组（以4节车辆编组形式为主）列车适用于运量较小的中小城市和线路，如大连地铁3号线车辆采用2动2拖4节编组（见图5-2）方式：

Tc-Mp-Mp-Tc　或　A-B-B-A

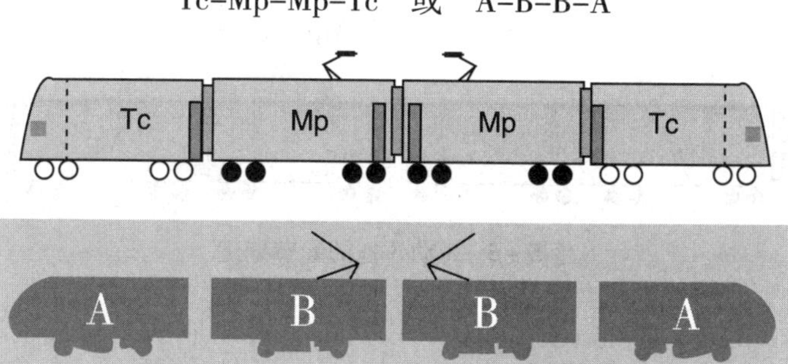

图5-2　2动2拖4节编组

2. 大编组

大编组（以 8 节车辆编组形式为主）列车适用于人口集中的大都市，如广州地铁 13 号线车辆，列车的基本配置为 8 节车辆编组，采用 A 型车体，为 6 动 2 拖的 8 节编组方式（见图 5 –3）：

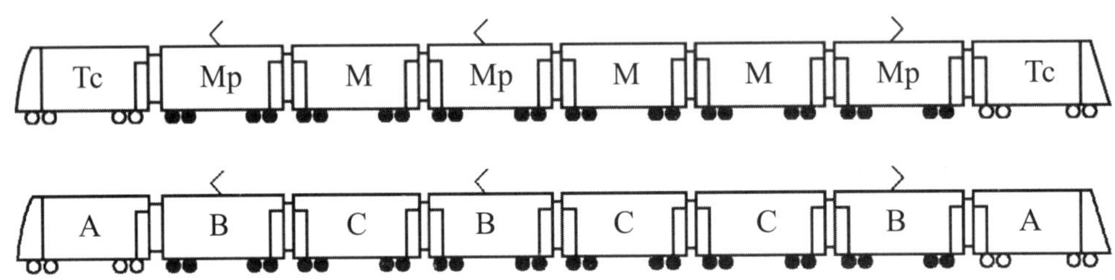

图 5 –3　6 动 2 拖的 8 节编组

3. 大小编组

大小编组（以 6 节车辆编组形式为主）列车适用于运量较大的城市和线路。

（1）4 动 2 拖的 6 节编组。6 节编组是应用最广泛的编组形式，如大连地铁 1 号线、2 号线列车和西安地铁 3 号线列车均采用 4 动 2 拖的 6 节编组方式（见图 5 –4）：

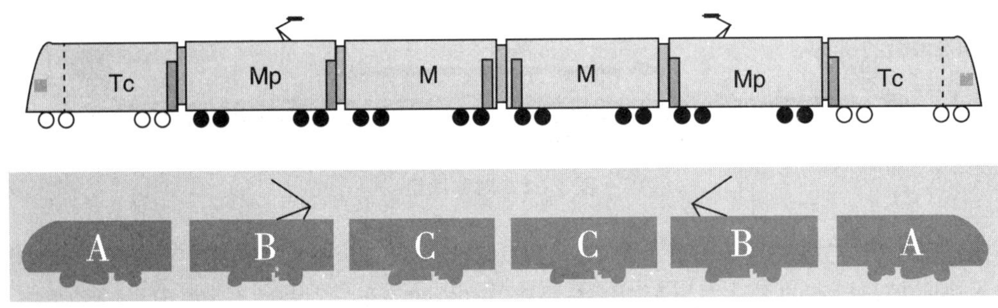

图 5 –4　4 动 2 拖的 6 节编组

（2）3 动 3 拖的 6 节编组。例如，沈阳地铁 1 号线增购车为 6 节编组，包括 3 辆动车和 3 辆拖车，整列车采用 3 动 3 拖的 6 节编组方式（见图 5 –5）：

Tc–Mp–M–T–Mp–Tc

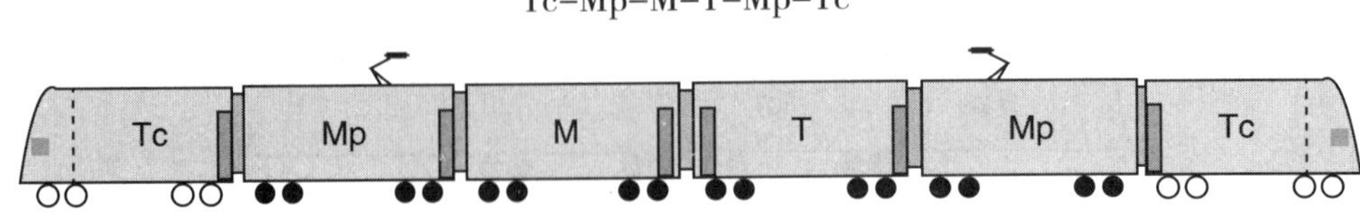

图 5 –5　3 动 3 拖的 6 节编组

采用该编组方式的还包括北京地铁 10 号线列车、天津地铁 2 号线列车、西安地铁 1 号线列车。

二、城市轨道交通车辆编号

一般每节城市轨道交通车辆都有属于自己的固定编号，但各车辆制造商或运营商的编号方式有所不同，可分为车门号、车厢号和车辆编号。下面以南京地铁为例进行介绍。

1. 车门号和车厢号

在列车内部，每节车厢的每个车门左上方位置均标记有车厢号和车门号，如图5－6所示，其中，“063B”是车厢号，“5A”是车门号，对应的屏蔽门编号就是B5A。乘客在需要求助的时候，拨打地铁服务热线或是通知列车司机，报出车厢号，更有助于工作人员迅速抵达。

图5－6　南京地铁车厢号和车门号

2. 车厢编号

在每趟列车车厢的车身位置均印有编号，即车厢编号，这是列车从制造出厂便有的独特的“身份证号”。

以南京地铁为例，目前车厢编号有以下两种编号方式：

（1）早期1号线车辆的编号类型为“aabb ccX”，共7位数，写在车厢的边上。前4位（aabb）代表车辆的出厂年份、月份，第5～6位（cc）代表该辆车在该线列车中的编号，最后一位英文字母（X）代表车厢的类型，共有A、B、C三种类型。

由于1号线列车采用6节编组，以某列车为例，该列车6节车厢的编号依次为［0508 19A］－［0508 19B］－［0508 19C］－［0508 20C］－［0508 20B］－［0508 20A］，如图5－7所示。

（2）后期所有车辆编号类型为“aa bbb X”，共6位数，写在车厢的边上。前2位（aa）代表线路，第3～5位（bbb）代表该辆车在该线列车中的编号，最后一位英文字母（X）代表车厢的类型，共有A、B、C三种类型。

以某列6节编组车为例，该列车6节车厢的编号依次为［01 091 A］－［01 091 B］－［01 091 C］－［01 092 C］－［01 092 B］－［01 092 A］。

3. 车辆编号

在每趟列车的车头上方位置标记有车辆编号，如图5－8所示。该编号主要用于运营调度，由2组车厢号组合而成，如001002。

图5-7　车厢编号

图5-8　车辆编号

任务拓展

深圳地铁车辆车厢内编号的含义①

深圳地铁车辆车厢内或列车外侧都有一串编号，如07A4106长、7202（I），如图5-9所示。你是否知道这些编号的含义呢?

在编号“07A4106长”中，07表示7号线，A表示该列车为A型车辆，41表示有41列车，6表示列车都是由6节车厢编组而成的。

在编号“7202（I）”中，720表示7号线的第20列车，2表示第2号车厢，I表示2号车厢的1位端，每一节车厢都有2个位端，即1位端和2位端。

① 深圳地铁微博.［2019-1-2］. https://m.weibo.cn/status/4267798856973947? sourceType=qq&from=1088295010&wm=9006_2001&featurecode=newtitle.

图5－9　深圳地铁车辆车厢内编号

任务操作

1. 选择你熟悉的城市地铁不同车型线路，绘制其车辆的编组方式。
2. 乘坐地铁出行，调研所乘坐地铁车辆的车辆编号。

任务考核

一、单项选择题

1. 在车辆编组方式中，用M表示（　　）。

A. 受电弓　　B. 拖车　　C. 动车　　D. 司机室

2. 在车辆编组方式中，用B表示（　　）。

A. 带司机室的拖车　　B. 带受电弓的动车

C. 不带受电弓的动车　　D. 带司机室的动车

二、多项选择题

1. 6节编组是应用最广泛的编组形式，编组方式有（　　）。

A. 4动2拖　　B. 3动3拖　　C. 2动4拖　　D. 5动1拖

2. 城市轨道交通车辆编组通常由4～8节车辆组成一列列车，可以是全动列车编组，也可以是动拖结合编组，参考的情况有（　　）。

A. 线路　　B. 客流　　C. 车型　　D. 司机

三、判断题

1. 车辆编组一般采用对称式编组。　（　　）
2. 南京地铁1号线车辆采用的是3动3拖6节编组方式。　（　　）

四、综合训练题

1. 描述城市轨道交通车辆的编组方式。
2. 说明车厢内编号的含义。
3. 选取一个城市的地铁车辆进行调研，说明其列车编组形式和车厢内编号的含义，撰写一篇调研报告。
4. 说明城市轨道交通车辆在编组时需要考虑哪些因素。

TASK 任务 3 城市轨道交通车辆组成

知识目标

1. 熟悉城市轨道交通车辆的组成部分及其功能。
2. 熟悉城市轨道交通车辆的制动方式。

能力目标

1. 能识别城市轨道交通车辆的组成部分。
2. 能描述城市轨道交通车辆制动方式的优先级。

任务引入

城市轨道交通车辆是运输乘客的主要载体，其主要组成部分包括车体、连接装置、转向架、牵引系统、制动系统、辅助供电系统、空调通风系统、控制及诊断系统等。通过乘坐地铁出行，认识地铁车辆的组成部分。

任务分析

一、车体

1. 车体的材料

城市轨道交通车辆的车体一般有钢车体（碳素钢、不锈钢）和铝合金车体。

城市轨道交通对车辆质量限制较为严格，设计时讲求车体轻量化，以降低高架线路的工程投资。因此，目前车体的材质以铝合金为主，一般自重仅为 7 ~ 8 t，比碳素钢车体轻 1/3。为了保证车体具有足够的弯曲刚度，铝合金车体主要承载构件采用大型中空截面的挤压铝型材，以满足车体所需的强度和刚度。车体的制造工艺一般采用焊接和铆接，这两种工艺交替使用，大部件之间的组装以铆接为主。

2. 车体的结构

（1）车厢。车厢是运输乘客的载体，为封闭筒形结构，由底架、侧墙、端墙、车顶等部件组成。

（2）车门。车门是乘客上下车的通道，为保证乘客能安全、快速地上下车，即适应城市轨道交通客流量大的特性，车门要有足够的数量和有效宽度，一般每节车厢每侧有 4 ~ 5 扇车门。车门系统由车门、机构锁组成、紧急解锁装置、传动装置、隔离锁闭装置等组成。

车门有电动车门和气动车门，按照车门的安装方式，可将其分为内藏嵌入式侧移门、外挂式移门、塞拉门和外摆式车门。另外，还有司机室门和紧急疏散门（见图 5 - 10）。

图5－10 车门

(3) 车窗。车窗的基本形式为无框、密闭且无法开启；车窗玻璃采用双层中空玻璃，借助环形氯丁橡胶条直接嵌入和装配在侧墙上，具有良好的隔热、隔声效果。车窗一般设在两个客室车门之间，车辆两侧均匀布置。

(4) 内部装饰。内部装饰一般是指车辆壳体以内的内墙板、内顶板、地板、座椅、扶手和立柱等。内部装饰不仅要求具有良好的隔声、隔热性能，而且要求表面美观、色彩新颖，能为乘客营造舒适、温馨的乘车环境。

(5) 司机室。司机室是车辆的控制中心，位于车辆两端，由驾驶台、司机室门、紧急疏散门、通道门、座椅、电器控制柜等组成，如图5－11所示。

图5－11 司机室

(6) 贯通道。贯通道位于两节车厢的连接处，将两个车体的客室内部贯通为一体，是城市轨道交通车辆连接的重要部件，具有良好的防雨、防风、隔声功能，还可适应车厢之间所有可能产生的相对位移，保证乘客自由穿行于两个车厢之间。贯通道由折篷、护墙板、过渡板和车顶板等组成，如图5－12所示。

图 5－12　贯通道

3. 车体的外形特点

车体的断面形状一般类似于矩形或鼓形。选取这样的外形是为了使车辆在隧道内获得最大的空间截面积，从而使地铁工程的整体取得最好的经济效益，同时也增强了车辆在圆隧道内的“活塞”效应，加强了隧道的自然通风能力。

小案例

南京地铁 1 号线、2 号线和 10 号线全部由一列 6 节编组车厢的 A 型矩形列车负责商业客运运营，地铁 3 号线由一列 6 节编组车厢的 A 型鼓形列车执行商业客运运营，地铁 4 号线、S1 号线、S3 号线均采用 6 节 B 型鼓形列车，地铁 S8 号线采用 4 节编组 B 型鼓形列车，地铁 S9 号线采用 3 节编组 B 型鼓形列车进行客运运营。

二、连接装置

城市轨道交通车辆之间设有连接装置，由车钩、电路和气路的连接件组成。按照车辆牵引连接装置的连接方法不同，列车车钩（见图 5－13）有三种形式：半永久牵引杆（用于连接单元内车辆）、半自动车钩（连接两个列车单元）、全自动车钩（用于列车两端，与其他列车连挂）。

地铁车辆卸车，永久性车钩连挂（连挂速度极慢）

图 5－13　列车车钩

连接装置位于两节车厢的连接处，是城市轨道交通车辆连接的重要部件，具有连接、牵引和缓冲的作用，可实现车体之间机械、电路和气路的连接，以及车辆和车辆之间的连挂，传递牵引力和冲击力，并使车辆之间保持一定距离。

三、转向架

转向架是城市轨道交通车辆结构中重要的部件之一，其基本作用如下：支撑整个车体，承受并传递从车体至车轮之间或从轮轨至车体之间的各种载荷和作用力，并使轴重均匀分配；转向架便于安装减振装置，使其具有良好的减振特性，以缓和车辆与线路之间的相互作用，减少振动和冲击，降低动应力，提高车辆运行的平稳性和安全性；保证车辆安全运行，使车辆能灵活地沿直线线路运行和顺利地通过曲线，并引导其沿线路运行；充分利用轮轨之间的黏着，传递牵引力和制动力，使车辆具有良好的牵引和制动效果，以达到启动快、停车制动距离短、提高车辆平均速度的目的。一般地铁车辆每节采用两台两轴转向架，有动车转向架和拖车转向架两种，由构架、弹簧悬挂装置、轮对及轴箱装置和制动装置等零部件组成（见图5-14）。

转向架

图5-14 转向架

四、牵引系统

城市轨道交通车辆的牵引系统为车辆提供所需动力和制动力，用于控制牵引电机工作。牵引系统由受流设备、牵引逆变器、牵引电机、制动电阻和控制单元等部件组成，它是车辆上高电压、大电流、大功率的电传动回路。

1. 受流设备

受流设备是车辆将外部电源引入车辆电源系统的重要设备，目前城市轨道交通车辆一般采用架空式接触网或接触轨（第三轨）供电。根据受电方式的不同，可将受流设备分为受电弓和受流器两种，分别如图5-15和图5-16所示。

2. 牵引系统的工作原理

城市轨道交通车辆的牵引系统是车辆牵引动力和电制动力得以实现的载体，是控制牵引电机的系统，每节动车通过牵引逆变器驱动牵引电动机实现车辆牵引。目前，城市轨道交通车辆一般每辆动车装有2台动力转向架，每台动力转向架配置2根动轴，每根动轴配置1台牵引电机，即每辆动车由4台交流牵引电机驱动，4动2拖6节编组车辆牵引系统工作原理如图5-17所示。

图 5－15　受电弓

图 5－16　受流器

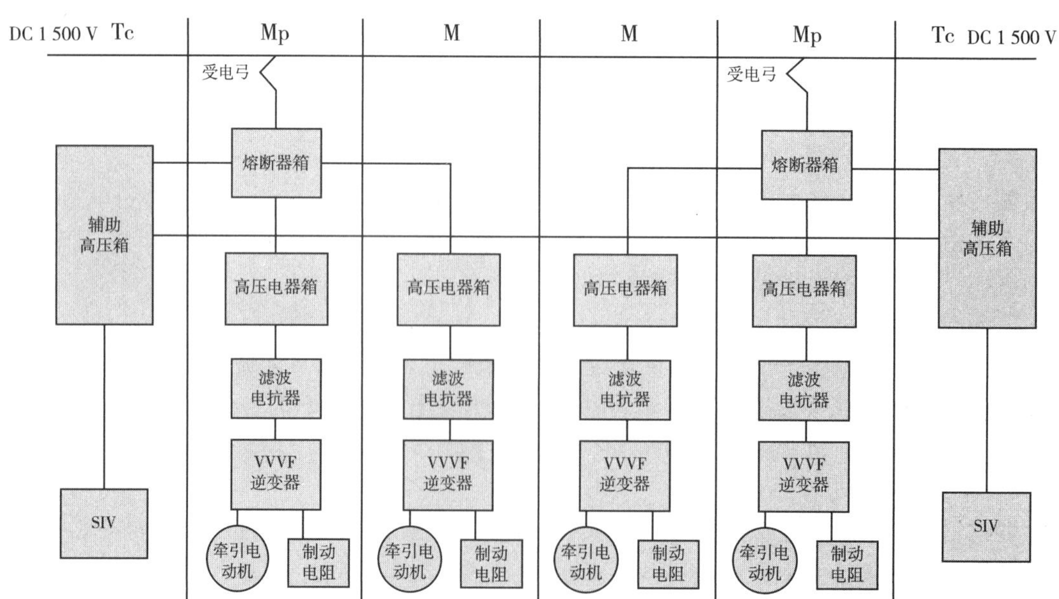

图 5－17　4 动 2 拖 6 节编组车辆牵引系统工作原理

每台牵引逆变器控制一辆车2台动力转向架上的4台交流牵引电机即车控方式；每台牵引逆变器控制1台动力转向架上的2台交流牵引电机即架控方式；每台牵引逆变器控制1根动轴上的1台交流牵引电机即轴控方式。目前，4动2拖6节编组车辆以车控方式为主，即每辆动车布置1台牵引逆变器；2动2拖4节编组车辆以架控方式为主，即每辆动车布置2台牵引逆变器。

五、制动系统

城市轨道交通车辆的乘客上下波动大，对车辆总重影响较大，因此要求车辆制动系统具有空重车自动调整制动力的功能。目前，先进的车辆制动系统采用电子计算机控制的模拟式电控制动系统。该系统使用电制动和摩擦制动的综合制动方式。

1. 电制动

电制动可分为再生制动和电阻制动。

（1）再生制动。再生制动时，电机变成发电机状态运行，将车辆的动能变成电能，经牵引逆变器整流成直流电反馈于接触网，供列车所在接触网供电区段上的其他车辆牵引用，并供给本列车的其他系统（如辅助系统等）。再生制动取决于接触网的接收能力，即取决于网压高低和载荷利用能力。因此，城市轨道交通车辆普遍采用这种制动方式。

（2）电阻制动。如果制动列车所在的接触网供电区段内无其他列车吸收该制动能量，那么网压将迅速上升。当网压达到最大设定值1 800 V时，牵引逆变器打开制动电阻，将电机上的制动能量转变成电阻的热能消耗掉，即电阻制动，也称为能耗制动。电阻制动一般能提供较稳定的制动力，但需要在车辆底架下安装体积较大的电阻箱。

2. 摩擦制动

摩擦制动是将动能通过摩擦转化为热能的方式，分为闸瓦制动和盘形制动。目前，盘形制动已基本取代闸瓦制动。

（1）闸瓦制动。闸瓦制动又称为踏面制动（见图5－18），使用这种制动方式时，闸瓦摩擦车轮踏面产生热量，大部分热负荷由车轮来承担，车辆速度越高，制动时车轮的热负荷越大，机械磨耗和热衰竭越严重，故闸瓦制动不能满足高速车辆的需要。

图5－18　闸瓦制动

（2）盘形制动。盘形制动是指在车轴上或车轮辐板侧面安装制动盘，用制动夹钳使用合成材料制成的两个闸片紧压制动盘侧面，通过摩擦产生制动力，使车辆停止前进。由于该制动方式的作用力不在车轮踏面上，因此可以大大减轻车轮踏面的热负荷和机械磨耗。盘形制动又有轴盘式制动（见图 5－19）和轮盘式制动之分，一般采用轴盘式制动。

图 5－19　轴盘式制动

在正常情况下，优先采用电制动方式。在电制动不能满足制动要求时，采用摩擦制动方式。制动的优先级为再生制动、电阻制动、摩擦制动。

六、辅助供电系统

辅助供电系统是城市轨道交通车辆上一个必不可少的部分，它的主要功能是为空调、通风机、空压机、蓄电池、车厢照明等低压辅助设备提供供电电源。输出的电源类型一般包括三相 AC 380 V（含单相 220 V）交流电和 DC 110 V、DC 24 V 电源。

1. 辅助逆变器

辅助逆变器将动力直流电转换成三相 AC 380 V（含单相 220 V）交流电，主要为空调、通风机、空压机、车厢照明供电。

2. 低压电源

低压电源包括 DC 110 V、DC 24 V 电源和蓄电池。DC 110 V 电源主要用于车门、紧急照明、客室紧急通风、通信、控制和数据处理等。DC 24 V 主要用于控制电路。蓄电池仅仅是车辆的备用电源，主要在车载供电 DC 110 V 电源中断期间（紧急负载时）或静态调试时使用。紧急负载是指紧急照明、紧急通风设备，其中最大的负载是紧急通风设备。

七、空调通风系统

城市轨道交通车辆的客流密度较大，为改善车厢的空气质量，车辆必须有空调通风系统。空调通风系统可保障车厢内的空气参数在规定的范围内，它主要由通风系统、空气制冷系统、空气加热系统、空气加湿系统和自动控制系统组成。如图 5－20 所示为空调外机。

图 5-20 空调外机

八、控制及诊断系统

控制及诊断系统的作用如下：

（1）实现牵引控制，即牵引特性曲线的实现和牵引功能的优化。

（2）实现列车牵引的黏着控制，使列车在各种运行条件下，都能保持轮轨之间的牵引力，并尽可能地使机车运用在轮轨间的牵引力实现最大化。

（3）实现关联和电路连接，即逻辑控制功能。

（4）实现列车运行过程中的故障信息处理，即进行故障信息的采集、处理、传输、显示和记录，并为列车乘务员提供故障现场处理和排除的信息提示。

（5）列车计算机控制系统还可以提供列车运行的状态信息。

任务拓展

未来地铁列车横空出世，高端大气高科技！①

2018 年 9 月 18 日下午，在德国举行的柏林国际轨道交通技术展（InnoTrans 2018）上，中国中车集团有限公司（简称中国中车）正式发布新一代碳纤维地铁车辆“CETROVO”。

该车是我国的全新一代地铁车辆，采用大量先进的新材料、新技术研制，在节能环保、舒适、智能等方面相比传统地铁车辆实现全面升级，是我国地铁领域的最新技术成果，代表着未来地铁车辆的技术潮流。

新一代地铁车辆长什么样？有什么“黑科技”？将带来怎样的乘坐新体验呢？

（1）采用碳纤维技术，整车“瘦身”13%：相较传统地铁车辆，新一代地铁车辆最大的特点是更轻、更节能。轻量化，即尽可能地减轻自身质量，是地铁车辆实现节能的一个主要途径。碳纤维复合材料作为一种新材料，被称为“轻量化之王”，其轻质、高强度的优点为列车轻量化提供了绝佳的解决方案。

---

① 佚名. 未来地铁列车横空出世，高端大气高科技！[2019-1-5]. https://baijiahao.baidu.com/s?id=1611989454277811332&wfr=spider&for=pc.

（2）车厢会“变身”，适用性更强：与传统地铁车辆相比，新一代地铁车辆拥有更强的适用性，在运营组织上更加灵活，并能适应更复杂的运行环境。

目前，我国的地铁车辆都是固定编组，车厢的节数是不可变的。新一代地铁车辆首次开发了“灵活编组”功能，列车以 2 节为最小的编组单元，能够根据运营需求实现“2 + N”节灵活编组，在 2 节至 12 节范围内任意搭配车厢，并且完成“变身”只需不到 5 分钟。车辆外观如图 5 – 21 所示。

图 5 – 21　车辆外观

（3）跑得更稳，乘坐更舒适：新一代地铁车辆采用先进的减振降噪技术，乘坐更舒适。列车运行时，轨道不平顺会引起车厢振动，要通过转向架上的悬挂系统来减振。传统地铁车辆的悬挂系统不可调节，称为被动悬挂。新一代地铁车辆首次采用全主动悬挂技术，在行驶途中，当车厢产生振动时，能够立刻探测到，并对悬挂系统的阻尼进行动态调整，使悬挂系统时刻处在最佳的减振状态，从而使地铁车辆“跑得更稳”。

（4）智慧列车，车窗上刷视频：应用现代智能化技术，新一代地铁车辆还是高度智能的“智慧列车”。置身车厢，将感受到无处不在的“智慧服务”。车辆内部车窗如图 5 – 22 所示。

图 5 – 22　车辆内部车窗

任务操作

1. 列举城市轨道交通车辆的组成部分，并说明其功能。
2. 比较城市轨道交通车辆的制动方式。

任务考核

一、单项选择题

1. 设在车体的两端，用于机车车体的连挂，编成列车，在运行时，不但能传递列车的牵引力和制动力，而且能对纵向冲击力起缓冲作用的是（ ）。

A. 车厢　　B. 车体
C. 车钩　　D. 车辆

2. 安装在车体与轨道之间，支撑整个车体的车辆组成部分是（ ）。

A. 车体　　B. 转向架
C. 车钩　　D. 贯通道

二、多项选择题

1. 城市轨道交通车辆的制动方式有（ ）。

A. 电阻制动　　B. 闸瓦制动
C. 再生制动　　D. 盘形制动

2. 辅助供电系统的主要功能是为（ ）提供供电电源。

A. 空调　　B. 车门
C. 车厢照明　　D. 牵引电机

三、判断题

1. 南京地铁车辆供电分为高压、中压和低压，其中，高压为DC 1 500 V，中压为AC 400/230 V，低压为DC 110 V。（ ）

2. 城市轨道交通的车辆在正常情况下优先采用电制动方式，在电制动不能满足制动要求时，采用摩擦制动方式。（ ）

四、综合训练题

1. 城市轨道交通车辆包括哪几个部分？
2. 说明城市轨道交通车辆制动方式的优先级。
3. 查阅资料，说明城市轨道交通车辆在制动形式上的使用情况以及各自的优缺点。
4. 查阅资料，说明在城市轨道交通中，辅助供电系统主要为哪些设备供电、主要组成部分有哪些。

项目 6 PROJECT 城市轨道交通通信

TASK 任务1 城市轨道交通通信系统的分类与功能

知识目标

1. 掌握城市轨道交通通信系统的分类。
2. 了解城市轨道交通通信系统的功能。

能力目标

1. 能区分城市轨道交通通信系统的分类。
2. 能分析城市轨道交通通信系统的功能。

任务引入

城市轨道交通通信系统提供数据、语言和图像信息的传递、交换与发布，具有网络监控和管理功能。在紧急情况下，城市轨道交通通信系统具有一定的应急通信功能，为行车调度指挥、列车安全运行和运营服务提供保障。通过乘坐地铁出行，观察地铁车站通信系统的类型。

任务分析

城市轨道交通通信系统是进行轨道交通对外联络、内部工作联系、设备运行状态监控、故障检测与维修、事故抢险与救援、行车组织信息传递、客运组织管理的数据输入、站区视频监督、运营信息播报等的重要通信工具，是轨道交通得以正常运行的重要保障。通信系统是城市轨道交通运营管理的基础，是保证列车及乘客安全、提高运营效率、提升运营服务质量的重要设施。

一、城市轨道交通通信系统的分类

城市轨道交通通信系统一般可按以下方法进行分类。

1. 按照运营方式分类

城市轨道交通通信系统按照运营方式，可分为公用网和专用网。公用网是指向社会开放的通信网；专用网是指城市轨道交通企业内部或者某一专业部门自建或者向通信服务运营商租用的网络，是有针对性地专供企业内部或部门使用的通信网。

2. 按照传输媒介分类

城市轨道交通通信系统按照传输媒介，可分为无线通信和有线通信。无线通信基于空间电磁波进行传输，常见的无线通信有无线局域网（wireless local area networks，WLAN）、无线集群通信、移动电视和公众移动通信网等。现代的有线通信狭义上是指有线电信，即利用金属导线、光纤等有形媒介传送信息的方式，光或电信号可以代表声音、文字、图像等。

3. 按照业务类型分类

城市轨道交通通信系统按照业务类型，可分为传输系统、电话系统、无线通信系统、闭路电视监控系统、广播系统、时钟系统、乘客信息服务系统和其他系统。

（1）传输系统。传输系统是城市轨道交通通信系统的基础，是系统内站点与站点之间、站点与中心站点之间的信息传输交换通道。

（2）电话系统。电话系统包括公务电话、调度电话、站内电话和轨旁电话等，其主要作用是提供公务联络以及提供与外界通信网的连接。

（3）无线通信系统。无线通信系统主要为列车司机和位置不固定的相关业务人员通信联络使用。

（4）闭路电视监控系统。闭路电视监控系统可以用于监控城市轨道交通运营现场情况，包括车站站台和站厅的客流、列车的停靠、乘客上下车、站台门的开关等。在紧急及特殊情况下，闭路电视监控系统可用于实时监视事故现场。

（5）广播系统。广播系统是城市轨道交通运营中的辅助设备。在日常工作中，广播系统可播放列车运行的信息；在紧急及特殊情况下，广播系统可用于广播找人、引导乘客疏散及应急指挥。

（6）时钟系统。时钟系统是为统一城市轨道交通全线网设备标准时间、保证列车运营的准时性，以及提高乘客满意度而设置的。时钟系统为城市轨道交通提供高质量、标准化的统一时间，使整个城市轨道交通各系统的时间统一在一个标准时间基点上，从而保证列车准点运行。

（7）乘客信息服务系统。乘客信息服务系统主要是在正常情况下，为乘客的出行提供乘车须知、服务时间、列车时刻表、媒体新闻和广告等信息。除此之外，在非正常情况下，如发生站台火灾时，乘客信息服务系统为乘客提供紧急疏散提示等。

（8）其他系统。其他系统包括商用通信系统，如为乘客在地铁内提供手机无线信号等。

想一想

你在地铁车站观察过哪些通信设备？

二、城市轨道交通通信系统的功能

城市轨道交通通信系统具备以下功能。

1. 行车运营调度指挥

城市轨道交通通信系统为控制指挥中心各类调度传递与发布调度命令，提供无阻塞畅通语音通信。有线或无线调度台设备为控制指挥中心行车调度与列车驾驶员之间的联络提供通话途径，是行车调度指挥的重要组成部分。

2. 信息的传递与发布

城市轨道交通通信系统中的传输系统为各类其他专业系统（如信号系统、电力控制系统、自动售检票系统等）提供传输通道。

3. 运营服务联络

城市轨道交通通信系统提供轨道交通内外部公务业务联系的服务。除此之外，广播系统、乘客信息服务系统为出行提供运营服务信息；闭路电视监控系统为运营管理者提供重要的管理辅助手段，是轨道交通安全防范系统（负责控制轨道交通日常治安事件、处置轨道交通突发事件以及应对恐怖活动，主要分为电视监控系统和报警入侵系统两大部分）的重要组成部分，为轨道交通安全运营提供技术手段。

任务拓展

城市轨道交通的“神经系统”——通信系统①

地铁通信工每天都忙些什么？6 张图片的自白

通信系统之所以被称为城市轨道交通的“神经系统”，主要是因为它是指挥列车运行、进行公务联络和传递各种消息的重要设施，是列车安全、快速、高效运行的重要保证。

根据各个子系统的业务性质和服务对象，可将城市轨道交通通信系统分为专用通信系统、民用通信系统和公安通信系统等，如图 6－1 所示。

- 通信系统
  - 专用通信系统
    - 传输系统
      - 专用无线系统
      - 公务电话系统
      - 专用电话系统
      - 集中告警系统
      - 时钟系统
      - 广播系统
      - 乘客信息系统
      - 信息网络系统
      - 集中录音系统
      - 视频监视系统
  - 民用通信系统
    - 民用传输系统
      - 移动通信无线引入系统
      - 集中警告监测系统
  - 公安通信系统
    - 公安传输系统
      - 公安电话系统
      - 公安视频监控系统
      - 公安无线覆盖系统
      - 公安计算机网络系统
      - 公安高清可视指挥系统

图 6－1　城市轨道交通通信系统的组成

任务操作

查阅相关资料，了解我国城市轨道交通通信系统对地铁的运营安全和效率有哪些影响。

① 佚名. 城市轨道交通通信系统概述.［2018－11－12］. https://www.sohu.com/a/220424568_678121.

任务考核

一、单项选择题

1. 城市轨道交通通信系统提供数据、语言、图像信息的（　　）与交换。

A. 传递　　B. 放大

C. 整理　　D. 识别

2. 城市轨道交通通信系统按照运营方式，可分为（　　）和专用网。

A. 商务网　　B. 无线通信网

C. 公用网　　D. 有线通信网

二、多项选择题

城市轨道交通通信系统按照业务类型，可分为传输系统、无线通信系统、乘客信息服务系统和（　　）等。

A. 电话系统　　B. 闭路电视系统

C. 广播系统　　D. 时钟系统

三、判断题

1. 城市轨道交通通信系统具有行车运营调度指挥、信息的传递与发布和运营服务联络的作用。（　　）

2. 无线通信系统主要为列车司机和位置固定的相关业务人员通信联络使用。（　　）

四、综合训练题

1. 城市轨道交通通信系统的分类有哪些？

2. 城市轨道交通通信系统的功能有哪些？

3. 自行查阅资料，说明现阶段城市轨道交通通信系统的使用情况，撰写一篇调研报告。

4. 自行查阅资料，思考城市轨道交通通信系统的未来发展趋势是怎样的。

TASK 任务2

城市轨道交通通信系统组成

知识目标

1. 掌握城市轨道交通通信系统的组成。
2. 掌握城市轨道交通通信系统各组成部分的功能。

能力目标

1. 能区分城市轨道交通通信系统的组成部分。
2. 能辨识并分析城市轨道交通通信系统各组成部分的功能。

任务引入

城市轨道交通通信系统应能迅速、准确、可靠地传递和交换各种信息，在正常情况下，能将各站的客流量、沿线列车的运行状况等信息及时地传送到调度所，并将调度所发布的各项调度命令及各种控制信号传送至各个车站的执行部门和机构，从而保证城市轨道交通系统的正常运行。通过乘坐地铁实地调研，了解城市轨道交通通信网的结构形式和系统组成部分。

任务分析

城市轨道交通通信系统按照业务类型，可分为传输系统、电话系统、无线通信系统、闭路电视监控系统、广播系统、时钟系统、乘客信息服务系统和其他系统。

一、传输系统

传输系统作为城市轨道交通通信系统的基础设施，是其最重要的子系统。它不仅为其他所有子系统提供信息的传递，而且为城市轨道交通中的各控制系统提供信息传送平台。基于传输系统搭建的其他各种业务系统的稳定性和可用性直接受到其影响。

1. 传输系统的结构

城市轨道交通通信系统中的传输系统一般由光纤、网络节点（简称节点）、用户接口卡和网络管理系统 4 个部分组成，如图 6－2 所示。

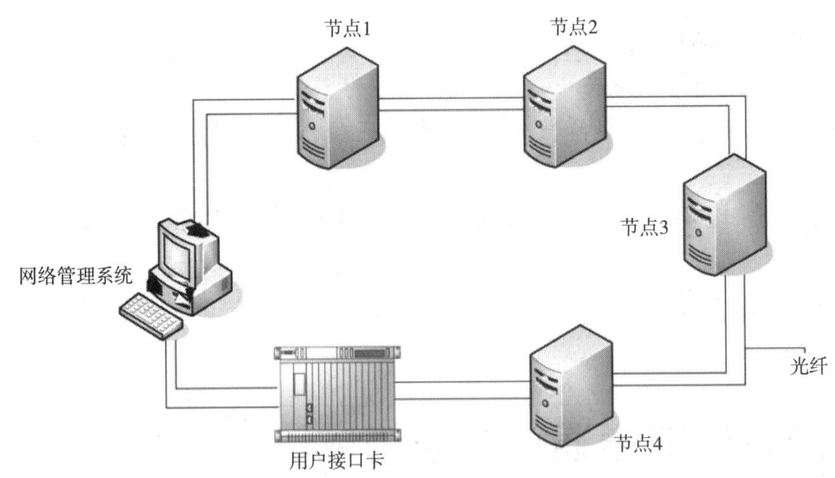

图 6－2　传输系统的结构

（1）光纤。光纤是贯穿整个网络的传输介质。在一般情况下，短距离连接可使用电缆和多模光纤，而长距离连接只能使用单模光纤。

（2）网络节点。网络节点是用户用来访问网络、使用网络资源的途径。各种类型的用户接口卡都是安装在网络节点上的。网络节点不仅可以为用户提供电源，而且可以实现用户接口卡与光纤网络之间的信息交换。

（3）用户接口卡。用户接口卡是为用户接入城市轨道交通通信系统而专门设计使用的硬件和软件媒介。

（4）网络管理系统。网络管理系统可以使用户对传输网络的配置、拓展进行管理与维护。

2. 传输技术

城市轨道交通通信系统中常用的传输技术主要有两种：第一种是内嵌 RPR（resilient packet ring，弹性分组环）的 MSTP（multi-service transfer platform，多业务传送平台）；另一种是 OTN（open transport network，开放式传输网络）。

（1）内嵌 RPR 的 MSTP。RPR 是一种基于分组交换的新型网络结构技术，常用于轨道交通闭路电视监控系统、乘客信息服务系统、广播系统等，支持多协议标签交换。

（2）OTN。OTN 是专门为轨道交通、能源等专用通信领域开发并广泛投入使用的光纤传输技术，目前已在南京地铁 1 号线和 10 号线投入使用。南京地铁 1 号线和 10 号线 OTN 如图 6 -3 所示。它的特点主要有设备简单、组网灵活、方便集中维护等。

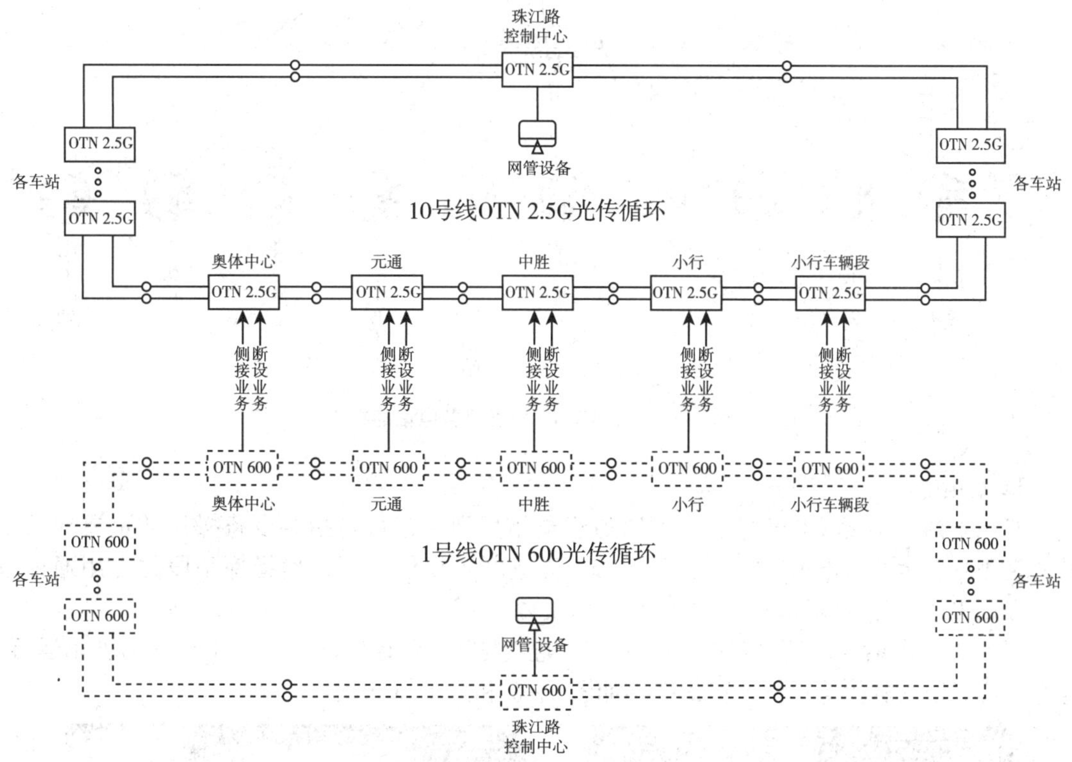

图 6 -3　南京地铁 1 号线和 10 号线 OTN

二、电话系统

城市轨道交通通信系统中的电话系统包括公务电话、专用电话和录音系统。

1. 公务电话

公务电话主要用于地铁内部各部门之间的公务通话及业务联系，为地铁运营、管理和维修等部门的工作人员提供服务。南京地铁公务电话与南京市公用电话网连接，实现了地铁用户与公用电话网用户之间的通信，可向地铁用户提供语音、数据、传真等通信服务。南京地铁 10 号线公务电话连接图如图 6 -4 所示。

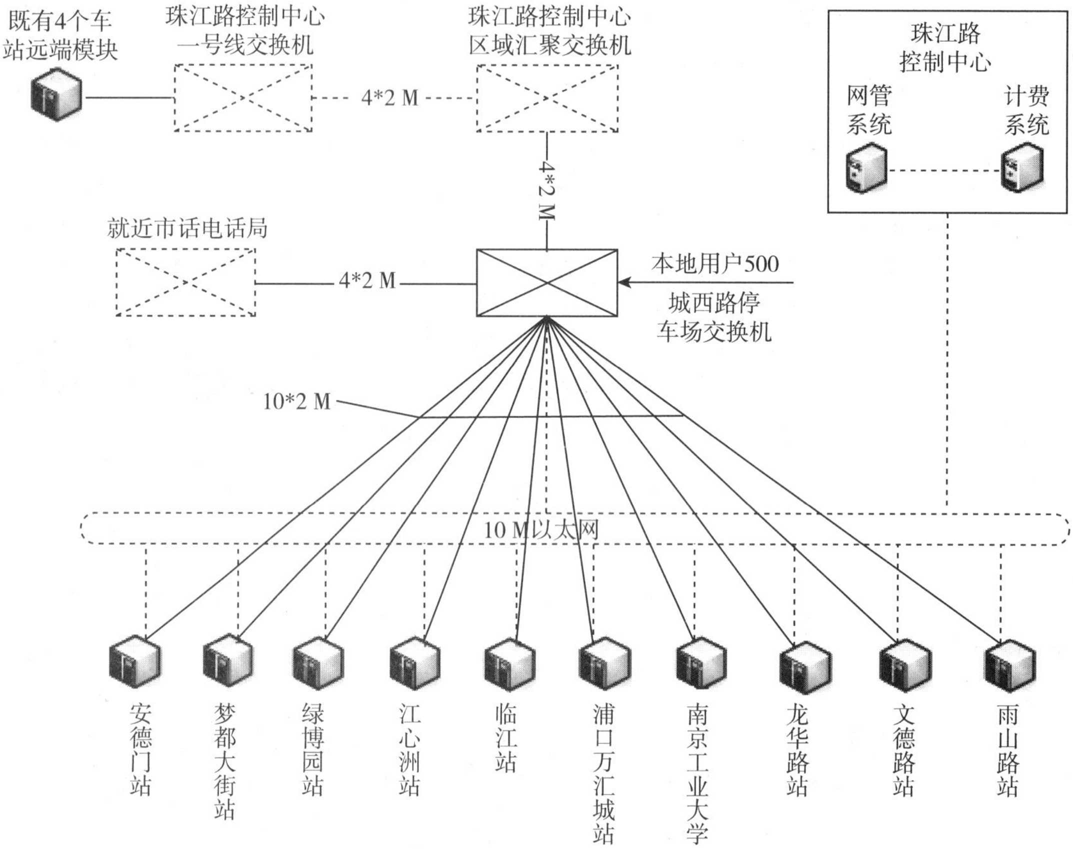

既有4个车站远端模块
珠江路控制中心一号线交换机
4*2 M
珠江路控制中心区域汇聚交换机
4*2 M
珠江路控制中心
网管系统
计费系统
就近市话电话局
4*2 M
本地用户500
城西路停车场交换机
10*2 M
10 M以太网
安德门站
梦都大街站
绿博园站
江心洲站
临江站
浦口万汇城站
南京工业大学
龙华路站
文德路站
雨山路站

图 6－4　南京地铁 10 号线公务电话连接图

2. 专用电话

专用电话是调度员和车站、车辆段值班员指挥列车运行与指导设备操作的重要通信工具，是为列车运营、电力供应、日常维修、防灾救护提供专用通信指挥手段的专用通信系统。专用电话又分为调度电话、站内电话和轨旁电话。

（1）调度电话。调度（包括行车调度、电力调度、环控调度）电话主要是为列车运行、电力供应、防灾救护等提供通信指挥，如图 6－5 和图 6－6 所示。

图 6－5　按键式调度电话

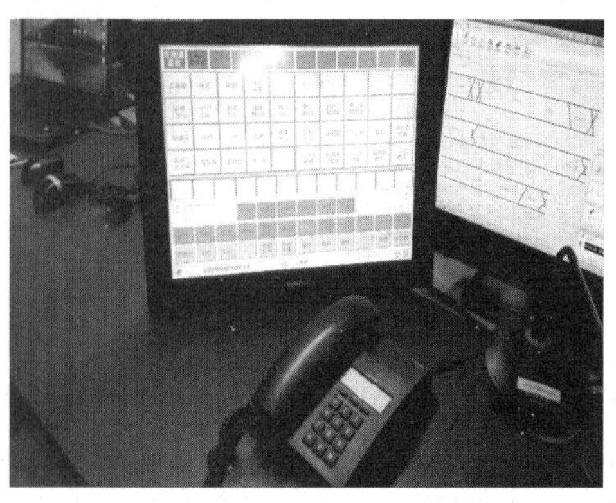

图 6－6　JetWay2B＋D 触摸屏调度电话

（2）站内电话。站内电话可供车站内部人员通话，以及本站值班员与相邻车站或大区间值班员双向通话使用，同时也是乘客或车站工作人员在紧急情况下使用的电话。

（3）轨旁电话。轨旁电话安装在隧道里，是当有系统运营和检修维护应急需要时，使维修人员或者列车驾驶员在紧急情况下能够及时联系车站和相关部门而设置的电话。

3. 录音系统

录音系统用于保存地铁控制指挥中心调度员、车站工作人员、列车驾驶员和其他施工、维修人员之间的调度命令与安全指令，可以对每一条话路进行录音、监听和回放，并运用信息网络化技术，为地铁调度管理提供先进的方法，提高管理部门的信息收集、处理能力，锻炼其联动和反应能力，提供准确、及时的分析数据，从而提高管理的工作效率。南京地铁10号线录音系统接线如图6－7所示。

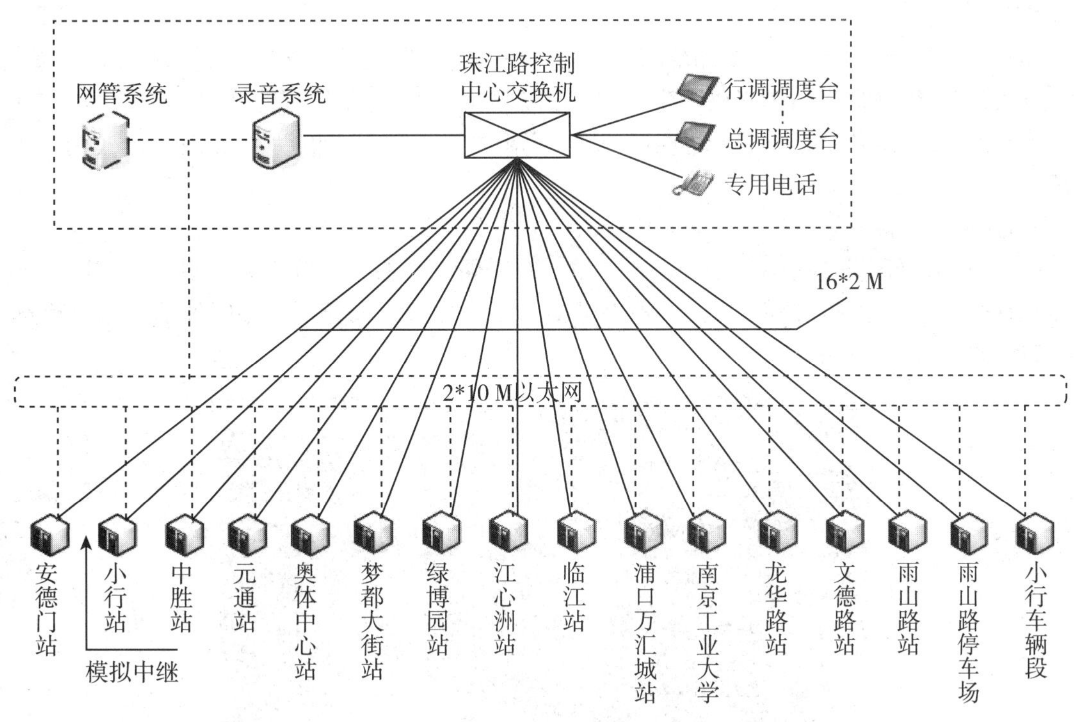

图6－7　南京地铁10号线录音系统接线

三、无线通信系统

无线通信系统在城市轨道交通内部工作人员与位置流动人员之间建立高效通信联络手段，为行车安全、提高运输效率和应对突发事件提供了重要保证。根据城市轨道交通运营和管理的现场实际情况，一般将无线通信系统分为如下几个子系统。

1. 行车调度子系统（车辆段调度子系统）

行车调度子系统在行车调度员与列车驾驶员、车站值班员之间建立通信联络通道，使列车安全运行得到了基本保障。

行车调度子系统为车辆段信号楼调度员与列车驾驶员、车辆检修调度员及场内作业人员提供通信联络，满足调车和车辆维修的需要。

2. 综合检修调度子系统

综合检修调度子系统在各专业维修人员与现场值班人员之间提供通信联络，满足线路、设备日常维护和抢修工作的需要。

3. 防灾应急调度子系统

防灾应急调度子系统在环控调度员、车站值班员与现场工作人员之间建立通信联络通道，满足应急突发事故的抢险和预防工作的需要。

4. 公共治安调度子系统

公共治安调度子系统在执法调度员与公安武警系统之间建立通信联络通道，为日常运营安全提供保障。

四、闭路电视监控系统

闭路电视监控系统是维护城市轨道交通运营安全的重要设备，它为控制指挥中心调度管理人员、车站值班员和列车驾驶员等提供实时监控，包括列车的运营情况、车站的客流情况、乘客上下车以及紧急情况下的现场处理，除此之外，还可以借助录像来进行安全事故的取证。

闭路电视监控系统设备的控制等级分为中心级和车站级。

（1）中心级闭路电视监控系统设备。中心级闭路电视监控系统设备（见图6－8）位于控制指挥中心，调度员可根据时间、地点等信息，对远程全线任何一路图像信号进行检索、查询和回放，并进行储存。

图6－8　中心级闭路电视监控系统设备

（2）车站级闭路电视监控系统设备。车站级闭路电视监控系统设备（见图6－9）分布在沿线每一个车站的车控室内，由各车站的行车值班员监控本站与行车相关的任一台摄像机的图像显示，可提前设置好时序，使其自动循环播放，也可手动切换播放。

图6－9　车站级闭路电视监控系统设备

小案例

南京地铁一女乘客丢了 iPad 民警当天就帮她找回来①

2018年6月27日，孙女士在南京地铁4号线仙林湖站上洗手间时，由于洗手间里没有挂钩，她为了图方便，将价值3 000元左右的iPad放在公共洗手池上。不料，她出来后发现iPad已不翼而飞。孙女士便向地铁公安民警求助，民警立即调取监控录像。由于车站内人不多，通过反复查看，民警确定有一男一女两名乘客拿着孙女士装有iPad的绿色小包从仙林湖站二号口出站。当天下午17：30左右，调阅监控的李警官在巡逻盘查的过程中，一眼便认出拿走iPad的两名乘客。在拦住他们并询问情况后，女乘客很快承认当天上午她从洗手间拿走了放在洗手台上的iPad。民警随即对两人进行批评教育，并通知孙女士来领取失物。孙女士喜出望外，表示没想到能这么快找回丢失的东西，她对民警的高效服务表示感谢。虽然地铁有监控系统，但是民警提醒广大乘客，一定要将贵重物品随身携带，不要抱着侥幸心理将其置于视线之外。

五、广播系统

广播系统是城市轨道交通运营行车组织中不可缺少的部分（见图6－10和图6－11），面向乘客主要用于通知列车的到站和出站、线路换乘、列车晚点、运营时间、安全状况等信息。当发生突发事故和紧急情况时，在进行救援抢险、事故指挥中，借助广播系统能及时、有效地疏散和引导乘客，提高应急响应能力。

① 佚名．女子乘地铁丢失平板电脑　民警当天就帮找回来．［2018－11－15］．http://js.news.163.com/18/0629/09/DLF6O3H304248E9B.html.

图 6－10　南京地铁 10 号线中心级广播

图 6－11　南京地铁隧道广播

六、时钟系统

时钟系统是为了统一全线所有设备的标准时间而设置的，为各部门生产工作人员和乘客的出行提供参考依据。

时钟系统主要由一级母钟、二级母钟、子钟和 GPS 接收设备组成。

（1）一级母钟。一级母钟（见图 6－12）设置于控制指挥中心，有一主一备两套设备，其作用主要是将 GPS 接收到的信息转换为时钟信息。在主设备故障的时候，两套设备可以进行切换。

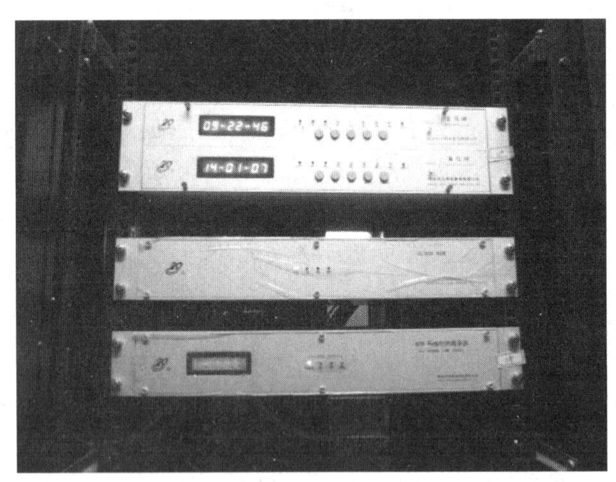

图 6－12　一级母钟

（2）二级母钟。二级母钟设置于车站或者车辆段通信设备房，接收一级母钟发送的标准时间和控制信息，并控制子钟运行。

（3）子钟。子钟（见图 6－13）设置于站厅、站台、车控室，为工作人员和乘客提供时间显示。

（4）GPS 接收设备。GPS 接收设备设置在控制中心，它接收卫星时间，并向一级母钟提供同步时钟信号源。

图6－13　南京地铁10号线城西路停车场综合库数显子钟

想一想

结合所学内容，谈一谈你在日常乘坐地铁时观察到的通信系统中的设备有哪些。

任务拓展

莫斯科地铁的男、女声广播报站①

莫斯科地铁的主要结构为中心向四周辐射状，所有的线路按照其开通顺序的先后分别编号为1～12。其中，最重要的是环线5号线，它负责连接其余绝大多数线路，其长度大约为20 km。莫斯科地铁是世界上第一个在环线顺时针、逆时针方向上报站分别使用男、女声的地铁，当顺时针行驶时为男声报站，而当逆时针行驶时为女声报站。在其他线路上，当地铁由周边驶向市中心时为男声报站，而当地铁开始驶出市中心通往郊区时为女声报站。这一大广播系统报站特色提升了乘客满意度。

任务操作

选择一个车站（如南京地铁1号线南京交院站）的车控室，调研车站相关的通信系统设备（如专用电话、监控系统、子钟等）。

任务考核

一、单项选择题

1. 闭路电视监控系统设备的控制等级分为（　　）和车站级。

A. 中央级　　B. 本地级

C. 就地级　　D. 车辆段级

---

① 百度百科. 莫斯科地铁9号线. [2018－11－16]. https://baike.baidu.com/item/%E8%8E%AB%E6%96%AF%E7%A7%91%E5%9C%B0%E9%93%819%E5%8F%B7%E7%BA%BF/9503842.（有改动）

2. 下列选项中，不属于子钟设置的位置的是（　　）。

A. 站厅　　B. 站台

C. 车控室　　D. 控制中心

二、多项选择题

1. 城市轨道交通电话系统包括（　　）。

A. 公务电话　　B. 私有电话

C. 专用电话　　D. 录音系统

2. 城市轨道交通专用电话分为（　　）。

A. 行车调度电话　　B. 环控调度电话

C. 站内电话　　D. 轨旁电话

3. 无线通信系统分为（　　）。

A. 行车调度子系统　　B. 综合检修调度子系统

C. 防灾应急调度子系统　　D. 公共治安调度子系统

三、判断题

1. 录音系统用于保存地铁控制指挥中心调度员、车站工作人员、列车驾驶员和其他施工、维修人员之间的调度命令与安全指令，可以对每一条话路进行录音、监听和回放。（　　）

2. 时钟系统由一级母钟和一级子钟构成。（　　）

四、综合训练题

1. 城市轨道交通通信系统设备有哪些？其各自的功能是什么？

2. 城市轨道交通通信系统中的电话系统包括什么？其功能分别是什么？

3. 查找资料，举例说明城市轨道交通通信系统的广播系统在地铁突发事故中的使用情况。

4. 查找资料，举例说明城市轨道交通通信系统的闭路电视监控系统在地铁突发事故中的使用情况。

5. 说明城市轨道交通通信系统中时钟系统的类型和设置位置。

PROJECT 项目 7

城市轨道交通信号

TASK 任务 1

城市轨道交通信号系统的基础设备

知识目标

1. 掌握城市轨道交通信号系统基础设备的组成和功能。
2. 掌握信号机颜色及其表示的意义。

能力目标

1. 能辨识城市轨道交通信号系统基础设备，并能运用转辙机。
2. 能识别不同颜色信号的含义。

任务引入

城市轨道交通信号系统的基础设备包括信号机、轨道电路、继电器、转辙机、查询应答器、计轴器等。这些设备主要分布在地面和列车上，它们的质量和可靠性直接影响信号系统效能的发挥与可靠性的高低。通过乘坐地铁出行，调研信号机颜色的种类及其表示的意义。

任务分析

城市轨道交通信号系统是保证列车运行的重要设备之一。它以车载信号为主体信号，通过计算机系统，实现速度控制、进路选择和进路控制等，并逐步向无人驾驶的方向发展，从而缩短行车间隔，提高城市轨道交通的输送能力。

一、信号机

信号机作为城市轨道交通信号系统的轨旁基础设备，用于指挥列车运行，保证行车安全，提高运输效率。城市轨道交通通常采用透镜式色灯信号机或者发光二极管（light-emitting diode，LED）色灯信号机，列车运行的时速并不取决于信号的显示，如黄灯并不表示列车的运行速度，而是代表列车运行前方将进入侧向（弯股）道岔进路。

1. 信号的基本分类

（1）按接收信号的器官分类。根据器官感受的区别，可将信号分为视觉信号和听觉信号两大类。视觉信号是指铁路上用颜色、形状、位置、显示数目及灯光状态等表达指挥行、调车作业命令或联系信息等的信号，如信号机、信号旗、信号标志牌、信号灯、信号表示器等。听觉信号是指以不同器具发出的音响的次数、长短来表达的信号，如口哨、口笛、铃声、响墩和车辆的鸣笛声等。

（2）按信号是否可以移动分类。按信号是否可以移动，可将其分为固定信号、移动信号和手信号三类。固定信号是指被固定地安装在列车运行的一定位置，用以指示列车运行和调车工的信号，如信号机、信号标志牌、信号表示器等。当运行线路在特殊情况下需要施工、救援，要求列车禁止驶入某地点、区域或须减速运行时，应该设置移动信号。移动信号应根据需要临时设置或撤除，如停车信号牌或灯、减速信号牌或灯、减速防护地段终端信号牌或灯。手信号是指行车有关人员手拿信号旗或直接用手臂显示信号，用来表达相关的含义，指示列车的允许和禁止条件。

2. 信号机的颜色

城市轨道交通信号机的颜色主要有红色、绿色、黄色、蓝色和白色。不同的颜色所代表的含义不同，用于指示列车的运行。

（1）红灯。红灯表示停车，禁止列车越过该信号机。

（2）绿灯。绿灯表示进路空闲，允许列车越过该信号机，进路中道岔开通直股。

（3）黄灯。黄灯表示进路空闲，允许列车越过该信号机，进路中道岔开通侧向。当黄灯用于车辆段显示时，它只代表列车可以通过该信号机，不含道岔开通情况。

（4）蓝色。蓝色表示禁止调车（用于车辆段），禁止列车越过该信号机。

（5）白色。白色表示允许调车（用于车辆段），列车可以通过该信号机进行调车作业。

想一想

说明信号机的颜色表示的意义，以及它与城市道路交通信号灯的颜色有何不同。

3. 信号机的基本种类

信号机是地铁最常用的视觉信号设备，它的作用贯穿于行车工作的整个过程中。在一般情况下，按其功能，可将其分为进站信号机、出站信号机、防护信号机、调车信号机、复示信号机、阻挡信号机、引导信号机等。

（1）进站信号机：防护车站和指示列车运行条件的信号机。

（2）出站信号机：防护发车进路及运行线路的信号机（见图7－1）。

（3）防护信号机：防护敌对进路的列车相互冲撞的信号机，通常设置在平行线路的交叉地点。

（4）调车信号机：保证机车、车辆在站内或停车基地内能够安全、高效地从事转线、编组作业的信号机。

（5）复示信号机：受地形、地物影响，主体信号机的显示达不到规定的显示距离时，调车信号机、出站信号机和发车信号机前应设置复示信号机，复示主体信号机的显示状况。

（6）阻挡信号机：设置在线路尽头，不准车辆越过该信号机，防护线路终端。

图7-1　出站信号机

（7）引导信号机：设置在进站信号机或接发车进路信号机（进路信号机是指示列车能否在站内从一个车场到另一个车场运行的信号机。进路信号机按照其在列车进路上设置的位置和所起作用，可分为接车进路信号机、发车进路信号机和接发车进路信号机3种）的机柱上。当主体信号机进行信号因故不能开放，显示一个红色灯时，其可点亮一个月白色灯或月白色灯光闪光引导列车进站（场）。

4. 信号机设置

信号机通过颜色、数目和灯光的显示状态向列车驾驶员传递线路等信息来指挥列车运行。城市轨道交通一般采用右侧行车制，故地面信号机应设置于列车运行方向的右侧。

小案例

南京地铁防护信号机采用复式结构，自上而下的灯位为黄灯、绿灯、红灯，其颜色显示所代表的意义如前面所讲。除此之外，还有以“黄灯+红灯”组合形式表示的开放引导信号，即所要防护的区间要求列车以不超过25 km/h的速度越过该信号机，有条件进入区间。

二、轨道电路

城市轨道交通的轨道电路主要用来检测列车对轨道的占用情况，将列车运行与信号显示等联系起来，并通过轨道电路向列车传递行车信息等。轨道电路主要由钢轨线路和钢轨绝缘构成，是信号的基础设备，对行车安全和运输效率有着重大影响。正线的轨道电路一般采用无绝缘的音频轨道电路，而车辆段和停车场采用50 Hz相敏轨道电路。

1. 轨道电路的组成

轨道电路主要由钢轨线路、钢轨绝缘、受电端、送电端、引接线和轨端接续线组成（见图7-2）。

轨道电路有三种状态，即调整状态、分路状态和断轨状态。当钢轨完整，且无车占用（线路空闲）时，通过轨道继电器线圈的电流较大，轨道继电器励磁吸起，接通前接点；当

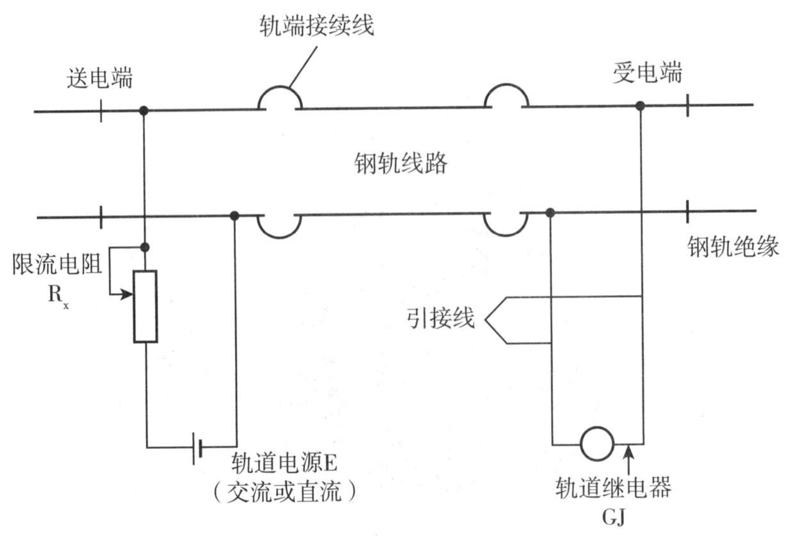

图 7-2　轨道电路的组成

有车占用，即轨道电路被列车轮对分路时，通过轨道继电器线圈的电流小到少于其落下值，轨道继电器失磁落下，接通后接点。

2. 轨道电路的分类

（1）按照绝缘分隔方式的不同，轨道电路可分为有绝缘节轨道电路（有绝缘轨道电路用钢轨绝缘将轨道电路与相邻的轨道电路互相隔离，是有绝缘的）和无绝缘节轨道电路（无绝缘轨道电路在分界处不设置钢轨绝缘，轨道电路电流采用不同信号频率）。在城市轨道交通车站（通常是有岔站的道岔区段）和车辆段，一般采用有绝缘节轨道电路。

（2）按照工作原理的不同，轨道电路可分为闭路式轨道电路和开路式轨道电路。闭路式轨道电路在正常情况下处于闭路状态，当列车占用轨道或出现故障（如断轨）时，接收设备能及时反馈；开路式轨道电路在正常情况下处于无电状态，发生断轨等故障时，不能及时反映线路的状态，因此当有列车占用时，因轨道电路故障不能构成闭合回路，易造成行车危险。

（3）按照所传输电流特性的不同，轨道电路可分为音频轨道电路和工频轨道电路。音频轨道电路还可以分为数字编码式轨道电路和模拟式轨道电路。音频轨道电路不仅能传输大量信息，而且能反映轨道的占用情况；工频轨道电路源源不断地传送交流电，但它只能用于监督、查看轨道是否被占用，不能传输列车的控制信息。

（4）按照线路有无道岔，轨道电路可分为道岔区段轨道电路和无岔区段轨道电路。道岔区段轨道电路包含岔前线路、岔后直向位置线路和岔后侧向位置线路（见图 7-3）。根据其结构特征，道岔区段轨道电路不仅要在钢轨、杆件部位增加绝缘，而且需增加连接线和道岔跳线，如果分支线路过长，还需设置多个受电端；无岔区段轨道电路没有钢轨分支，结构简单。

3. 轨道电路的功能

轨道电路以一段线路的两根钢轨为导体，用引接线连接信号电源和接收设备，构成电气回路。其主要有两大功能，即监督列车在正线、车辆段等线路的占用情况，以及传递行车信息。前者可以监督并反馈线路是否空闲，并自动、连续地将列车的运行和信号设备联系起来，以保证行车安全；后者根据列车的位置，实现对追踪列车的控制，并且将带有编码信息

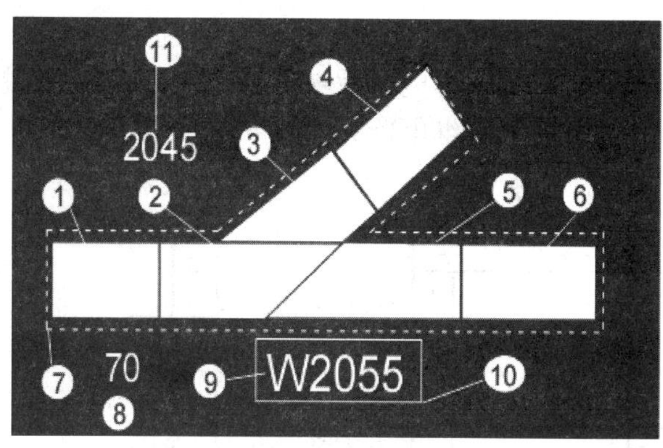

图7－3　道岔区段轨道电路组成示意图

1—道岔延长头部；2—道岔头部；3—道岔左向；4—延长左向；5—道岔右向；6—延长右向；7—选择框；8—限速器；9—标签；10—标签外框；11—轨道区段标签

的轨道电路作为地车信息传输的通道之一。

4. 轨道电路的命名

（1）正线轨道电路区段按照上、下行线顺序编号。上行线为偶数，下行线为奇数，并在编号前加轨道电路缩写G（见图7－4）。例如，G2001，表示这条线路的第20个车站的G01区段。

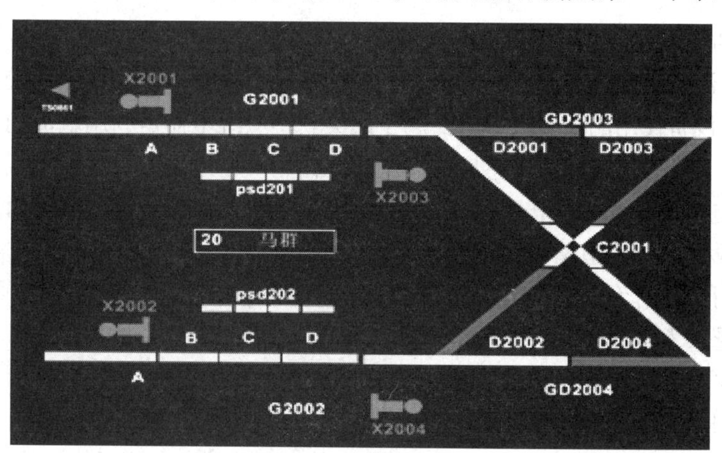

图7－4　马群车站联锁站轨道电路命名

（2）含有道岔区段轨道电路的编号，需在编号前加GD予以表示（见图7－4）。例如，马群车站道岔G2001，上行含有道岔区段轨道电路GD2004，下行含有道岔区段轨道电路GD2003。

三、继电器

继电器是信号自动控制或远程控制的接口部件，用于接通和断开电路、发布控制命令，以及反馈设备的状态，对信号系统的安全可靠性具有直接的影响。

1. 继电器的组成

继电器主要由电磁系统和接点系统两部分组成。其中，电磁系统由线圈、铁心和衔铁等构成；接点系统主要由动接点和静接点构成。

继电器的工作原理示意图如图 7－5 所示。当线圈中通入电流时，电磁作用产生引力，将衔铁吸起，动接点与前接点接通，继电器励磁吸起；反之，当线圈断电时，衔铁落下，动接点与前接点断开，与后接点接通，继电器失磁落下。

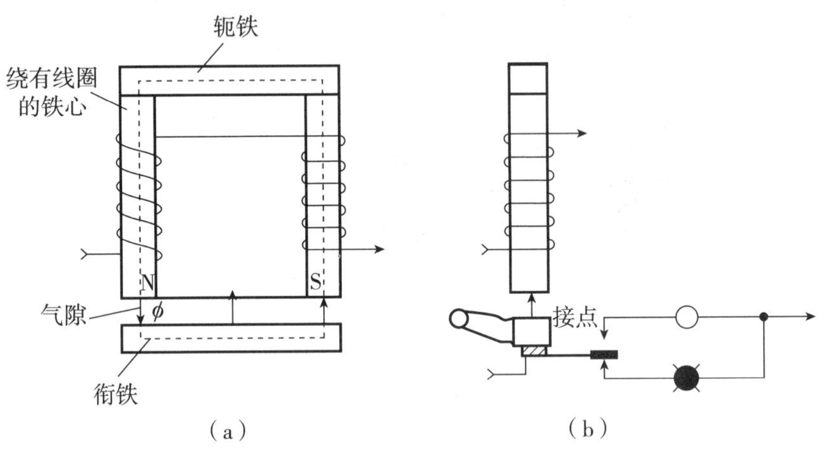

图 7－5　继电器的工作原理示意图

2. 继电器的分类

（1）按照动作原理，继电器可分为电磁继电器和感应继电器。电磁继电器的工作原理是，线圈中通过的电流产生磁场，在磁场力的作用下衔铁进行吸合来改变接点系统的工作状态，城市轨道交通信号设备使用的大多数继电器属于此类。感应继电器是利用电流通过线圈产生的交变磁场与另一个交变磁场在翼板中感应的涡流相互作用产生电磁力，促使翼板动作的。

（2）按照电流的性质，继电器可分为直流继电器和交流继电器。前者由直流电源供电；后者由交流电源供电，如道岔表示继电器。

（3）按照可靠工作程度，继电器可分为安全型继电器和非安全型继电器。安全型继电器主要依靠所受重力释放衔铁，又称为重力式继电器，如整流式继电器；非安全型继电器主要依靠弹簧的弹力释放衔铁，故又称为弹力式继电器。

3. 继电器种类的代号及含义

城市轨道交通信号中继电器的代号用字母和数字组合表示，其中，字母代表继电器的种类，数字代表线圈的阻值。例如，JWJXC－H125/0.44 所代表的含义如图 7－6 所示。

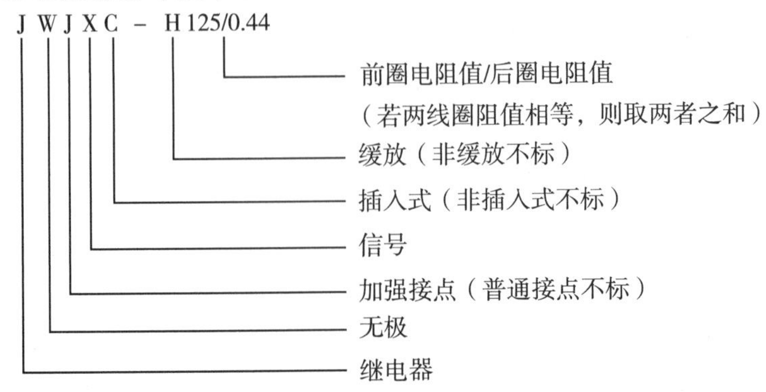

图 7－6　JWJXC－H125/0.44 所代表的含义

4. 继电器的命名

继电器一般按照其用途和功能来命名，如信号继电器通常记为XJ，道岔定位继电器记为DBJ，道岔反位继电器记为FBJ。

四、转辙机

转辙机是控制道岔转换和锁闭的装置，常设于道岔尖轨或心轨的轨旁（见图7-7），对于保障行车安全起着重要作用。

图7-7　转辙机牵引道岔

道岔是轨道的重要组成部分，是一种线路的连接设备，能够使机车车辆从一股道转向或越过另一股道。道岔通常将一条线路分为两条：主线一般为直线的方向；侧线由主线向左或向右分出，分别称为道岔左位和道岔右位。

1. 转辙机的结构

转辙机作为转辙装置的主体和核心，与外锁闭装置、各类杆件及安装装置共同完成道岔的转换和锁闭。城市轨道交通常使用S700K型电动转辙机，其内部结构主要包括外壳、动力传动机构、锁闭检测机构、安全装置和配线接口等（见图7-8）。

2. 转辙机的分类

（1）按动作来源和传动方式，转辙机可分为电动转辙机和电动液压转辙机。电动转辙机和电动液压转辙机都是由电动机提供动力的，但是电动转辙机采用机械传动的方式进行工作（如S700K型电动转辙机、ZD6系列转辙机），而电动液压转辙机采用液压传动的方式进行工作（如ZY7型电动液压转辙机）。

（2）按供电电源，转辙机可分为直流转辙机和交流转辙机。直流转辙机采用直流电源（直流电动机）提供动力，如ZD6系列电动转辙机；交流转辙机采用三相交流电源（三相异步电动机）提供动力，如S700K型电动转辙机。

（3）按道岔锁闭方式，转辙机可分为内锁闭转辙机和外锁闭转辙机。内锁闭转辙机采用间接锁闭方式，其锁闭装置与尖轨通过锁闭杆连接；外锁闭转辙机采用直接锁闭方式，依靠转辙机外的外锁闭装置锁闭道岔，将密贴尖轨直接锁于基本轨上，斥离尖轨锁于固定位置。

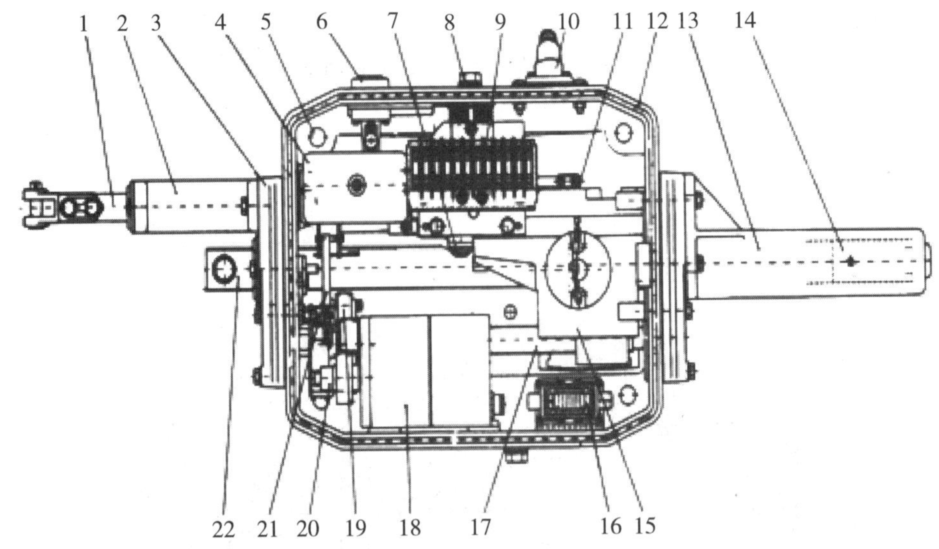

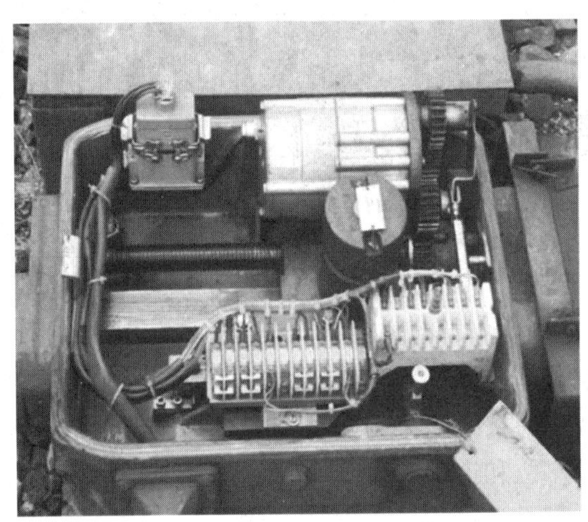

图7－8　S700K型电动转辙机的内部结构

1—检测杆；2—导向套筒；3—导向法兰；4—遮断开关；5—地脚孔；6—开关锁；7—锁闭块；8—接地螺栓；9—速动开关组；10—电缆密封装置；11—指示标；12—底壳；13—动作杆罩筒；14—止挡片；15—保持器；16—插座；17—滚珠丝杠；18—电机；19—摩擦联结器；20—摇把齿轮；21—连杆；22—动作杆

（4）按是否可挤，转辙机可分为可挤型转辙机和不可挤型转辙机。可挤型转辙机设有挤岔（挤切或挤脱）保护装置，当道岔被挤时，动作杆解锁可保护整机，而不可挤型转辙机不具备此功能。

（5）按线路设置需要，转辙机可分为单转辙机和双转辙机。单转辙机通常控制一副道岔的转换，而双转辙机控制两副道岔的转换。

小知识

我国城市轨道交通中主要使用的转辙机的类型、型号及应用见表 7－1。

表 7－1　我国城市轨道交通中主要使用的转辙机的类型、型号及应用

类　型	型　号	应　　用
直流转辙机	ZD6－D	上海地铁 1、2、3 号线，广州地铁 1 号线，北京、南京、广州等大部分城市轨道交通工程车辆段
三相交流电动转辙机	S700K	北京机场线，南京地铁 3、4、10 号线，南京地铁 1 号线延伸线、2 号线高架线，广州地铁 4、5、6 号线，杭州地铁 1 号线，西安地铁 2 号线，宁波地铁 1、2 号线
	ZDJ9	北京地铁 4、5、6、8、9、10、14 号线，昌平线；南京地铁 1、2 号线地下段；沈阳地铁 1、2 号线；成都地铁 1、2 号线正线及车辆段；天津地铁 1、2、3 号线；宁波地铁 1、2 号线车辆段；深圳地铁 3 号线及车辆段；郑州地铁 1 号线；杭州地铁 1 号线车辆段
三相交流电液转辙机	ZYJ7	广州地铁 3 号线、广佛线，上海地铁 4、6、7、8、9、10、11、12、13、16 号线

3. 转辙机的功能

（1）转换道岔。转辙机可以转换道岔的位置，根据需要转换至左位或右位。

（2）锁闭道岔。道岔转至所需位置且密贴后，实现电子锁闭或者人工锁闭，防止外力转换道岔。

（3）正确反映道岔的位置。道岔的尖轨密贴于基本轨且锁闭后，给出相应的位置表示。

（4）故障报警。出现“挤岔”故障或因故处于“四开”（两侧尖轨均不密贴）位置时，及时给出报警及显示。

五、查询应答器

查询应答器广泛应用于城市轨道交通信号基础设备中，是利用电磁感应原理实现地面和机车之间通信数据传送的装置。它将线路基本参数、列车运行定位数据和进路中固定实时可变的信息传送给车辆。

1. 查询应答器的组成

查询应答器由地面应答器和车载查询器组成。

（1）地面应答器。地面应答器通常设置在轨道中央（见图 7－9），储存特定的地面信息。当列车经过地面应答器时，车载天线通过无线射频激活地面应答器，由地面应答器传送线路基本参数、列车运行定位数据等信息给列车控制系统，保证列车运行安全。

（2）车载查询器。车载查询器安装在列车驾驶室底部（见图 7－10），随着列车的运行，不断发送载波信号，当通过地面应答器时接收调制数字编码信息，进行信号加工处理并传送给车载 ATP（automatic train protection，列车自动保护）系统设备。

图 7-9　地面应答器

图 7-10　车载查询器

2. 查询应答器的功能

查询应答器是欧洲标准的称谓，而信标是北美标准的称谓。我国城市轨道交通中的查询应答器（信标），因线路信号系统等条件因素的不同而具有不同的设置，但是两者实现的功能大体相同，具体如下：

（1）列车的定位。列车在运行的过程中，不断接收来自查询应答器或其他定位设备传送的位置数据信息，这使列车能够准确定位。

（2）列车对标精准停车。为了使列车能够在车站精准停车，车门与站台门位置重合配合开关门作业，应答器必须将轨旁的信息传送给车载设备，使列车自动运行系统能够应用此信息来计算列车停车位置到站台内的距离。因此，查询应答器的数量决定了站停精度。

（3）为降级模式［ITC（intelligent train control，列车智能控制）系统点式控制］提供车地通信通道。当信号系统由 CTC（centralized traffic control system，调度集中控制系统）模式降级到 ITC 模式时，查询应答器作为车地通信的主要通道，将传输列车自动保护相关信息，进而由车载计算机设备进行信息处理。

（4）CBTC 系统（communication based train control system，基于通信的列车控制系统）的后备模式。当 CBTC 系统出现通信故障时，在其后备运营模式下，查询应答器为列车提供信号机和道岔处的信息，生成列车允许运行速度，以便控制列车的运行。

六、计轴器

计轴器是一种探测设备，它以安装在钢轨轨腰上的轮轴传感器为监测媒介，检查和统计列车的轴数，并通过比较运算来判断列车占用轨道的情况。计轴器主要用于对区间线路和车站线路的自动监控，显示线路区段、道岔和股道是否处于“空闲”或“被占用”状态。其最大的优势在于它与轨道状况的无关性，这使其不仅具备检查长轨道区间的能力，而且解除了因道床长期潮湿和钢轨生锈而影响线路正常运行的困扰。

1. 计轴器的组成

计轴器主要由室外设备［轨道区段端口处的磁头传感器（轨道磁头）和电子单元等］和室内设备（继电器、运算器等）两部分组成。其中，轨道磁头也是轮轴传感器，是整个计轴器的“心脏”。

2. 计轴器的功能

计轴器利用轮轴传感器、计数器，对驶入和驶出轨道区段的列车进行记录和比较轴数

（比较进入区段的轴数和离开区段的轴数是否一致），以此来确定轨道区段是处于“空闲”状态还是处于“被占用”状态。

计轴器比轨道电路的先进性在于，其不受轨道线路的状况影响，如不需要切割轨道、加装轨道绝缘，适用于较长的轨道区段。

任务拓展

西门子信号 AzS（M）350U 微机计轴系统①

西门子信号有限公司生产的 AzS（M）350U 微机计轴系统是经过 EBA（Eisenbahn – Bundesamt，德国联邦铁路局）认证的设备，是一种新型微机计轴系统。它以西门子安全型微机为控制核心，配以完善的外围电路构成运算单元，每个运算单元可以直接连接多个先进的西门子 ZP43 计轴点设备，同时具备检查多个轨道区段的能力，并且多个运算单元之间有机组合，构成一个整体系统，用以检查不同规模的站场和区间轨道的“空闲”或“被占用”状态。该计轴系统还具有远程监控功能。该计轴系统的工作原理示意图如图 7 – 11 所示。

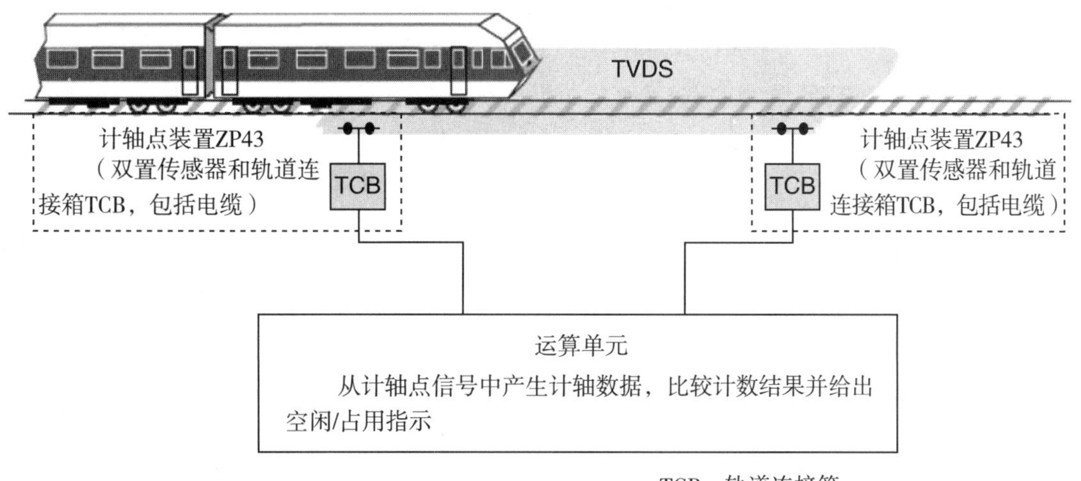

图 7 – 11　AzS（M）350U 微机计轴系统的工作原理示意图

在所监测区段的每一个端口安装一个计轴点，这些计轴点监测在这个轨道区段上运行的列车轴数及运行方向，每个计轴点通过一根两芯电缆将这些信息传送到运算单元，同时，这根电缆也用来向计轴点供电。列车从所检测区间的一端出发，驶入区间，经过计轴点时，运算单元对传感器产生的轴信号进行处理、判别和计数，此时轨道继电器落下。发车端不断将计轴数和驶入状态等信息编码传给接车端。当列车驶出区间，经过接车端计轴点时，接车端计数，接车端将计轴数和驶出状态传给发车端。当两端对计轴数和驶入状态、驶出状态校核无误后，方可使两端轨道继电器吸起，给出所检测区间的空闲信号。

① 西门子信号有限公司. 铁路运行安全设备 AzS（M）350U 微机计轴设备说明书.［2018 – 11 – 13］. http://www.docin.com/p – 650921473.html.

任务操作

1. 调研不同地铁线路上所使用的信号设备，并比较其有何不同。
2. 描述信号机的颜色及其所代表的含义。

任务考核

一、单项选择题

1. 轨道电路有三种状态，即调整状态、（　　）和断轨状态。

A. 通路状态　　B. 分路状态

C. 保持状态　　D. 闭合状态

2. 按照工作原理，可将轨道电路分为闭路式轨道电路和（　　）。

A. 有绝缘节轨道电路　　B. 音频轨道电路

C. 开路式轨道电路　　D. 道岔区段轨道电路

3. 线路第 20 个车站的 G05 区段，其轨道区段的标号为（　　）。

A. 1905　　B. G1905　　C. 2005　　D. G2005

4. 被喻为计轴器的“心脏”的是（　　）。

A. 轨道磁头　　B. 电气连接盒

C. 运算器　　D. 继电器

二、多项选择题

1. 查询应答器按供电方式，可分为（　　）。

A. 无源查询应答器　　B. 有源应答器

C. 地面查询应答器　　D. 车载查询器

2. 下列选项中，属于查询应答器功能的有（　　）。

A. 列车的定位　　B. 列车对标精准停车

C. 提供车地通信通道　　D. CBTC 系统的后备模式

三、判断题

1. 轨道电路主要由钢轨线路、钢轨绝缘、受电端、送电端、引接线和轨端接续线组成。（　　）

2. 当钢轨完整，且有车占用（线路空闲）时，通过轨道继电器线圈的电流较大，轨道继电器励磁吸起，接通前接点。（　　）

3. 在轨道电路的命名中，正线轨道电路区段按照上、下行线顺序编号，上行线为奇数，下行线为偶数。（　　）

4. 城市轨道交通地面信号机应设置于列车运行方向的左侧。（　　）

四、综合训练题

1. 自行查阅资料，选取一个城市，说明其城市轨道交通信号系统设备的实际使用情况。
2. 城市轨道交通信号系统设备有哪些?
3. 轨道电路具有哪些功能?
4. 试写出信号机不同颜色所代表的含义。
5. 转辙机具有哪些功能?

TASK 任务 2 城市轨道交通联锁与闭塞

知识目标

1. 掌握城市轨道交通联锁和闭塞的含义及功能。
2. 掌握城市轨道交通的闭塞方式。

能力目标

1. 能分析联锁设备在城市轨道交通运行组织中的功能。
2. 能辨识城市轨道交通采用的闭塞方式。

任务引入

在城市轨道交通信号系统中，联锁系统是其中一个重要的组成部分，用于使车站和车辆段实现联锁，建立进路，控制道岔的转换和信号机的开放，以及进路解锁，保证行车安全。闭塞是用来保证列车在区间内的安全运行，并提高区间通过能力的区间信号设备。通过乘坐地铁出行，了解你所熟悉的城市地铁的联锁设备、联锁站和闭塞方式。

任务分析

一、联锁系统

无论在城市轨道交通正线联锁站还是在车辆段内，都分布着由许多道岔联结组成的线路。为了保证列车的行驶安全，不仅要保证进路中的区段空闲，而且需将道岔转换到正确的位置并进行锁闭。除此之外，还要确保不能产生敌对进路，这样防护该进路的信号机才允许开放，这一系列功能的实现必须通过联锁系统。

1. 联锁的定义

联锁是指为了保证列车运行和调车作业安全，通过运用技术方法，在道岔、信号机和轨道电路等相对独立的信号设备间建立的一种相互制约、联合控制的关系。

2. 联锁设备及其功能

联锁设备是指控制车站的进路、道岔和信号，并实现它们之间的联锁关系的设备。联锁设备既可以分散控制，也可以集中控制。目前，我国城市轨道交通中常使用的联锁设备有电气集中联锁（又称继电器联锁）设备和计算机联锁设备。联锁设备具备以下功能：

（1）逻辑运算。当接收到 ATS（automatic train supervision，自动列车监控）系统或者车站行车值班员的控制命令时，进行联锁逻辑运算，实现对信号机、道岔等的控制。

（2）轨道电路信息处理。对轨道区段处于空闲或者被占用状态的信息进行接收和处理，并把该状态转发给其他设备。

（3）进路、道岔、信号机的控制。对于进路的控制，可实现排列进路、封锁进路和解锁进路；对于监测道岔状态，可实现转换道岔、锁闭道岔或解锁道岔；对于监测轨旁信号，可依据进路（轨道区段）、道岔和其他轨旁信号状态，自动发出允许信号和禁止信号等。

3. 联锁车站与联锁分区

联锁车站简称联锁站，通常情况下，是指在一条线路中某些拥有联锁设备机柜的车站，与 ATS 工作站合设构成现场就地控制工作站，协助控制指挥中心对进路进行控制，保证行车安全。车站联锁系统中的主要技术如下：

（1）进路空闲的检测技术。进路空闲的检测技术是保证列车安全运行的重要条件之一，可利用信号基础设备进行检测。

（2）道岔控制技术。道岔是进路中的一部分，可以左转或者右转。如果控制方向不当，会造成挤岔或者脱轨等安全事故。

（3）信号控制技术。车站联锁系统设备是信号控制技术最重要的设备之一，确认满足安全条件后方可开放，与行车安全息息相关。

（4）故障和安全监测技术。对于城市轨道交通信号系统来说，必须考虑且预判在发生故障时所产生的后果对行车造成的影响，以便采取一定的安全措施和制定处理突发事件的应急处置办法。

联锁分区是指在一条线路中，根据联锁站分布的位置和特点进行分区。

小知识

南京地铁 1 号线共有 27 个车站，划分为 8 个联锁分区，具体如下：

（1）安德门联锁分区：负责安德门站、中华门站。

（2）新街口联锁分区：负责三山街站、张府园站、新街口站和珠江路站。

（3）鼓楼联锁分区：负责鼓楼站、玄武门站和新模范马路站。

（4）迈皋桥联锁分区：负责南京站、红山动物园站和迈皋桥站。

（5）天隆寺联锁分区：负责天隆寺站、软件大道站、花神庙站、南京南站。

（6）河定桥联锁分区：负责双龙大道站、河定桥站、胜太路站、百家湖站。

（7）龙眠大道联锁分区：负责小龙湾站、竹山路站、天印大道站、龙眠大道站。

（8）中国药科大学联锁分区：负责南医大·江苏经贸学院站、南京交院站、中国药科大学站。

4. 联锁系统控制

联锁系统的主要工作是进路建立和进路解锁，其意义在于防护进路。

（1）进路建立。进路建立是指从开始办理进路到防护该进路的信号机开放的整个过程，主要经过进路元素的可行性检查、进路元素的征用、进路监控和信号开放四个环节。

（2）进路解锁。进路解锁是指从列车驶入信号机后方（驶入进路）到出清进路中全部轨道区段的整个过程，或者由操作人员解除已建立进路的过程。进路解锁中常使用的是取消进路和正常解锁。其中，取消进路是指在进路建立后，由于某些因素（如信号没有开放或者进路处于预先锁闭状态）而取消进路的一种解锁方式。正常解锁是指列车占用和出清进路中的轨道区段后，轨道区段按照自始至终的顺序依次解锁。进路解锁常用三点检查法（见图 7－12），当满足以下条件时，区段 b 自动解锁：

① 前一轨道区段a和本轨道区段b同时被占用。
② 前一轨道区段a出清并解锁。
③ 本轨道区段b和下一轨道区段c同时被占用。
④ 本轨道区段b出清且下一轨道区段c被占用。

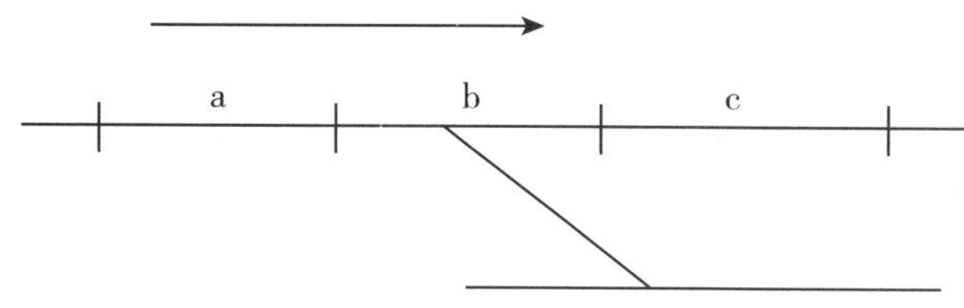

图7-12 三点检查法示意图

在联锁设备工作集中站工作人员操作的常用命令见表7-2。

表7-2 在联锁设备工作集中站工作人员操作的常用命令

序号	按钮名称	命令的含义	命令种类	备 注
1	强解区段	解锁进路中的轨道区段	K	
2	强解道岔	解锁进路中的道岔	K	
3	开放引导	开放引导信号	K	
4	关闭引导	关闭引导信号	K	
5	挤岔恢复	取消挤岔标记，并转换道岔	K	
6	单独锁定	锁定单个道岔，阻止转换	R	（一对命令）
7	取消锁定	取消对单个道岔的锁定	K	
8	封锁区段	将区段封锁，禁止通过该区段排列进路	R	（一对命令）
9	解封区段	取消对区段的封锁	K	
10	封锁道岔	将道岔封锁	R	（一对命令）
11	解封道岔	取消对道岔的封锁	K	
12	岔心设限	设置该岔心的限制速度	K	
13	岔心消限	将已设置的限速值取消	K	
14	强解岔心	解锁进路中的岔心	K	
15	封锁岔心	将岔心封锁	R	
16	解封岔心	取消对岔心的封锁	K	
17	折返DTO	在可折返的轨道区段设置折返策略DTO	R	
18	取消折返	设置折返策略为无折返操作	R	
19	终止站停	将运营停车点取消	R	只能用于正常运营方向
20	封锁信号	不允许开放信号	R	可开放引导 （一对命令）
21	解封信号	取消对关闭状态下信号的封锁	K	

续表

序号	按钮名称	命令的含义	命令种类	备注
22	强行站控	在紧急情况下，未经 OCC（operating control center，运行控制中心）同意，车站强行取得站级工作站控制权	K	强行站控后，应报告行调
23	强行转岔	轨道电路区段被物理占用，为进行检查或临时排进路	K	
24	轨区设限	设置该区段的限制速度	K	无进路状态下使用（一对命令）
25	轨区消限	将已设置的限速值取消	K	
26	强行消限	将已设置的限速值强行取消	K	
27	岔区设限	设置该岔区的限制速度	K	无进路状态下使用（一对命令）
28	岔区消限	将已设置的限速取消	K	
29	关站信号	关闭并封锁车站（包括属站）的全部信号机	R	无论控制权在何方，车站均能操作
30	关区信号	关闭并封锁联锁区全部信号机	R	
31	重启令解	PC/ECC 系统重新启动后（并非指 LOW 计算机重启），解除全部命令的锁闭	K	执行时区内列车应在静止状态（进路道岔人工加锁除外）
32	换上至下	命令执行后，驾驶室从上行方向改至下行方向	R	
33	换下至上	命令执行后，驾驶室从下行方向改至上行方向	R	
34	转换道岔	转换道岔	R	
35	自排全开	全部信号机处于自动排列状态	R	
36	自排全关	全部信号机处于人工排列进路状态	R	
37	追踪全开	信号机由联锁自动排列进路	R	
38	追踪全关	信号机取消由联锁自动排列进路	R	
39	交出控制	建议交出控制权	R	
40	接收控制	接收控制权	R	
41	自动折返	指示 ATP/ATO 进行列车驾驶端切换	R	
42	关闭信号	设置信号机为关闭状态	R	
43	开放信号	设置信号机为开放状态	R	
44	自排单开	设置单架信号机处于自动排列进路状态	R	
45	自排单关	设置单架信号机处于人工排列进路状态	R	
46	追踪单开	单架信号机由联锁自动排列进路	R	
47	追踪单关	单架信号机取消由联锁自动排列进路	R	
48	车队单开	设置单架信号机处于车队模式状态	R	

续表

序号	按钮名称	命令的含义	命令种类	备　注
49	车队单关	关闭单架信号机的车队模式状态	R	
50	释放指令	轨旁 ATP 系统重新启动后，解除全部命令的锁闭	K	
51	排列进路	排列进路	R	
52	取消进路	取消进路	R	
53	计轴器复位	对故障或受干扰的计轴器发出复位命令，需通过一列车后完成命令执行	K	需确认计轴器空闲后，方可操作

注：K 表示与安全有关的命令，R 表示普通命令；CLOW、LOW 工作站上设轨道限速时，在无进路状态下使用；轨区、岔区设限速度有 65 km/h、55 km/h、45 km/h、35 km/h、25 km/h 和 0。

二、闭塞系统

1. 行车闭塞

城市轨道交通采用一套行车设备和行车组织制度来控制列车在区间的运行，从而进行有序、高效的行车管理。这种通过对车站的有关设备或者信号机的控制及相关的行车手续，来保证在同一时间内、同一站间或者闭塞分区内只有一列列车行车的方法，称为行车闭塞。

行车闭塞有三个条件，即验证区间空闲、进入区间的凭证、实行区间闭塞。列车要占用区间，必须验证区间空闲后才能发车，主要依托信息基础设备或车站值班员进行确认。进入区间的凭证通常是以车站的出站信号机和区间通过信号机进行信号显示。在同一区间只准许一列列车运行，一旦列车占用区间，即实行区间闭塞，在未解除之前，不允许其他列车驶入。

2. 闭塞分区

在城市轨道交通线路上采用的闭塞方式不同，闭塞区间的划分也不相同。

（1）采用站间闭塞时，车站两端端墙内方为车站内部，相邻车站端墙之间为区间（见图 7－13）。

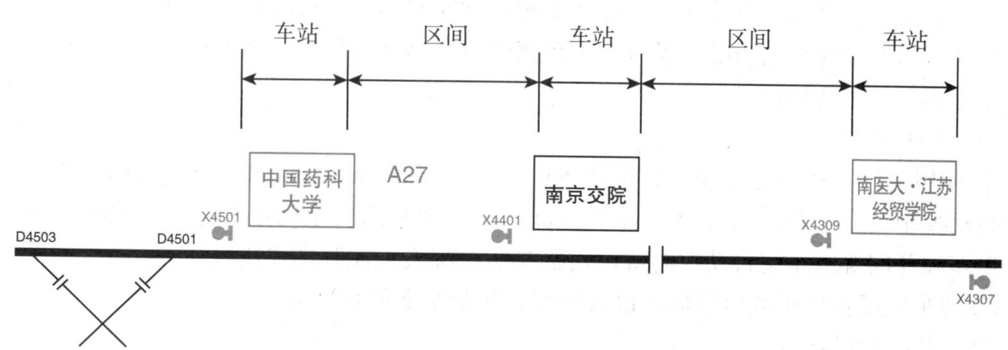

图 7－13　车站与区间划分（站间闭塞）

（2）采用大区间闭塞时，并非所有的车站都是闭塞区间的分界点，通常根据作业需要，将某些重要车站设置为闭塞区车站，两个闭塞区车站之间的线路区段称为大区间，其他车站为大区间内的闭塞分界点（见图 7－14）。

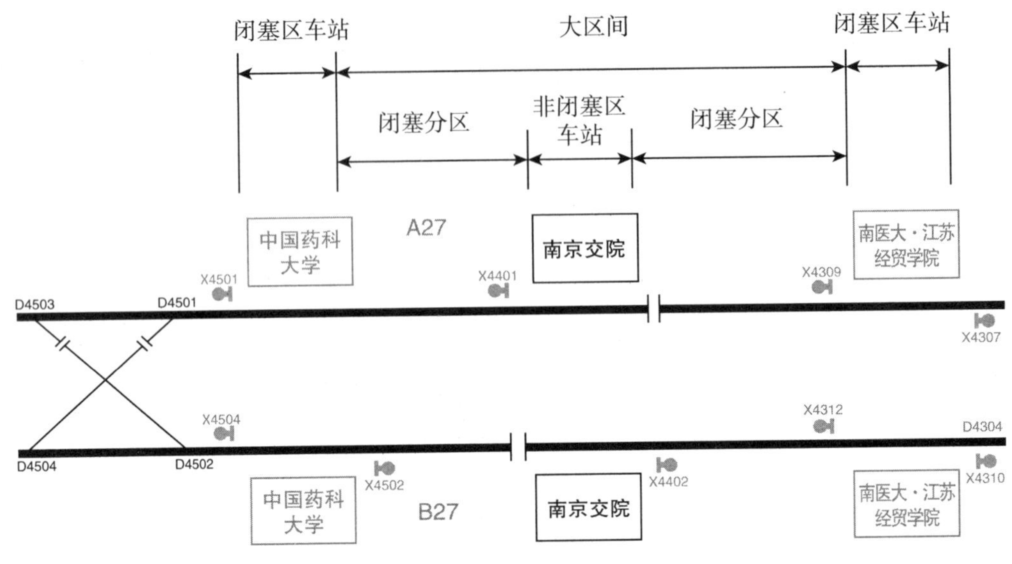

图 7－14　车站与区间划分（大区间闭塞）

（3）采用移动闭塞时，以同方向保持最小运行间隔的前行列车尾部和追踪列车头部为活动闭塞区间的分界线（见图 7－15）。

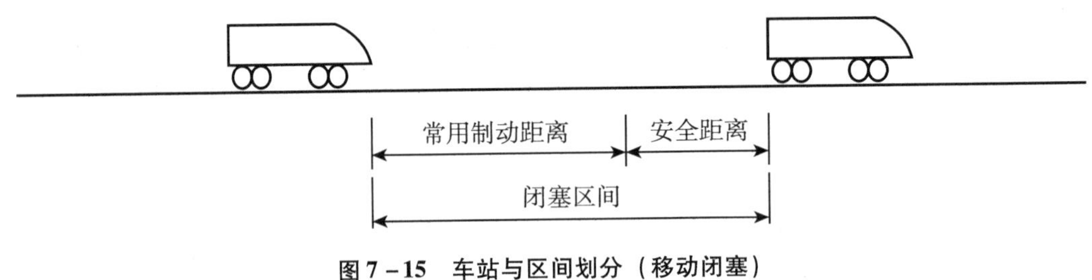

图 7－15　车站与区间划分（移动闭塞）

3. 城市轨道交通系统的闭塞方式

闭塞是凭借信号或有效凭证，保证列车按照空间间隔制运行的技术方法。空间间隔制就是前行列车和追踪列车之间必须保持一定距离的行车制度。目前，在城市轨道交通中，常用的闭塞方式有如下几种：

（1）CTC 模式。

① 使用条件：在正常情况下，根据 ATC（automatic train control，列车自动控制）系统原理自动控制列车运行，由控制指挥中心负责控制列车的安全间隔和运行，列车加速、减速、停车和开门等由系统自动控制或由司机参照系统人工控制模式执行。

② 动车凭证：凭车载信号显示以 AM/SM 模式驾驶列车。

（2）半自动闭塞法。

① 使用条件：在正线信号联锁设备故障或衔接车站与车辆段间信号设备故障，联锁失效时，采用半自动闭塞法组织行车，半自动闭塞法通过后备行车辅助系统实现。

② 动车凭证：列车以发车表示器显示的绿色灯光为动车凭证。

③ 站间或衔接站与车辆段间只允许有一列列车运行，列车采用 URM（un-rate-limiting manual driving mode，非限速人工驾驶模式）模式运行。

④ 在半自动闭塞情况下，发车站准备发车，必须与接车站相配合，办理闭塞手续，才能开放出站信号机。列车驶入出站信号机内方的轨道区段后，出站信号机因该轨道电路分路而自动关闭出站信号，使区间实现闭塞。当列车到达接车站，确认整列车到达后，车站值班员才能向发车站发送闭塞复原信息，使区间闭塞解除。

（3）电话闭塞法。

① 使用条件：在正线信号联锁设备和行车后备模式故障的情况下，可采用电话闭塞法组织行车。

② 动车凭证：路票（见图7－16）或者发车手信号。

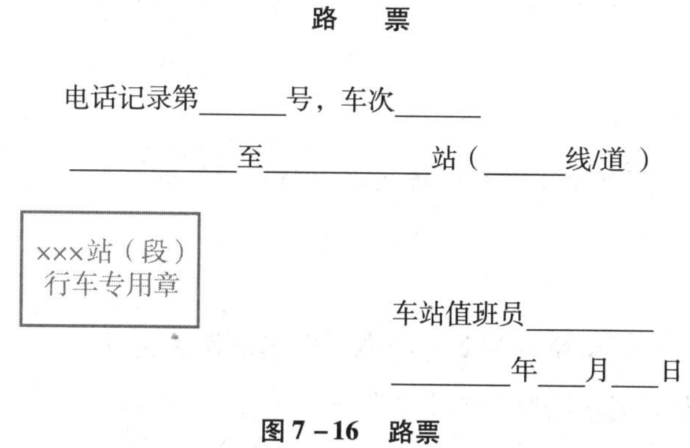

路　票

电话记录第______号，车次______

__________至__________站（_____线/道）

×××站（段）
行车专用章

车站值班员________

________年___月___日

图7－16　路票

③ 在一个闭塞区内，只允许有一列列车运行。在闭塞区内，列车凭路票采用URM模式驾驶。

④ 在不同情况下的使用方法如下：

a. 当全线故障时，所有车站均为闭塞车站，报点站向行调报点，且所有车站必须向邻站报出发点（折返列车出清站台点）。

b. 当单个或部分联锁区设备故障时，故障车站及相邻车站为闭塞车站，联锁故障两端站向行调报点，闭塞车站之间相互报出发点（折返列车出清站台点），闭塞相邻车站向闭塞站报到达点。车站同意闭塞的条件是接车进路准备完毕，同方向前次列车出清前方站站台（或折返站列车完成折返作业），实现“两站两区间”运行模式（见图7－17）。

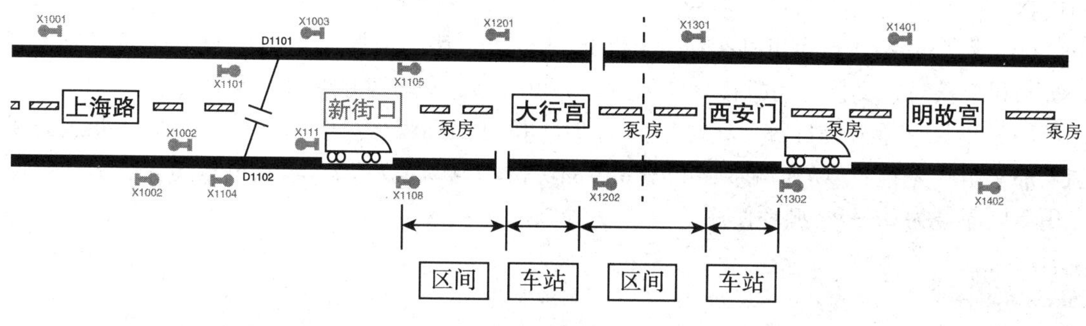

图7－17　“两站两区间”运行模式

在图7－17中，发车站为新街口站，接车站为大行宫站。大行宫站具备接车的条件如下：一是接车进路准备完毕；二是前次列车须出清西安门站。

(4) 其他闭塞方式。除上述闭塞方式之外，还有其他的闭塞方式，如准移动闭塞和移动闭塞。

① 准移动闭塞。准移动闭塞是地对车采用数字式信息传输，与轨道电路进行配合，准移动是目标-速度曲线式，追踪列车接收速度制动曲线的变化周期，与前行列车占用和出清闭塞分区的时间有关，即按前行列车尾部依次出清各电气绝缘节时才能更新。

② 移动闭塞。移动闭塞是指地与车之间利用先进的技术实现双向通信的功能，前列列车经车载设备，将本车的实际位置、运行速度等相关信息通过通信系统传递给轨旁设备，处理器将信息处理后传递给后续列车并作为限制运行条件，后续列车车载设备接收信息，确认允许运行的安全距离和运行速度，以确保列车不超现有的运行权限来自动调整运行间隔。

想一想

结合城市轨道交通实际线路运营，说明采用移动闭塞的好处。

任务拓展

南京地铁2号线电话闭塞法作业过程

南京地铁2号线电话闭塞法作业的主要程序和要求如下：

(1) 行调及时向有关车站工作人员和司机发布命令：从××点××分起，在××站至××站采用电话闭塞法组织行车，××折返站固定采用××道折返（进/出××站、××站时司机自行切除/恢复ATP运行）。

(2) 车站和行调共同确认第一趟发出列车运行前方的进路空闲。

(3) 接车站接车进路准备妥当，收到同方向前次列车在前方站出发的电话报点记录后，方可同意闭塞（需要时应说明接车线路）。

(4) 发车站须查明区间空闲，发车进路准备妥当并取得接车站同意接车的电话记录号码后，方可填发路票。

(5) 路票由值班站长亲自或指定人员，根据行车值班员的通知在站台填写。对于填写的路票，应根据行车日志的记录，与行车值班员进行认真核对，确认无误后，方可与司机核对交接。

(6) 路票交接地点为司机所在驾驶室的站台上，路票交接必须由值班站长亲自或指定人员与司机核对、交接。司机接到路票后，方可关门，凭车站的发车信号动车。

(7) 电话记录号码自每日0时起至24时，按日循环编号。电话记录号码编号办法为线别号加车站（基地/车场）编号加顺序号。油坊桥基地编号为20、车站编号为21~226固定使用，顺序号为01~99循环使用。

任务操作

1. 查阅相关资料，以小组为团队，调研你所熟悉的城市地铁的联锁站。
2. 比较不同的闭塞方式，简单演练电话闭塞法。

任务考核

一、单项选择题

1. 联锁是指为了保证列车运行和调车作业安全，通过运用技术方法，在（　　）、信号机和进路之间建立的一种相互制约的关系。

A. 应答器　　B. 道岔　　C. 轨道电路　　D. 转辙机

2. 目前，我国城市轨道交通中常用的联锁设备有电气集中联锁设备和（　　）设备。

A. 继电器联锁　　B. 人工联锁　　C. 计算机联锁　　D. 分散联锁

3. 在正线信号联锁设备故障或衔接车站与车辆段间信号设备故障，联锁失效时，采用（　　）组织行车。

A. CTC 模式　　B. 半自动闭塞法

C. 电话闭塞法　　D. 以上三者都可以

4. 下列选项中，电话闭塞法的动车凭证是（　　）。

A. 车载信号显示　　B. 发车表示器　　C. 地面信号　　D. 路票

二、多项选择题

1. 进路的建立主要通过的环节包括（　　）。

A. 进路元素的可行性检查　　B. 进路元素的征用

C. 进路监控　　D. 信号开放

2. 行车闭塞的条件包括（　　）。

A. 验证区间空闲　　B. 进入区间的凭证

C. 实行区间闭塞　　D. 驶出区间凭证

三、判断题

1. 联锁的主要工作是进路建立和进路解锁，其意义在于防护进路。（　　）

2. 正常解锁是指列车占用轨道区段后，轨道区段按照自始至终的顺序依次解锁。（　　）

四、综合训练题

1. 联锁可实现的功能有哪些？

2. 城市轨道交通系统的闭塞方式有哪些？说明每一种闭塞方式使用的前提条件和动车凭证。

3. 在正线信号联锁设备和行车后备模式故障的情况下，采用什么闭塞方式行车？假设此时正线信号联锁设备失效、行车后备模式故障，河定桥站上行站台有一列列车（车体号003+004），双龙大道站上行开出一列列车（车体号001+002），如图7-18所示，要想让列车003+004继续运行至双龙大道站，请问此时应该满足什么条件？

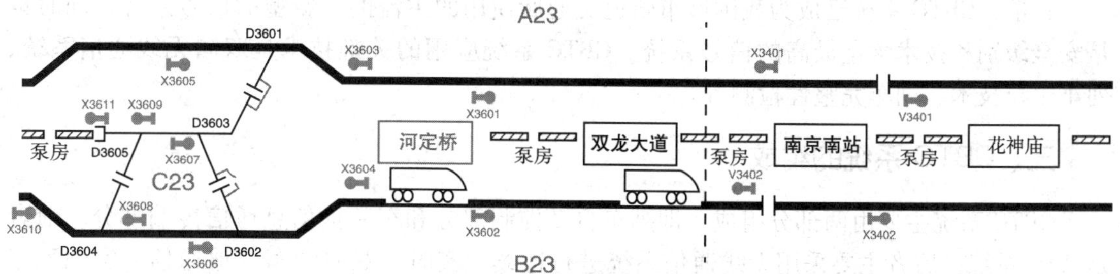

图7-18 综合训练题3图

4. 简要说明闭塞和半自动闭塞的区别。
5. 查阅资料，说明联锁系统运用了哪些技术。

TASK 任务 3 列车运行控制系统

知识目标

1. 掌握城市轨道交通 CBTC 移动闭塞信号系统的组成。
2. 掌握西门子 CBTC 列车控制级别和驾驶模式。
3. 掌握 ATC 的构成及各部分的功能。

能力目标

1. 能辨识并分析 CBTC 系统的组成和可实现的功能。
2. 能正确选择 CBTC 列车控制级别所对应的驾驶模式。
3. 能辨识并分析 ATC 系统的组成和可实现的功能。

任务引入

随着信号控制和通信技术的发展与融合，基于无线通信的列车运行控制系统已成为列车运行控制系统技术发展的重要趋势。城市轨道交通能安全地完成运输任务，离不开先进的列车运行控制系统。通过乘坐地铁出行，了解你所熟悉的城市地铁的控制系统。

任务分析

一、CBTC 系统的基本概念

CBTC（communication based train control，基于通信的列车自动控制）系统也称为移动闭塞信号系统。该系统集成了无线电通信技术和自动化控制技术，基于移动闭塞分隔列车原理，即通过车－地间周期传递列车位置信息和地－车间传递移动授权来实现其功能。

目前，CBTC 系统已成为我国城市轨道交通所使用的主流的、新型的信号系统，同时也是安全级别和技术含量最高的信号系统。CBTC 系统应用的关键技术是双向无线通信系统、列车定位技术、列车完整性检测等。

二、CBTC 系统的组成

CBTC 系统主要由两部分组成，即列车自动控制部分和车－地信息通信传输部分。前者是 ATC 系统；后者主要采用无线通信系统进行连续、实时、双向的车－地通信，实现列车向控制指挥中心设备传递其位置、速度和线路其他状态数据信息。

CBTC 系统以机车车辆为中心，划分为 ATS（automatic train supervision，列车自动监控）子系统、ZC（zone controlor，区域控制区）子系统、DSU（database storage unit，数据库存储单元）子系统、VOBC（vehicle on-board controller，车载控制器）子系统、CI（computer-based interlocking，计算机联锁）子系统和 DCS（data communication subsystem，数据通信子系统）等。

1. ATS 子系统

ATS 子系统的主要功能有自动排列进路、自动调整列车运行、时刻表的编辑与维护、自动记录列车运行实迹、自动进行运行数据的统计和自动生成报表等，同时在控制范围内，为控制指挥中心的调度工作人员显示列车的运行状态和设备状态，对全线列车进行辅助管理。

2. ZC 子系统

ZC 子系统会根据从 ATS、DSU、VOBC、CI 等其他子系统中接收的各种数据和状态信息，为在 ZC 控制区域内的列车生成移动授权（movement authority limit，MAL），并持续更新和传输，然后将移动授权通过数据通信系统发往 VOBC 子系统，以控制列车的运行；负责控制道岔和信号机及响应邻近区域 ZC 子系统的授权请求；对站台屏蔽门的控制和状态进行监视。

3. DSU 子系统

DSU 子系统主要完成整个 CBTC 系统数据库的管理。在 CBTC 系统中，由于列车定位是由车载本身来实现的，因此需要车载和地面同时用一个统一的数据库存储单元来实现整个系统的协调统一。该数据库包括动态数据库、静态数据库、参数数据库和配置数据库等。鉴于数据库的安全性和重要性，必须采取冗余设计来实现。

4. VOBC

VOBC 包括很多传感器，如相关速度测量及位置定位传感器。VOBC 主要实现列车超速防护、自动驾驶、列车定位等功能。通常车载控制器采用“三取二表决”（三个测点参加联锁，当其中两个点达到联锁值时，触发联锁）方式，有效地减少了系统故障时间，大大提高了系统可靠性。

5. CI 子系统

CI 子系统主要保证各个设备之间的正确联锁关系，确保列车运行安全，实现道岔控制、信号机控制和进路控制，并且对操作设备的误操作具备一定的提醒功能。

6. DCS

DCS 主要实现各子系统之间的通信。DCS 的设备包括轨旁光纤骨干网、轨旁无线设备接入点、天线泄漏电缆、车载无线设备等。

三、西门子 CBTC 系统

基于无线通信的 CBTC 系统在我国城市轨道交通中得到了广泛应用，下面以西门子 CBTC 系统为例进行详细介绍。

西门子 CBTC 系统是基于无线通信的列车自动控制系统，通过车 - 地间周期传递列车位置信息和地 - 车间传递移动授权来实现其功能。它由西门子计算机辅助信号（Siemens computer aided signalling，SICAS）系统、Trainguard MT（TGMT，列车卫士连续式移动闭塞列车自动控制系统）和 VICOS OC 系统组成。

1. 西门子 CBTC 系统的控制

西门子 CBTC 系统的控制分为中央层、通信层、轨旁层和车载层，分级实现 ATC 功能。

（1）中央层。中央层分为中央级和车站级的控制。在中央级，可对运行线路实现集中控制；在车站级，可将车站控制和后备模式交由车站值班员工作站和列车进路排列计算机［如南京地铁车控室使用的 MMI/HMI（multi media interface/human machine interface，多媒体接口/人机界面）］完成。

（2）通信层。通信层在轨旁和车载设备之间提供连续式、点式通信等。

不同的列车控制级别体现了 Trainguard MT 轨旁和车载之间存在的通信关系。在 Trainguard MT 中，可分为三种列车控制级别（见表 7－3）。

表 7－3　列车控制级别

缩写	列车控制级别	主要特点
CTC	连续式列车控制	列车通过连续通信系统监督移动授权（运行速度）
ITC	点式列车控制	列车监控一个来自固定和可变应答器的移动授权（运行速度）
IXLC	联锁级列车控制	列车不监督来自轨旁的移动授权，司机必须按照轨旁信号机驾驶

注：CTC 的全称是 continuous train control；ITC 的全称是 intermittent train control；IXLC 的全称是 interlocking train control。

（3）轨旁层。轨旁层沿着线路分布，由 Trainguard MT，SICAS 系统，计轴、应答器和信号机等组成，共同实现所有联锁的功能和轨旁 ATP 功能。

（4）车载层。车载层完成 Trainguard MT 的车载 ATP 和 ATO（automatic train operation，列车自动驾驶）功能。

2. 列车驾驶模式

列车驾驶模式主要有以下几种：

（1）ATO 模式（ATO mode，AM，列车自动驾驶模式）。该模式只用于正线运营，驾驶员监控，此时车辆和信号系统都处于正常工作状态。

（2）SM（supervised manual mode，监督下的人工模式）或者 CM（code train operating mode，受控人工驾驶模式），ATP 下的人工驾驶模式。该模式在 ATO 故障时使用，是列车的降级模式。驾驶员在 ATP 的监督下行车，如超速，列车发出报警并产生紧急制动。

（3）RM（restricted train operating mode，受限制式人工驾驶模式）。驾驶员负责运行安全，此时 ATP 提供一定的速度防护，如超速，列车产生紧急制动。

（4）URM（un-rate-limiting manual driving mode，非限速人工驾驶模式）。此模式下无 ATP 防护，驾驶员负责运行安全。

3. 列车控制级别与驾驶模式之间的关系

列车控制级别与驾驶模式之间的对应关系如图 7－19 所示。

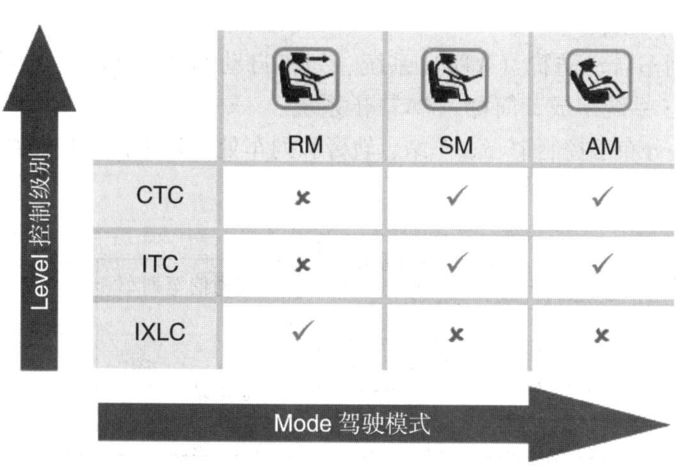

Level 控制级别

	RM	SM	AM
CTC	×	✓	✓
ITC	×	✓	✓
IXLC	✓	×	×

Mode 驾驶模式

图7－19　列车控制级别与驾驶模式之间的对应关系

小案例

城市轨道交通列车在正常运营情况下，通常采用ATO模式驾驶。但是，在遇到下雨、下雪等恶劣天气时，由于轨道湿滑，列车容易打滑抖动，造成对标不准，因此有经验的司机会在进站前，将ATO模式转换为SM。

四、列车自动控制系统

列车自动控制（ATC）系统是城市轨道交通列车控制的核心技术，也是城市轨道交通信号系统最重要的组成部分。它实现了行车指挥和列车运行的自动化，发挥了城市轨道交通的通过能力。列车自动控制系统如图7－20所示。

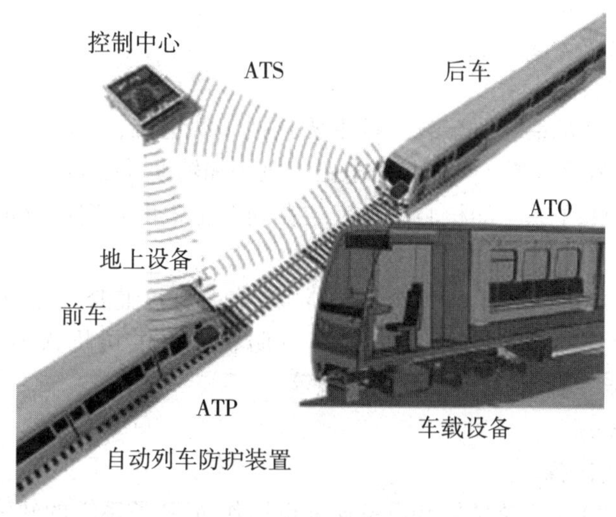

图7－20　列车自动控制系统

1. ATC 系统的组成

ATC 系统由列车自动防护（ATP）系统、列车自动驾驶（ATO）系统和列车自动监控（ATS）系统三个子系统组成，简称“3A”子系统。

ATC 系统设备分布于控制中心、车站、轨旁和列车处。列车自动控制系统框图如图 7-21 所示。

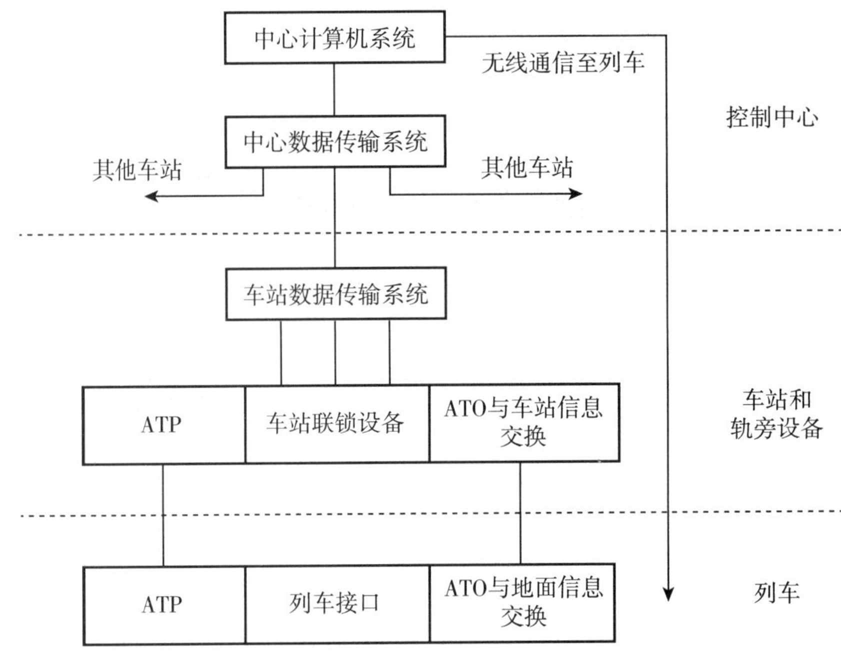

图 7-21 列车自动控制系统框图

2. ATC 系统的子系统

（1）ATP 子系统。

① ATP 子系统的设备。

a. 车载设备。ATP 子系统的车载设备主要包括车载主机、驾驶员状态显示单元、速度传感器、列车地面信号接收器、列车接口电路、电源和辅助设备等。

b. 轨旁设备。ATP 子系统的核心设备安装在列车上，但是它所需的主要信息都来自轨旁设备。

② ATP 子系统的功能。ATP 子系统的功能主要包括速度监督与超速防护、测速与测距、车门与站台安全门的控制、列车检测、停车点防护、提供司机人机接口（man machine interface，MMI）功能、折返/改换驾驶室功能等。

（2）ATO 子系统。

① ATO 子系统的设备。

a. 轨旁设备。ATO 子系统的轨旁设备通常也用作 ATP 子系统的轨旁设备，接收与列车自动运行有关的信息。

b. 车载设备。ATO 子系统的车载设备由设在列车每一端司机室内的 ATO 车载控制器（包括司机控制台）以及安装在列车每一端司机室车体下的两个 ATO 接收天线和两个 ATO

发送天线组成，还包括 ATO 附件，这些附件用于测量速度、定位和司机接口。

② ATO 子系统的功能。

a. 基本控制功能。基本控制功能包括自动驾驶、自动折返、自动控制车门开闭等。自动驾驶又包含自动调整列车运行速度、停车点的目标制动、从车站自动发车、区间内临时停车等。

b. 服务功能。服务功能包括列车位置功能、允许速度功能、巡航/惰行功能、PTI（positive train identification，列车自动识别）支持功能等。

（3）ATS 子系统。

① ATS 子系统的设备。

a. 控制中心设备。控制中心设备是 ATS 子系统的核心，用于状态表示、运行控制、运行调整、车次追踪、时刻表编制和运行图绘制、运行报告、调度员培训、与其他系统的接口等。控制中心设备主要包括中心计算机系统、综合显示屏、调度员和调度长工作站、运行图工作站、培训/模拟工作站、绘图仪和打印机、维修工作站、局域网、UPS（uninterruptible power system/uninterruptible power supply，不间断电源）和蓄电池。

b. 车站设备。车站设备由 ATS 分机和车站现场控制工作站组成。

c. 车辆段设备。车辆段设备由 ATS 分机和车辆段终端组成。

d. 列车识别系统。PTI 设备是 ATS 车次识别和车辆管理的辅助设备，其由地面查询环路和车载查询器组成。

e. 列车发车计时器。列车发车计时器设于各站，为列车运行提供车站发车时机、列车到站晚点情况的时间指示，提示列车按计划时刻表运行。

② ATS 子系统的功能。ATS 子系统的主要功能包括以下几方面：列车运行情况的集中监视和跟踪；列车运行实迹的自动记录；时刻表自动生成、显示、修改和优化；自动排列进路，按行车计划自动控制道旁信号设备，以接发列车；列车运行自动调整；列车运行和设备状态自动监视；调度员操作与设备状态记录、运行数据统计和报表自动生成；运输计划管理、输出和统计处理；实现沿线设备和列车与控制中心之间的通信；列车车次号自动传递；车辆修程和乘务员管理；系统故障复原处理；列车运行模拟和培训；乘客向导信息显示。

想一想

结合城市轨道交通信号系统组成的特点，谈谈移动闭塞信号系统与列车自动控制系统之间的关系。

任务拓展

列车控制级别之间的转换

列车的控制级别如下。

1. CTC（连续式列车控制）

在连续式通信级（或移动闭塞级），移动授权由轨旁经由无线通道发送到列车，列车通过无线通道建立车 - 地之间的双向通信来控制列车。在该级别下，室外所有信号机灭灯，司机可根据车载信号以 ATO 模式/SM 驾驶列车。

2. ITC（点式列车控制）

点式通信级作为连续式通信级的后备模式，移动授权来自信号机的显示，并通过可变数据应答器由轨旁点式的通道传送到列车。在该级别下，司机根据地面显示和车载信号以ATO 模式/SM 驾驶列车。

点式列车控制运行用作补充和后备的 ATP 系统。点式列车控制运行基于固定闭塞的列车间隔原理，列车的间隔由基于传统进路监控的联锁（当信号机后方所有允许列车进入区间的进路条件满足时，给出开通信号显示）来保证。在点式列车控制运行时，可通过一个连接到信号机的 LEU（lineside electronic unit，地面电子单元），根据信号机的显示来选择可变数据应答器的报文信息。若信号机给出开通显示，则当列车经过位于该信号机处的可变数据应答器时，应答器将向车载系统发出点式移动授权报文。

3. IXLC（联锁级列车控制）

如果连续式或点式通信级故障，作为降级运行模式，可由标准色灯信号机系统为列车提供全面的联锁防护。在该级别下，司机根据地面信号显示驾驶列车。

不同的列车控制等级之间可进行转换，如图 7 -22 所示。

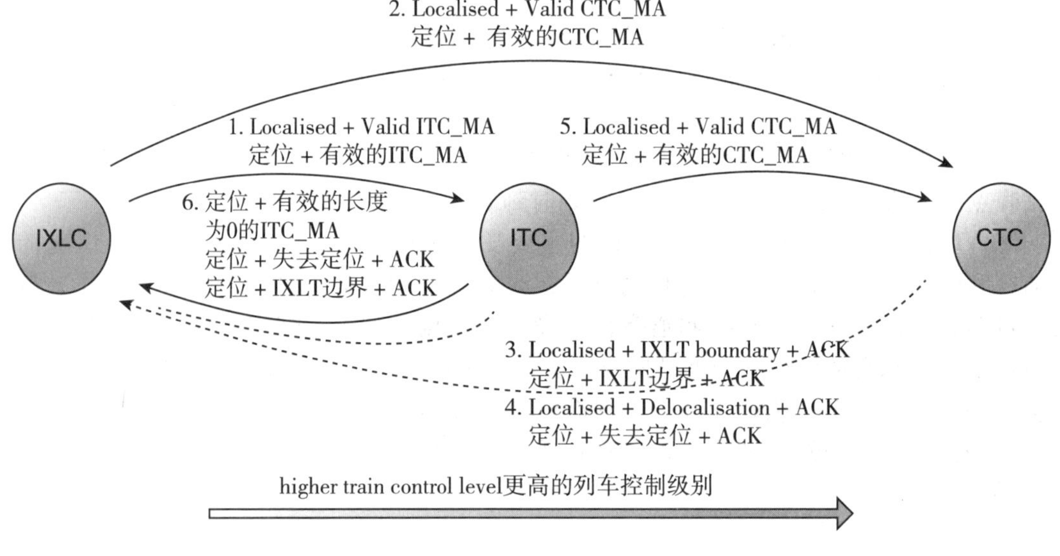

图 7 -22　列车控制等级的转换

列车控制等级的转换原则如下：车载子系统支持不停车的列车控制模式/控制级别（升高）转换；转换到较高的列车控制级别时，无须司机进行模式转换的确认；转换到较低的列车控制级别时，需要司机对相应的转换进行确认。如司机未对该新的列车控制级别进行确认，则原来的列车控制级别保持有效状态，列车将在最近一个当前的安全 MAL（movement authority limit，移动授权）内停车。

任务操作

1. 调研你熟悉的城市地铁，说一说常见的驾驶模式有哪些。
2. 调研你熟悉的城市地铁所用的信号系统，并描述其各组成部分的功能。

任务考核

一、单项选择题

1. CBTC 系统主要由两部分组成，即列车自动控制部分和（　　）。

A. 车－地信息通信传输部分　　B. ATS

C. ATO　　D. SICAS

2. 列车驾驶模式主要有 ATO 模式（AM）、SM、RM 和（　　）。

A. URS　　B. RUM

C. RMU　　D. URM

3. 下列选项中，属于 ATO 功能的是（　　）。

A. 车门与站台安全门的控制　　B. 测速与测距

C. 停车点的目标制动　　D. 时刻表自动生成

二、多项选择题

1. CBTC 系统以机车车辆为中心，划分为（　　）、CI 子系统和 DCS 子系统等。

A. ATS 子系统　　B. ZC 子系统

C. DSU 子系统　　D. VOBC 子系统

2. 在 Trainguard MT 中，列车控制级别有（　　）。

A. CTC　　B. ITC

C. XLC　　D. IXLC

3. "3A" 子系统包括（　　）。

A. ATP　　B. ATO

C. ATS　　D. ATC

三、判断题

1. CI 子系统的主要功能是保证各个设备之间的正确联锁关系，确保运行安全，实现道岔控制、信号机控制和进路控制，并且 CI 子系统对操作设备的误操作具备一定的提醒功能。（　　）

2. 车－地信息通信传输部分采用无线通信系统进行连续、实时、单向的车－地通信，实现列车向控制指挥中心设备传递列车的位置、速度和线路其他状态数据信息。（　　）

3. ATS 子系统的主要功能包括列车运行情况的集中监视和跟踪、列车运行实迹的自动记录和列车运行自动调整。（　　）

四、综合训练题

1. 什么是西门子 CBTC 系统？它由哪几部分组成？

2. 城市轨道交通列车的驾驶模式有哪些？它们分别在什么情况下应用？

3. ATC 包括哪几部分？各部分的功能有哪些？

4. 自行查阅资料，说明在城市轨道交通中使用的移动闭塞信号系统有哪些先进的技术。

5. 城市轨道交通列车有几种控制等级？它们之间是如何转换的？

项目

8 PROJECT 城市轨道交通供电

TASK

任务1 城市轨道交通供电系统

知识目标

1. 了解城市轨道交通供电系统的组成。
2. 了解城市轨道交通供电方式和电力监控系统。

能力目标

1. 能明晰城市轨道交通供电系统的组成部分。
2. 能区分城市轨道交通的供电方式。

任务引入

城市轨道交通供电系统是城市轨道交通的重要组成部分之一，它不仅为城市轨道交通电动列车提供牵引用电，而且为运营服务的其他设施提供电能。安全可靠、经济合理的供电系统是城市轨道交通正常运营的重要保障和前提。若运营中的城市轨道交通线路供电中断，不仅会造成运输系统的瘫痪，甚至会危及乘客和工作人员的生命安全，造成严重的损失。通过乘坐地铁出行，了解城市轨道交通供电系统的组成。

任务分析

一、供电系统组成

城市轨道交通供电系统是为城市轨道交通运营提供所需电能的系统，它不但为列车提供牵引动力，而且为城市轨道交通运营服务的辅助设施提供电能，如照明、通风、空调、排水、通信、信号、防灾报警、自动扶梯等。

高铁用的电是什么电

城市轨道交通供电系统可分为外部供电系统、牵引供电系统（见图8-1）和动力照明系统三部分，主要由主变电所、牵引变电所、降压变电所、馈电线、接触网、走行轨（钢轨）、回流线、杂散电流防护系统和远程监控系统等组成。

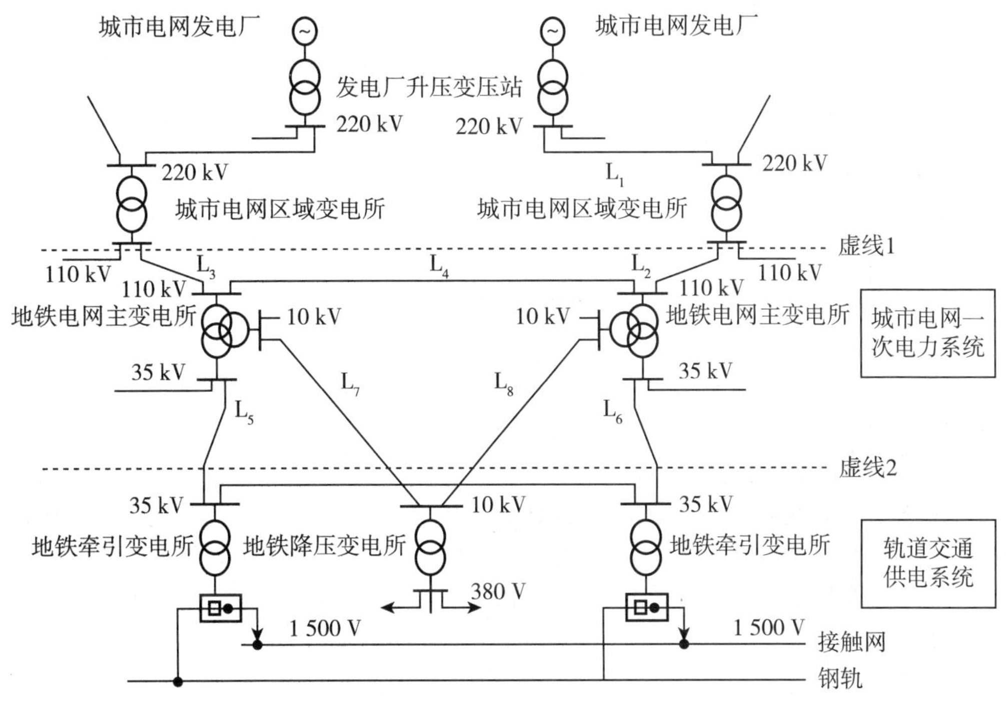

图8－1　外部供电系统和牵引供电系统

发电厂是发出电能的中心，其发出的电能要先经过升压变压器升高电压，然后以110 kV或220 kV的高压通过三相传输线输送到区域变电所。在区域变电所中，电能先经过降压变压器降低电压等级（如降低为10 kV或35 kV），再经过三相输电线输送给本区域内的牵引变电所和降压变电所，并再降为城市轨道交通所需要的电压等级（如1 500 V、380 V等）。

二、高压供电方式

城市轨道交通的高压供电方式一般有三种，即集中式供电、分散式供电和混合式供电。

1. 集中式供电

集中式供电是指由城市轨道交通供电系统的主变电所引入两路独立的电源，降压后，经中压电网集中为牵引变电所和降压变电所提供电力的外部电源供电方式。主变电所应有两路独立的110 kV电源，如上海、广州、香港地铁即采用了此种供电方式。

2. 分散式供电

分散式供电是指在城市轨道交通沿线，由城市中压电网通过电源开闭所向牵引变电所和降压变电所分散供电，或直接由城市中压电网向牵引变电所和降压变电所供电的外部电源供电方式。分散式供电应保证每一座牵引变电所和降压变电所都能获得双路电源。

3. 混合式供电

混合式供电是指以集中式供电为主、分散式供电为辅，或以分散式供电为主、集中式供电为辅的供电方式，是介于集中式供电和分散式供电之间的一种混合式供电方案。例如，北京地铁1号线和2号线即采用了此种供电方式。

想一想

你所在的城市地铁采用了哪种供电方式？

三、电力监控系统

电力监控（supervisory control and data acquisition，SCADA）系统由设在控制中心的主机、各变电所和变电站的远程控制终端，以及连接终端与控制中心的网络组成，在 OCC（operating control center，控制运行中心）可实现对各种供电设备的遥控、遥调、遥测和遥信。

1. 电力调度中心主站系统

电力调度中心主站系统可采用客户/服务器网络结构，通过以太网形成计算机监控网络，配置专用服务器，采用双机冗余工作方式，具有软硬件自诊断功能。

2. 变电所综合自动化系统

变电所综合自动化系统通过通信信道与电力调度中心进行通信，接受电力调度中心的控制命令，向电力调度中心主机传送变电所操作、事故、预告、测量等信息。变电所综合自动化系统的运行不依赖于中央监控系统，在通信故障时，变电所综合自动化系统可以脱离控制中心独立运行。

3. 通信信道

SCADA 系统的通信信道一般由城市轨道交通通信系统统一组建，SCADA 系统向通信系统提出通道要求。当城市轨道交通通信系统难以为 SCADA 系统提供通信通道时，SCADA 系统需要建设独立的通信信道。

4. 供电复示系统

供电复示系统通过电力调度中心主站系统采集全线供电系统的各类信息，用于供电系统维护人员监视各类设备的运行、统计各类设备的运行数据。

任务拓展

供电“双保险”①

地铁作为一个重要的用电部门，其供电与一般工业和民用的供电不同。目前，我国地铁普遍采用两路独立的电源双边供电，当任何一路电源发生故障导致停电时，另外一路电源也能保证地铁的正常供电。

双边供电是指两个供电分区通过开关设备在电路上连通，两个供电分区可同时从两个牵引变电所（牵引所）获得电能（见图 8－2）。

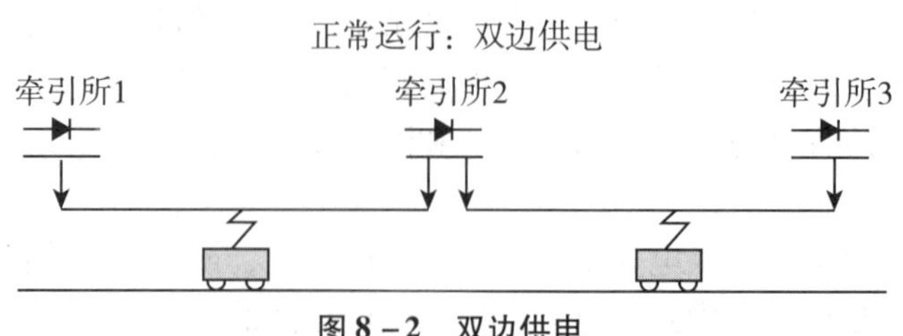

图 8－2　双边供电

① 佚名．地铁是怎样供电的？[2018－11－20]．https://www.sohu.com/a/145279235_795807.

以广西南宁地铁1号线为例，该线路采用集中式供电，设置了两座110 kV主变电所，每个主变电所都有两路独立电源进线：一路电源为专线；另一路电源为T接线路。若一路电源失电，则由另一路电源供电。若两路电源同时失电，则由另外一个主变电所承担全线供电。这样即使某一段线路坏了，也可以从其他线路实现转供电。

在地铁运行系统中，牵引系统是双边供电，就算其中一个牵引所发生故障，如图8－3所示的“大双边”供电也能保证地铁正常运行。

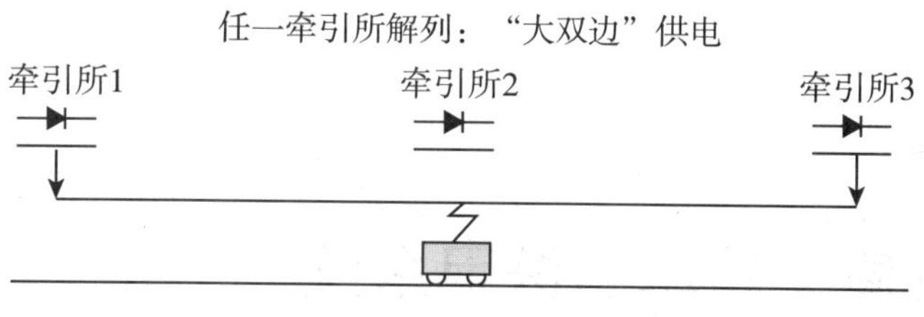

图8－3　“大双边”供电

任务操作

1. 描述城市轨道交通供电系统的组成部分。
2. 比较并分析城市轨道交通的供电方式。

任务考核

一、单项选择题

1. 在OCC可实现对各种供电设备的遥控、遥调、遥测和遥信的系统是（　　）。

A. AFC　　B. SCADA　　C. FAS　　D. BAS

2. 分散式供电应保证每一座牵引变电所和降压变电所都能获得（　　）。

A. 独立电源　　B. 单路电源

C. 降压电源　　D. 双路电源

二、多项选择题

1. 城市轨道交通供电系统可分为（　　）。

A. 外部供电系统　　B. 牵引供电系统

C. 动力照明系统　　D. 牵引变电所

2. 城市轨道交通所需要的电压等级有（　　）。

A. 10 kV　　B. 1 500 V　　C. 35 kV　　D. 380 V

3. 城市轨道交通的高压供电方式一般有（　　）。

A. 降压式供电　　B. 集中式供电

C. 分散式供电　　D. 混合式供电

三、判断题

1. 集中式供电是指由城市轨道交通供电系统的主变电所引入两路独立的电源，降压后，经中压网络集中为牵引变电所和降压变电所提供电力的外部电源供电方式。（　　）

2. 城市轨道交通供电系统是为城市轨道交通运营提供所需电能的系统，它仅为列车提供牵引动力。（　　）

四、综合训练题

1. 说明城市轨道交通供电系统的组成。
2. 比较并分析城市轨道交通的供电方式。
3. 简述城市轨道交通供电系统的功能和基本要求。
4. 自行查阅资料，看一看城市轨道交通供电系统的使用情况和发展趋势，撰写一篇调研报告。

TASK 任务 2

城市轨道交通牵引供电系统

知识目标

1. 了解城市轨道交通牵引供电系统的组成和牵引供电制式。
2. 了解城市轨道交通接触网的类型和组成。

能力目标

1. 能明晰城市轨道交通牵引供电制式。
2. 能区分城市轨道交通的接触网类型。

任务引入

城市轨道交通的供电电源一般取自城市电网，通过城市电网一次电力系统和轨道交通供电系统，实现输送或变换，最后以适当的电流形式和电压等级供给用电设备。通过乘坐地铁出行，了解城市轨道交通的供电制式。

高铁、地铁这些轨道列车的动力来源是什么

任务分析

一、牵引供电系统的组成

城市轨道交通牵引供电系统由直流牵引变电所、馈电线、接触网、走行轨（钢轨）和回流线等组成，如图 8－4 所示。

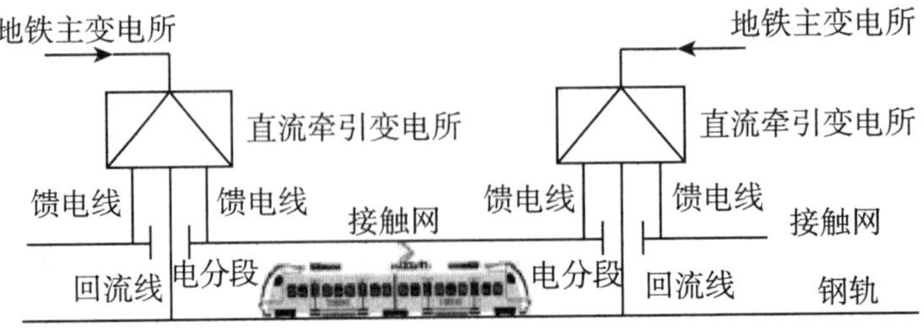

图 8－4　城市轨道交通牵引供电系统的组成

直流牵引变电所将中压环网的 AC35 kV 或 AC10 kV 三相高压交流电源经变压变流单元后，转换为城市轨道交通列车所需要的电能；馈电线将电能从牵引变电所输送至接触网；接触网与列车受流装置直接接触，将电能输送给电动列车；电动列车再将电能经钢轨（轨道回路）、回流线流回牵引变电所，形成一个回路。

由馈电线、接触网、钢轨（轨道回路）和回流线组成的供电网络称为牵引网。因此，城市轨道交通牵引供电系统即由直流牵引变电所和牵引网组成。

二、牵引变电所

1. 牵引供电制式

牵引供电制式有直流制和交流制两种，但城市轨道交通几乎毫无例外地都采用直流供电制式。世界各国城市轨道交通的供电电压都在 DC550 V ~ DC1 500 V。现在国际电工委员会拟定的电压标准为 DC600 V、DC750 V 和 DC1 500 V 三种。我国国家电压标准为 DC750 V 和 DC1 500 V 两种。

（1）采用直流制标准的原因。城市轨道交通电动列车的功率并不是很大，供电半径也不大，因此供电电压不需要太高；在同样的电压等级下，直流制因为没有电抗压降而比交流制的电压损失小；城市轨道交通供电线路处在城市建筑群里，为确保安全，供电电压不宜太高；由于大功率半导体整流元件（晶体闸流管）的出现，在直流制电动车辆上，采用整流器可对直流串激牵引电动机进行调压调速，从而降低能耗，给直流制增添新的生命力。

（2）直流制的优点。直流牵引电动机构造简单，且运行可靠；采用再生制动简单易行，更重要的是其牵引性能良好。

（3）直流制的缺点。由于电压较低，在输送较大功率时，接触网需要输送很大的电流，造成导线截面面积增大，牵引变电所间距缩短，变电所数目增加；直流牵引变电所内的机组设备复杂，单个变电所的造价较高，使得供电设施的工程造价显著增高。

小案例

在我国城市轨道交通系统建设初期，北京和天津地铁均采用 DC750 V 供电。上海、广州、南京、深圳和大连地铁采用 DC1 500 V 接触网供电。正在筹建或将要运营轨道交通的城市地铁采用 DC1 500 V 供电。苏州、杭州、武汉和青岛地铁采用 DC750 V 第三轨供电。①

2. 牵引变电所的功能

牵引变电所从城市电网或地铁主变电所获得电能，经过降压和整流，变成所需的直流电。牵引变电所一般设置在地铁沿线若干车站和车辆段附近。

牵引变电所是向电动列车提供直流牵引电源的重要设施。城市轨道交通电动列车都经由接触网或第三轨获取直流牵引电源。由于主变电所输出的是 35 kV 交流电，因此需将此高压交流电降压、整流，变换成适合电动列车使用的直流电源。

为确保电动列车的可靠供电，通常每三座车站的两个区间就设置一座牵引变电所。一旦发生局部供电故障，牵引变电所能进行跨区域的供电，冗余的供电网络确保了电动列车供电的可靠性。

---

① 佚名. 城市轨道交通供电系统. [2018－11－20]. https://wenku.baidu.com/view/bf03f229dd36a32d737581c1.html.

三、接触网的类型及组成

接触网按结构形式，可分为架空式接触网和接触轨式接触网两大类型。

1. 架空式接触网

架空式接触网是架设在轨道上部的接触网，电动列车上部伸出的受电弓与之接触取得电能。架空式接触网在地面上与地下隧道内的架设方式是不同的，因此它又可分为地面架空式接触网和隧道架空式接触网。其中，地面架空式接触网示意图如图 8 -5 所示。

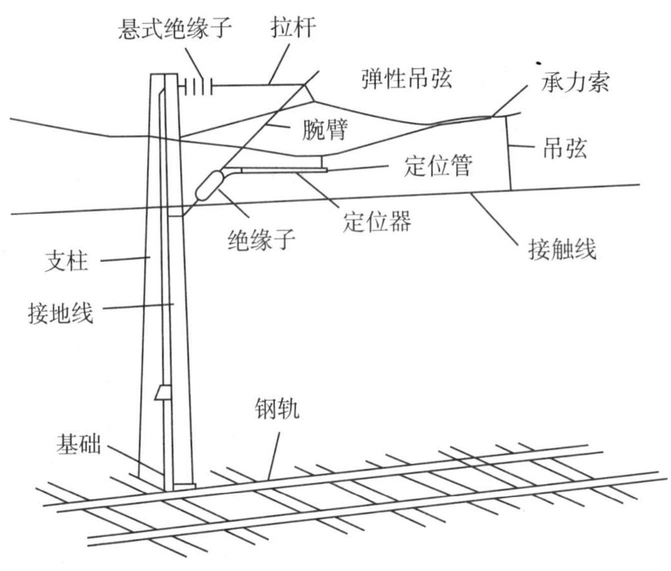

图 8 -5　地面架空式接触网示意图

架空式接触网是沿着轨道线路架设的一条线路，地铁通过受电弓，将接触网电力导入列车内部，从而为列车提供动力和为地铁照明、空调等提供电力。架空式接触网按其悬挂方式，可分为柔性接触网与刚性接触网两大类。

(1) 柔性接触网。柔性接触网由带张力的柔性金属导线组成，在运行过程中，受电弓与接触线保持可靠的弓网压力，并进行取流。其特点是受电弓与接触悬挂接触良好，能适应较高速度的运行。在国内，广州地铁 1 号线全线、广州地铁 2 号线地面段、上海地铁 1 号线地面段、上海地铁明珠线地面段、深圳地铁全线和天津地铁 9 号线（津滨轻轨）采用了这种方式。

柔性接触网由支柱与基础、支持装置、定位装置、接触悬挂等几部分组成（见图 8 -6）。

① 支柱与基础。支柱与基础用以承受接触悬挂、支持装置和定位装置的全部负荷，并将接触悬挂固定在规定的位置和调度上。根据材质不同，支柱可分为钢筋混凝土支柱和钢柱两种类型。基础承受支柱传递的力矩并传给土体，起支持作用。

② 支持装置。支持装置可分为隧道内的支持装置、腕臂和软横跨、硬横跨（梁）。隧道内的支持装置采用“人”字形和“T”形结构，以节省净空。腕臂支持装置在地面线路中使用，将接触网悬挂到一根支柱上。

图8-6　柔性接触网

③ 定位装置。定位装置是在定位点处实现接触线相对于线路中心进行横向定位的装置。它将接触线进行横向定位，保证接触线始终在受电弓滑板的工作范围内，保证良好受流。同时，定位装置要承担接触线的水平负载，并将其传递给腕臂。定位装置由定位管、定位器、定位线夹和连接零件组成。

④ 接触悬挂。接触悬挂直接供给电动列车电能，使其正常运行。接触悬挂由承力索、接触线、吊弦和连接零件组成，其中，与电动列车受电弓直接接触的是接触线，其状态好坏直接影响电动列车受电弓的取流质量。承力索的作用是通过吊弦，将接触线悬挂起来，因此，要求承力索能够承受较大的张力和具有抗腐蚀能力，并且在温度变化时，弛度变化较小。接触线是接触网中直接与受电弓滑板摩擦接触取流的部分，电动车组直接从接触线上取得电能，因此，要求接触线具有较好的导电能力，并且有良好的抗磨损性能，以使其具有较长的使用寿命，同时还要有高强度的机械性能和较强的抗张能力。吊弦的作用是将接触线悬挂于承力索上，形成柔性链形悬挂，使每个跨距中在不增加支柱的情况下，增加了对接触线的悬挂点，改善了接触线的弛度和弹性，另外还可以通过调节它的长度来调整接触线的高度。

接触悬挂根据结构的不同，可分为链形悬挂和简单悬挂两大类型。

（2）刚性接触网。刚性接触网也称为刚体接触悬挂或刚性悬挂，是相对于传统的柔性接触网而言的，是为了更有效地利用地下隧道的净空而开发的一种全新形式的接触网。这种悬挂方式仅适用于隧道。刚性悬挂实际上就是把第三轨放置在隧道的顶部［刚性接触网是一种由每段长 8 ~ 10 m 的铝合金汇流排连接，和接触线组成的特制第三轨，又称作Π形结构，如图 8 - 7（a）所示。国外还有直接将第三轨或特制第三轨安装在隧道顶部的结构，即 T 形结构，如图 8 - 7（b）所示］。

（a）

（b）

图 8 - 7　刚性接触网

刚性接触网主要由汇流排、接触线、伸缩部件、绝缘部件等组成，通过支持装置与定位装置安装于隧道顶或钢梁上。它将传统的接触线夹装在汇流排中，用汇流排代替承力索，并靠它自身的刚性保持接触线的位置固定，使接触线不因受重力而产生较大的弛度。刚性接触网节省隧道净空，可靠性高，耐磨性好，维修成本较低。

汇流排一般用铝合金材料制成，其形状有两种典型代表，即以日本为代表的 T 形结构和以法国、瑞士等为代表的Π形结构。接触线一般采用银铜导线，与柔性接触悬挂所采用的接触线相同或相似，其截面面积为 120 mm^2 或 150 mm^2。接触线通过特殊的机械镶嵌于Π形汇流排上，或通过专用线夹固定于 T 形汇流排上，与汇流排一起组成接触悬挂。

支持装置和定位装置主要有腕臂结构与Π形结构。腕臂结构的特点是调节灵活、外形美观，但其结构复杂、成本高，该结构主要用于隧道净空较高的线路或地面线路。Π形结构的特点是结构简单、可靠，但其调节较困难，该结构主要用于隧道内。

2. 接触轨式接触网

接触轨式接触网是沿走行轨道一侧平行铺设的附加第三轨，故又称为第三轨。电动车组通过转向架上伸出的受流器集电靴（取流靴）从接触轨获取电能。

（1）接触轨的安装方式。目前我国接触轨系统的标称电压为 DC750 V。国际上，接触轨的电压等级是 IEC（International Electrotechnical Commission，国际电工委员会）标准中的

DC600 V、DC750 V。其中，接触轨为正极，走行轨为负极，允许电压波动范围为DC500 V ~ DC900 V。

接触轨通过集电靴将电能传输给车辆。按照集电靴从接触轨的取流方式不同，接触轨的安装方式可分为上接触式（上部受流）、下接触式（下部受流）和侧接触式（侧部受流）三种（见图8－8）。

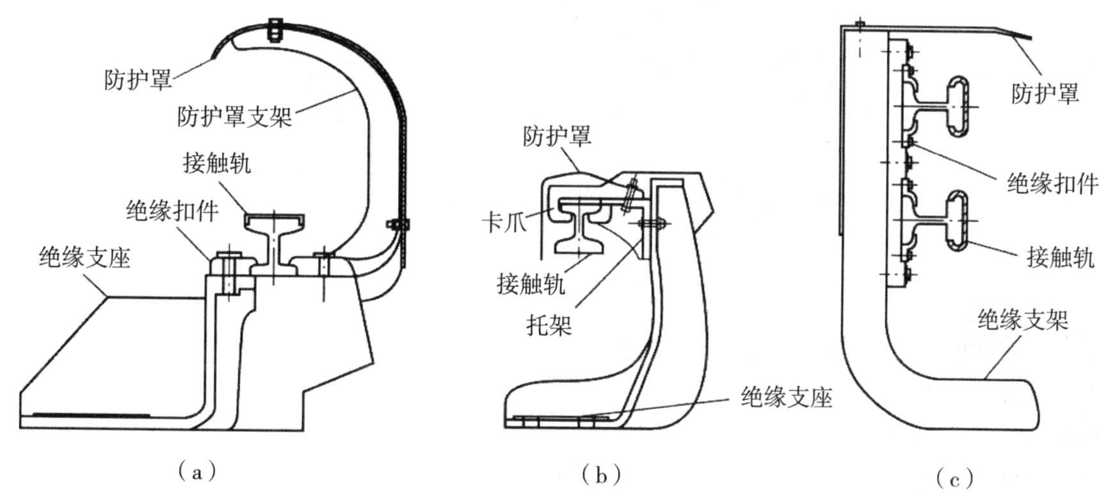

图8－8 接触轨的安装方式

（a）上部受流；（b）下部受流；（c）侧部受流

① 上接触式。上接触式是指接触轨面朝上固定安装在专用绝缘子上，并且由固定在枕木上的弓形肩架予以支撑。集电靴从上部压向接触轨头，从第三轨顶面受流，因此，该安装方式受流平稳、固定方便，但不易加防护罩。美国地铁大都采用上接触式安装，集电靴从上压向第三轨轨头，第三轨顶面受流。集电靴的接触力是由下作用的弹簧压力进行调节的，受流平稳。该方式施工作业简便，可以在轨头上部通过支架安装不同类型的防护板，我国北京地铁也采用了这种受流方式。

② 下接触式。下接触式是指接触轨面朝下安装，通过绝缘支架、橡胶垫、扣板收紧螺栓、支架等安装在底座上。此种方式的优点是，防护罩从上部通过橡胶垫直接固定在接触轨周围，对人员安全性较好。但是这种方式安装结构较复杂，费用较高。下接触式的第三轨轨头朝下，通过绝缘肩架、橡胶垫、扣板收紧螺栓、支架等安装在底座上，欧洲国家比较青睐此受流方式。下接触式的优点是，防护罩从上部通过橡胶垫直接固定在第三轨周围，对人员安全性好，有利于防止下雪和冰冻造成取流困难。我国广州地铁4号线就采用了此方式。

③ 侧接触式。侧接触式就是第三轨轨头端面朝向走行轨，集电靴从侧面受流，跨座式独轨车辆就采用侧面接触式取流，其集电靴装在转向架下部，我国重庆轻轨就采用这种受流方式。

（2）接触轨系统的组成。接触轨系统主要由接触轨、绝缘支架（或绝缘子）、绝缘防护罩三大部件组成（见图8－9）。

接触轨是第三轨接触网的导电轨，一般采用低碳钢材料或钢铝复合材料制成。低碳钢导电轨的主要特点是磨耗小，制作工艺成熟，价格较低；钢铝复合轨是由钢和铝组合而成的，

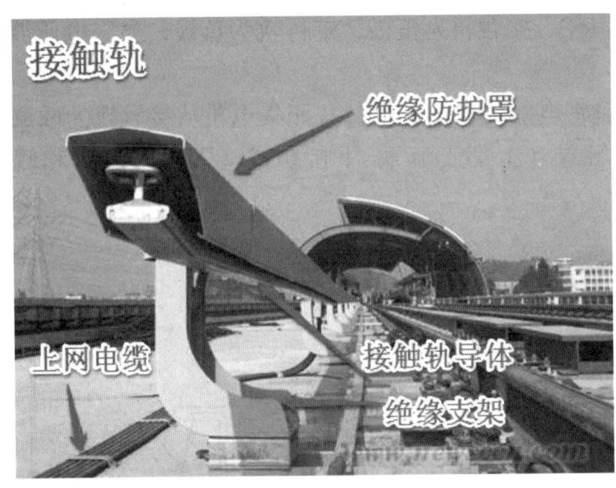

图 8-9　接触轨系统的组成

其工作面是钢，而其他部分是铝，其主要特点是电导率高，质量小、磨耗小，电能损耗低。在我国城市轨道第三轨供电中，接触轨多采用 50 kg/m 或 60 kg/m 的钢铝复合轨。绝缘防护罩的功能在于，尽可能地避免人员无意中触碰到带电设备，其材质一般为玻璃纤维增强树脂，机械性能良好，在工作支撑条件下，可承受 100 kg 垂直荷载，并具有在高温下自熄、无毒、无烟和耐火的性能。

想一想

我国城市轨道交通的接触网有哪些是采用接触轨式供电的？

四、杂散电流的产生与处理

流回牵引变电所的电流除了流经钢轨的电流外，还有一部分会从轨道周围的地面流散出去，这部分电流称为杂散电流，也称迷流。它们在流经其他金属物体（如道床钢筋）时，就会发生电腐蚀。需要指出的是，迷流不是迷失方向的电流，只是不完全按照规定的回路流动的电流。当然，这些失散的电流最终还是要回到电源的。

杂散电流的危害包括腐蚀金属、干扰通信、烧毁设备、导致人身触电。

对于杂散电流可以按照“以防为主、以排为辅、防排结合、加强监督”的原则来进行处理。“防”是指隔离、控制所有可能的杂散电流泄漏途径，尽可能避免杂散电流进入轨道交通系统的主体结构、设备及沿线附近的相关设施；“排”是指设置杂散电流收集系统，以防止杂散电流继续向本系统以外泄漏；同时设计完备的杂散电流监测系统，监测杂散电流的大小，为运营维护提供依据。杂散电流的处理是一项综合治理性工程，只有各工种密切配合、有效协调，才能把杂散电流的危害降到最低限度。

任务拓展

第三接触轨和架空接触网馈电方式的比较

第三接触轨和架空接触网馈电方式的经济、技术综合性能比较见表 8-1。

表8-1 第三接触轨和架空接触网馈电方式的经济、技术综合性能比较①

	比较项目	架空接触网	第三接触轨
实用性	实用速度及受流质量	满足 80 km/h 车速，受流质量良好	满足 80 km/h 车速，受流质量良好
	载流能力	满足需要值	满足需要值
	运行经验	运行经验丰富	750 V 运行经验丰富； 1 500 V 运营经验较少
可靠性	弓网故障概率	隧道内低，隧道外稍高	低
	机械故障迁延性	隧道内低，隧道外稍高	低
	短路故障耐受能力	隧道内强，隧道外稍弱	强
	故障恢复时间	隧道内较短，隧道外较长	短
安全性	人员的安全性	高	正常时高，违规作业或 突发特异事件时较低
	运输的安全性	高	高
	设备的安全性	高	高
可实施及可维护性	设计经验	丰富	丰富
	安装精度要求	高	高
	施工及维护工艺、操作	隧道内简单，隧道外较复杂	简单
	施工及维护机具	多，且使用率较高	少
	维修养护周期	隧道内较长，隧道外较短	较长
	备件及其管理	多，要求高	少，要求一般不高
耐久性	接触线/接触轨磨耗速度	较快	慢
	正线主材预期运行寿命	铜合金接触线 20～25 年； 铝质汇流排 40～50 年	钢铝复合接触轨 50～70 年
	绝缘件耐久性	较长	较短
适应性	对自然灾害的耐受性	隧道外较差	好
	载流导体腐蚀性环境适应度	隧道内刚性悬挂须采取措施 防电化学和碱液腐蚀	隧道内须防碱液腐蚀
	隧道净空要求	低，局部略高	低
	线网协调性	可与相关线路协调兼容	可与市内线路协调兼容

① 樊旭辉，尹洪权，陈兆龙，等．浅谈架空式接触网与第三轨式接触轨高压受流的不同．科技经济导刊，2018，26（04）：37－38．

续表

	比较项目	架空接触网	第三接触轨
经济性	景观影响程度	隧道外有一定影响	基本无影响
	对项目土建投资的影响	稍有影响	如用 1 500 V 稍有影响
	工程造价	较低	较高
	接触网运营及维护费用	较高	较低
	受流器运营维护费用	较低	较高
国产化	主要部件国产化情况	主要部件基本国产化，刚性接触网少量部件需进口	部分实现国产化
	接触网系统国产化程度	95% 以上	98%

任务操作

1. 描述城市轨道交通牵引供电系统的组成部分。
2. 比较分析城市轨道交通接触网的类型，并举例说明。

任务考核

一、单项选择题

1. 城市轨道交通牵引供电制式是（　　）。
   A. 交流制　　B. 直流制
   C. 电压制　　D. 电流制
2. 目前我国接触轨系统的标称电压为（　　）。
   A. 交流 1 500 V　　B. 交流 750 V
   C. 直流 1 500 V　　D. 直流 750 V

二、多项选择题

1. 牵引网的组成部分包括（　　）。
   A. 馈电线　　B. 接触网
   C. 轨道回路　　D. 回流线
2. 根据集电靴从接触轨的取流方式不同，接触轨的安装方式可分为（　　）。
   A. 上接触式　　B. 下接触式
   C. 前接触式　　D. 侧接触式
3. 接触网按结构形式，可分为（　　）。
   A. 柔性接触　　B. 架空式
   C. 刚性接触　　D. 接触轨式

三、判断题

1. 跨座式独轨车辆采用侧接触式取流。（　　）
2. 牵引供电制式有直流制和交流制两种，但城市轨道交通几乎毫无例外地都采用交流供电制式。（　　）

四、综合训练题

1. 说明城市轨道交通采取的牵引供电制式及其原因。
2. 比较分析城市轨道交通接触网的类型。
3. 什么是杂散电流?
4. 杂散电流有何危害? 如何减少杂散电流?
5. 实地调研，看一看你所在城市轨道交通接触网的类型，并撰写一篇调研报告。

TASK 任务3

城市轨道交通动力照明供电系统

知识目标

1. 了解城市轨道交通动力照明供电系统的构成。
2. 熟悉低压配电和照明系统的分类。

能力目标

1. 能明确车站用电负荷的等级。
2. 能区分照明系统的类型。

任务引入

城市轨道交通动力照明供电系统是给车站空调、给排水泵、自动扶梯等动力设备，以及照明、通信信号、防灾报警、设备监控等设备供电的系统，在城市轨道交通的安全、舒适运行中占有非常重要的地位。通过乘坐地铁出行，了解城市轨道交通车站照明系统的类型。

任务分析

一、动力照明供电系统的组成

城市轨道交通动力照明供电系统由降压变电所、配电所（室）、配电线路等组成（见图8-10）。

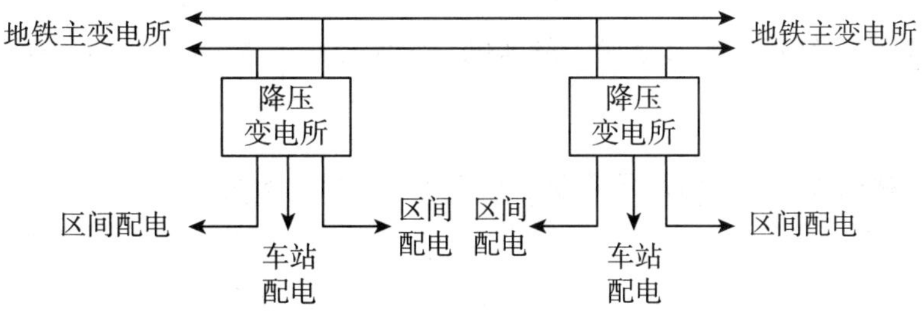

图8-10 城市轨道交通动力照明供电系统的组成

降压变电所将三相电源进线电压（10 kV）降压为三相交流380 V和单相交流220 V电，提供机电设备（如风机、水泵等动力用电和照明、信号通信、防灾报警设备）用电，它也可称为动力变电所。配电所（室）起电能分配作用，将降压变电所引入的三相交流380 V和单相交流220 V电分别供给动力、照明设备，车站配电所负责车站电能配置，区间配电所负责车站两侧区间动力与照明用电配电。配电线路是指配电所（室）、用电设备之间的连接线路。

二、低压配电系统

1. 低压配电系统的功能

低压配电系统是为车站、车辆段、停车场各类环控、排水、消防、垂直电梯、自动扶梯、自动售票及通信、信号、车控室等系统设备提供电源和电控控制的系统，即将低压电力（380 V/220 V）安全、可靠、合理地配置给各个用电负荷。其中，动力配电包括供电线路、电气设备（如环控、垂直电梯、自动扶梯站台门、水泵、通信、信号等）；照明配电包括供电线路及各种类型的灯具。

2. 用电负荷等级

根据用电设备的不同用途和重要性，用电负荷可分为以下三级：

（1）一级负荷。一级负荷必须连续供电，不可间断，一旦停电，将造成重大人员伤亡和经济损失。城市轨道交通电动列车、通信、信号设备、车站通风、消防设备等属于一级负荷，必须确保不间断供电。为此，必须采取两路电源供电，若其中一路电源失电，应自动、迅速切换至另一路电源。除由两个电源供电外，还应增设应急电源，并严禁将其他负荷接入应急供电系统。

（2）二级负荷。二级负荷为不可停电负荷，一旦停电，将造成较大人员伤亡和经济损失。城市轨道交通地上站台和站厅、设备用房属于二级负荷。对于二级负荷，应确保连续供电，如果停电，会在一定程度上影响客运服务质量，但并不会影响列车的运行安全。设计时，一般采用两路进线电源，再分片分区供电。

（3）三级负荷。三级负荷是指除一、二级负荷以外的负荷。城市轨道交通的商业用电、广告照明等设备属于此类负荷。对于三级负荷，应确保其正常供电，在维修保养或其他必要期间（如负荷高峰）可以停电。停电后不会影响客运服务质量和列车运行，其用电可根据电网负荷情况进行调整。

在城市轨道交通设备中，属于一级负荷的有排烟风机、消防泵、主排水泵、自动售检票机、屏蔽门、电力监控、变电所操作电源、防灾报警、通信信号、人防系统、地下车站站台和站厅照明及应急照明等；属于二级负荷的有局部通风机、普通风机、排污泵、自动扶梯、垂直电梯等；属于三级负荷的有空调、冷冻机、热风幕、广告照明、维修电源等。

想 一 想

说一说你在地铁车站看到的设备分别属于哪个等级的负荷。

三、照明系统的分类

城市轨道交通照明的种类很多，一般有以下几种分类方法。

1. 按照明位置分类

按照明位置的不同，城市轨道交通照明系统可分为以下几类：

（1）站台、站厅公共区的一般照明、节电照明、事故照明、广告照明。

（2）出入口的一般照明、事故照明、广告照明。

（3）设备及管理用房的一般照明、事故照明、出入口的疏散诱导指示照明。

（4）电缆廊道的工作照明和区间隧道的工作照明、应急照明。

2. 按照明属性分类

按照明属性的不同，城市轨道交通照明系统可分为节能照明、标志照明（见图8－11）、出入口照明、站台站厅照明、广告照明、事故照明、疏散指示照明等。

图8－11　地铁标志照明

3. 按重要程度分类

按重要程度的不同，城市轨道交通照明系统可分为一级负荷照明、二级负荷照明和三级负荷照明。

电力是保证城市轨道交通列车正常运行以及各种设备系统不间断工作的能源，一般取自城市电网，且大部分为一级负荷，要求较高，因此通常引入双路独立电源，以保证不间断供电。

任务拓展

过渡照明①

在城市轨道交通车站出入口、双层地面站和高架车站昼间站台到站厅楼梯处，应设过渡照明。过渡照明宜优先利用自然光过渡，当自然光过渡不能满足要求时，应增加人工照明过渡。白天车站出入口内外亮度变化，宜按1：10～1：15取值；夜间出入口内外亮度变化，

① 佚名．地铁照明应该注意什么？［2018－11－14］．http://www.sohu.com/a/224653563_794265.

宜按 2∶1～4∶1 取值。双层地面站和高架车站昼间站台到站厅的亮度变化与车站出入口相同。

任务操作

1. 描述城市轨道交通动力照明供电系统的组成部分。
2. 列举车站用电负荷的等级。

任务考核

一、单项选择题

1. 必须采取两路电源供电的负荷等级是（　　）。

A. 二级负荷和三级负荷　　B. 一级负荷和二级负荷

C. 一级负荷和三级负荷　　D. 一级负荷、二级负荷和三级负荷

2. 自动售检票机、屏蔽门属于用电负荷中的（　　）。

A. 三级负荷　　B. 二级负荷

C. 四级负荷　　D. 一级负荷

二、多项选择题

1. 属于二级负荷的有（　　）。

A. 自动扶梯　　B. 垂直电梯

C. 排污泵　　D. 广告照明

2. 按照明属性的不同，城市轨道交通照明系统可分为（　　）。

A. 出入口照明、站台站厅照明　　B. 节能照明、标志照明

C. 广告照明、事故照明　　D. 疏散指示照明

三、判断题

1. 城市轨道交通动力照明供电系统由降压变电所、配电所（室）、配电线路等组成。（　　）

2. 三级负荷必须连续供电，不可间断，一旦停电，将造成重大人员伤亡和经济损失。（　　）

四、综合训练题

1. 说明城市轨道交通动力照明供电系统的组成。
2. 列举城市轨道交通车站的设备负荷等级。
3. 说明城市轨道交通动力照明供电系统的功能。
4. 简述城市轨道交通车站负荷供电的技术要求。
5. 自行查找资料，并对地铁车站进行实地调研，看一看地铁车站内动力照明供电系统的使用情况，撰写一篇调研报告。

PROJECT 项目 9

城市轨道交通车站设备

TASK 任务 1

给排水系统

知识目标

1. 了解城市轨道交通给排水系统的组成。
2. 了解城市轨道交通车站给排水系统的常见故障。

能力目标

1. 能识别城市轨道交通给排水系统的组成部分。
2. 能简单处理城市轨道交通车站给排水系统的故障。

任务引入

城市轨道交通给排水系统的功能是满足车辆及车辆段生产、生活和消防用水对水量、水质、水压的要求，保证车站和车辆段排水流畅，为城市轨道交通安全运营提供服务，同时对车辆段内的生活和生产污水进行收集与处理，以达到排放标准。给排水系统由给水系统和排水系统构成。乘坐地铁并调研地铁车站的相关设备，说一说你所看到的给排水系统设备有哪些。

99%的人都不知道运营一条地铁到底有多复杂

任务分析

一、给水系统

给水系统包括生活给水系统、生产给水系统和消防给水系统。

（1）生活用水。生活用水主要是指城市轨道交通不同类型建筑物中的饮用、烹饪、洗浴、浇灌等用水。除水量、水压应满足需求外，饮用水质必须符合国家生活饮用水的水质标准。

（2）生产用水。生产用水包括车站冲洗用水、车站设备用房用水和空调系统补充水等。

（3）消防用水。消防用水主要是指消防系统设备（如消火栓）等的用水，对水质要求不高，但必须保证具有足够的水量和水压。

给水系统采用城市自来水作为供水水源。城市轨道交通车站一般采用生活生产用水与消防用水分设的给水系统（见图9－1）。

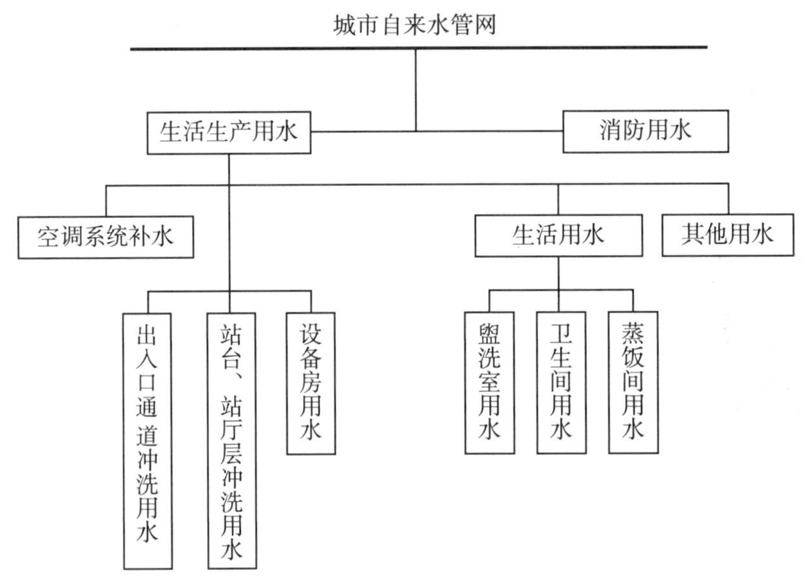

图9－1　城市轨道交通车站给水系统

消防给水系统分别从城市自来水管网中的两条不同干管引入，进站前分别设置水表箱、室外消火栓、消防水泵接合器。

生活生产用水系统由两根水源引入管中的一根水管的水表前引出，并单独设置水表后进入车站。生活生产用水管进入车站后呈枝状分布，主要供给车站工作人员的饮用水、盥洗水、卫生间用水及站台、站厅层冲洗用水和冷却塔补用水。

车辆基地一般采用消防给水系统与生活生产用水系统共用一个管网的给水系统。水源由城市自来水管网引入后分成两路：一路与基地内的供水管网相连接；另一路进入基地生活消防泵房的储水池。当城市自来水的供水压力达到基地内的用水要求时，由城市自来水直接供水；当城市自来水的供水压力达不到基地内的用水要求时，由基地生活消防泵房加压供水。

想一想

乘坐地铁时，你见过的地铁给水系统有哪些给水设备？

二、排水系统

排水系统的主要功能是及时排除卫生间、盥洗室、茶水间等生活场所的生活污水，生产、消防等废水，敞开式出入口和风井部分的雨水及隧道结构漏水，以满足城市轨道交通安全运营的需要。

城市轨道交通车站排水系统主要由污水排放系统、废水排放系统和雨水排放系统组成（见图9－2）。其中，污水排放系统主要排除车站内卫生间、盥洗室、茶水间等生活场所的生活污水；废水排放系统主要排除车站内的冲洗废水、消防废水、结构渗水以及其他生产废水；雨水排放系统主要排除车站出入口、风井、隧道洞口等处汇集的雨水。

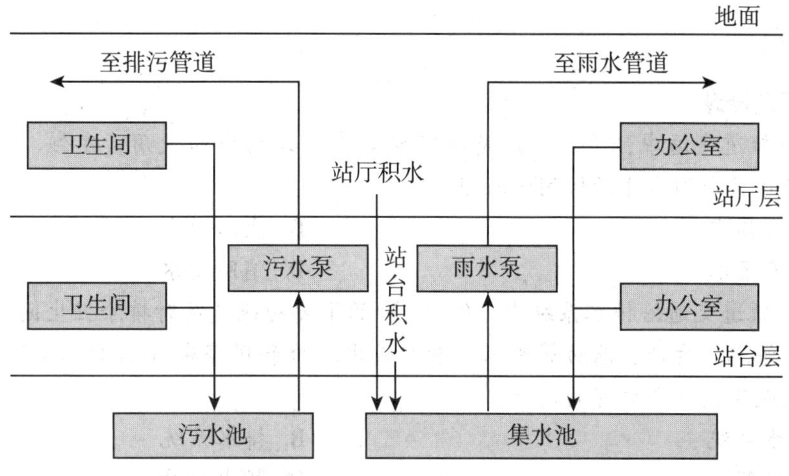

图9－2　城市轨道交通车站排水系统

小案例

天津地铁5号线的地下排水系统①

天津地铁5号线的地下排水系统采用了泽尼特外置式污水提升装置，用于收集和提升站内卫生间的污水，保证站内卫生环境的整洁。外置式污水提升装置用于收集和提升不能依靠重力排放的污水，应用场合遍及商用楼宇、公共交通设施、公共建筑和民用建筑等。

相较于传统的污水提升装置，泽尼特外置式污水提升装置的集成度高，占地面积小，施工量小，安装周期短，有专门的通气管路，能减少异味的产生，采用密封箱体，且具有反冲洗功能，能清理底部的淤积，从而成为地铁排水好助手。

任务拓展

地铁站长详解地铁排水设施　乘客雨天乘坐无须担心②

石家庄地铁都避免建在低洼处，而且有良好的排水设施，地铁在区间的最深处设有排水泵站，遇到大雨天时，它会发挥很大的作用。地铁隧道在地下17～19 m，不怕渗水，而且里面有排水沟。怕淹的主要是地铁站，不过地铁站地面出入口台阶高60 cm，加上便道共有80 cm左右，上面还可以随时增设55 cm的防淹挡板和水泥沙袋，阻止雨水进入地铁站。另外，即使雨水进入地铁站也不怕，地下车站四周设有离壁沟，其会把雨水汇集到整个车站的废水泵房。废水泵房里有可以自动启动的水泵，当里面的水位达到一定高度后，它会自动启动排水，保证车站不储存积水。地铁的水最终都排到市政管网中。

任务操作

1. 绘制车站给水系统图。
2. 绘制车站排水系统图。

---

① 佚名. 长知识　地铁是怎么排水的?［2018－11－12］. https://www.sohu.com/a/192335653_99957845.

② 佚名. 站长详解地铁排水设施　乘客雨天乘坐无须担心.［2018－11－13］. http://www.sohu.com/a/152147698_119586.

任务考核

一、单项选择题

1. 在城市轨道交通中，（　　）是指不同类型建筑物中的饮用、烹饪、洗浴、浇灌用水，其水质必须符合国家生活饮用水标准。

A. 日常用水　　B. 生活用水

C. 生产用水　　D. 消防用水

2. 在城市轨道交通给排水系统中，（　　）的主要功能是及时排除卫生间、盥洗室、茶水间等的生活污水，生产、消防等废水，敞开式出入口和风亭部分的雨水及隧道结构漏水，以满足城市轨道交通安全运营的需要。

A. 给水系统　　B. 排水系统

C. 给水箱　　D. 排水泵房

3. 在城市轨道交通排水系统中，（　　）主要排除车站内冲洗废水、消防废水、结构渗水以及其他生产废水。

A. 污水排水系统　　B. 废水排水系统

C. 区间隧道排水　　D. 雨水排水系统

4. 在城市轨道交通排水系统中，（　　）主要排除车站出入口、风井、隧道洞口等处汇集的雨水。

A. 污水排水系统　　B. 废水排水系统

C. 区间隧道排水　　D. 雨水排水系统

二、多项选择题

1. 城市轨道交通给排水系统的功能包括（　　）。

A. 满足车辆及车辆段生产、生活用水

B. 保证车站和车辆段排水流畅，为城市轨道交通安全运营提供服务

C. 对车辆段内的生活和生产污水进行收集与处理，以达到排放标准

D. 满足车辆及车辆段和消防用水的要求

2. 城市轨道交通给水系统包括（　　）。

A. 生活给水系统　　B. 生产给水系统

C. 日常给水系统　　D. 消防给水系统

3. 城市轨道交通车站排水系统包括（　　）。

A. 污水排水系统　　B. 废水排水系统

C. 区间隧道排水　　D. 雨水排水系统

三、判断题

1. 为保证人员饮用水的水质，地铁宜采用生活和消防分开的给水系统。生活给水管宜由市政自来水管引入，生产用水不可和消防或生活给水系统共用。（　　）

2. 车辆基地一般采用消防给水系统与生产和生活给水系统共用一个管网的给水系统。水源由城市自来水管网引入后分成两路：一路与基地内的供水管网相连接；另一路进入基地生活消防泵房的储水池。（　　）

3. 城市轨道交通给水系统均由城市自来水直接供水。（　　）

四、综合训练题

1. 自行查阅资料，举例说明城市轨道交通车站在给排水方面出现过哪些事故，以及如何避免这类事故发生。

2. 结合平时乘坐地铁的经历，说一说你所见的地铁给排水系统设备有什么缺点，有何改进措施。

3. 简述地铁车站给水系统的组成。

4. 简述地铁车站排水系统的组成。

5. 说明地铁车站排水系统内部各个子系统的排水流向。

TASK 任务2 火灾自动报警系统

知识目标

1. 熟悉火灾自动报警系统的组成。
2. 掌握火灾自动报警系统的功能以及主要设备的使用方法。

能力目标

1. 能描述城市轨道交通系统火灾报警系统的组成部分。
2. 能使用火灾自动报警系统的主要设备。

任务引入

防灾报警系统是保证城市轨道交通运营安全的重要设施，其中火灾自动报警系统（fire alarm system，FAS）尤为重要。火灾自动报警系统用于尽早实现火灾探测，并及时向控制室和线路运营控制中心发出火灾警报（报告火灾区域），直接操作联动控制消防设施，启动有关防火、灭火、防烟、排烟装置，或通过与环境与设备监控系统、综合监控系统配合，联动控制防烟、排烟装置，以便于人员撤离，防止火灾发展和蔓延，及时控制和扑灭火灾。通过乘坐地铁出行，观察车站火灾自动报警系统的主要设备和使用时的注意事项。

任务分析

一、火灾自动报警系统的组成

火灾自动报警系统由设置在各车站、区间隧道、控制中心、车辆段/停车场、主变电所等的火灾报警设备，以及相关的网络设备和通信接口构成。由于建筑物的大小和设计监控的范围不同，组网方式与系统接口也各不相同，但通常实行两级管理、三级控制方式，即在控制中心设消防控制中心（主控级），在车站设防灾控制室（分控级）及控制中心监控、车站站控室监控和就地控制三级控制。火灾自动报警系统的组成如图9－3所示。

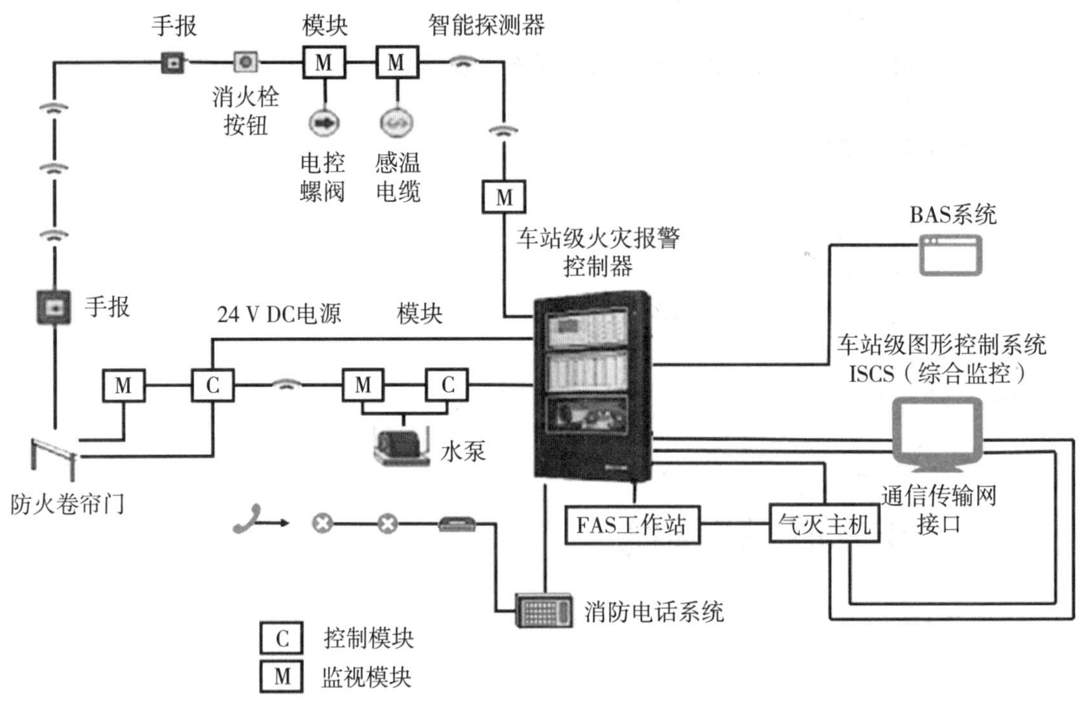

图 9－3　火灾自动报警系统的组成

二、火灾自动报警系统的功能

火灾自动报警系统由设置在控制中心的中央监控管理级、车站（车站与车辆段）监控管理级、现场控制级，以及相关网络和通信接口等环节组成，其功能可分为中央级、车站（车站与车辆段）级和现场级三个层次。

1. 中央级

火灾自动报警系统网络设备集中监控管理中心设置在控制中心，作为城市轨道交通消防指挥控制中心，负责全线火灾报警系统的集中监控管理。消防指挥控制中心设有消防值班员，消防指挥中心负责管理全线的火灾报警、确认火灾灾情，并向车站级发出消防救灾指令，指挥救灾工作的开展。中央级设备的主要功能如下：

（1）接收、显示并储存全线主要火灾报警设备的运行状态。

（2）接收由车站级设备传送的各探测点的火灾报警信号，显示报警部位并自动记录。

（3）自动或人工手动确认火灾报警。

（4）根据火灾发生的实际情况，自动选择预定的解决方案，向各消防控制室发出消防救灾指令和安全疏散命令。

（5）图形控制中心计算机通过无线发射台及时向市消防局 119 无线报警台进行火灾报警，向消防部门通报灾情。

（6）接收主时钟的信息，使火灾自动报警系统的时钟与主时钟同步。

2. 车站级

车站级设备设置在城市轨道交通车站控制室、车辆段、集中供冷站和主变电所消防控制室，能够对其所管辖车站范围进行独立的监控管理，由值班站长或值班员兼任消防值班员，监视火灾报警，确认火灾灾情，报告消防指挥中心，接收消防指挥中心发出的救灾指令，控制有关消防联动设备和组织现场救灾。车站级设备的主要功能如下：

（1）与FAS中央监控管理级和本站设备监控系统（building automation system，BAS）进行通信联络。

（2）监视车站及所辖区间消防设备的运行状态。

（3）接收车站及所辖区间火灾报警或重要系统、设备的报警，并显示报警部位。

（4）发生火灾时，向中央级设备报告火灾报警信息，接收中央级设备发出的消防救灾指令和安全疏散命令，发布火灾联动控制指令。

（5）自动生成报警信息、设备状态信息报表，并对报警信息、设备状态信息进行分类查询。

3. 现场级

现场级设备的功能主要是指火灾监控与报警设备的具体功能，如火灾探测器对站内设备用房区域、站厅、站内旅客公共区等进行火灾自动探测。手动报警器安装于站内旅客公共区、设备用房区域和地铁车厢内，以便现场人员及时通报火灾。另外，为便于紧急报警，在站内旅客公共区和设备用房区域设置的消火栓箱上，以及区间隧道和站内轨道外侧所设的消火栓箱上，均配置了紧急电话插孔。现场级设备的主要功能如下：

（1）采集辖区内火灾报警信息、FAS现场设备和FAS监控的消防联动设备（包括闸机、门禁系统、防火卷帘门、非消防电源、消防水泵、消防干管电动蝶阀、应急电源照明、火灾自动灭火系统等）的状态信息，并将相关信息发至车站级FAS。

（2）执行车站级FAS发出的指令，实现对相关消防设备（如防火卷帘门、非消防电源、消防水泵、应急照明电源、排烟风机、风阀等）的联动控制。

三、火灾自动报警系统的主要设备

1. 中央级设备

中央级设备位于运行控制中心（operating control center，OCC），配置有两台用于监控全线FAS的图形监控计算机和一台火灾报警控制主机。图形监控计算机根据不同级别的登录密码，分为主图形监控计算机和备用图形监控计算机。FAS中央级设备接收并储存全线消防设备的主要运行状态，接收全线车站、车辆段、主变电所等的火灾报警信息，并显示报警部位。

2. 车站级设备

车站级设备主要由火灾报警控制盘（fire alarm control panel，FACP）（见图9-4）、图形监控计算机和消防联动控制盘（见图9-5）组成。这些设备都集中在车站控制室，用于监视车站消防设备的运行状态，接收车站火灾报警信号，并显示报警区域，优先接收消防指挥控制中心发出的消防救灾指令和安全疏散命令。通过车站的火灾报警控制盘上的RS-485数据接口或联动控制盘上的手动控制按钮，人们可向BAS发出模式指令，并由该系统启动消防联动设备。

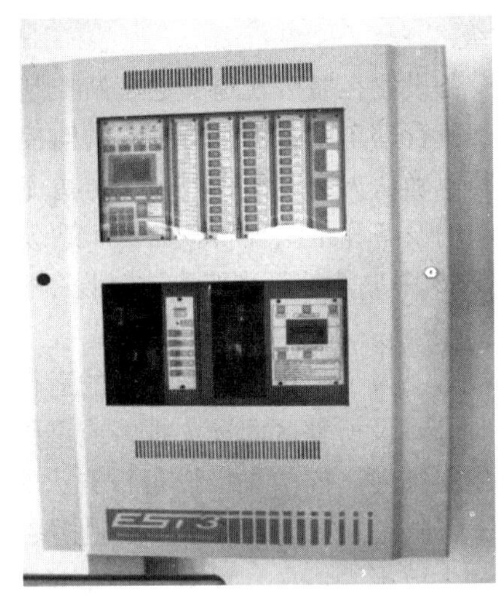

图9-4　火灾报警控制盘

图9-5　消防联动控制盘

火灾报警控制盘是火灾自动报警系统的核心，具有对整个系统监视、报警、控制、显示、信息记录和档案储存等功能。正常运行时，火灾报警控制盘自动监视系统的运行状态和故障诊断报警；发生火灾时，火灾报警控制盘接收探测器、手动报警按钮的报警信号，将此信号与现场正常状态整定信号相比较，若确认着火，则将其转换成报警信号，指示报警部位，记录报警信息，通过火灾报警装置进行报警，通过自动灭火控制装置启动自动灭火设备和消防联动控制设备。同时，火灾报警控制盘还是系统供电转换中心，负责现场设备探测器等的供电。状态监视是指监测消防相关设备的状态，主要监测以下几方面：消防水泵、水喷淋泵的运行及故障状态；防火阀、挡烟垂幕、防火卷帘门的关闭状态；排烟风机的运行状态；气体灭火系统的一、二级报警，故障、喷气及手/自动状态；等等。

在车站控制室设置消防联动控制盘，用于消火栓泵（引入管电动蝶阀）、消防泵、回/排风机（兼排烟风机）、隧道风机、UPE/OTE 风机、组合式空调箱、变风量空调器、小系统回/排风机和送风机等火灾工况下运行设备的直接手动控制。消防联动控制盘采用硬线的方式直接作用于所控制的消防设备的控制回路上。

3. 现场级设备

FAS 现场级设备由火灾自动报警触发器件和火灾报警装置组成。

(1) 火灾自动报警触发器件。火灾自动报警触发器件主要包括火灾探测器和手动触发装置。

① 火灾探测器。火灾探测器是火灾自动报警系统的感觉器官，通常有感烟探测器［见图9-6（a）］、红外光束探测器［见图9-6（b）］、火焰探测器等。其作用是监视环境中是否有火灾发生。一旦有火灾发生，它会自动将火灾所产生的特征物理量（如烟雾浓度、温度变化、热辐射等）转换成电信号，并向火灾报警控制器发送。

② 手动触发装置。手动触发装置主要是指手动报警按钮，如图9-7所示。如果人为发现被监视现场有火情，可以通过手动报警按钮快捷、准确地向火灾报警控制器通报火警。

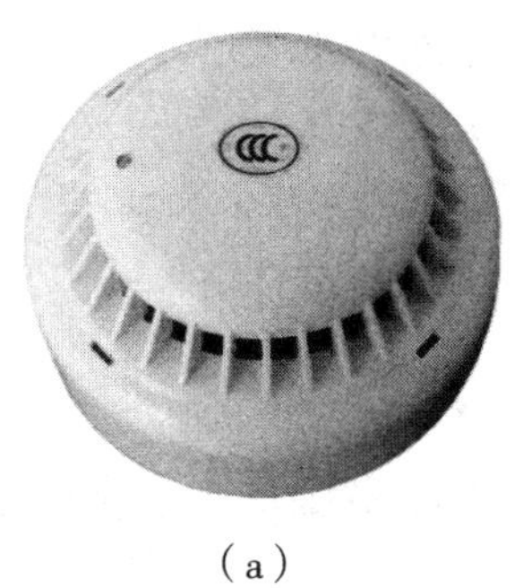
（a）

（b）

图9-6　火灾探测器

（a）感烟探测器；（b）红外光束探测器

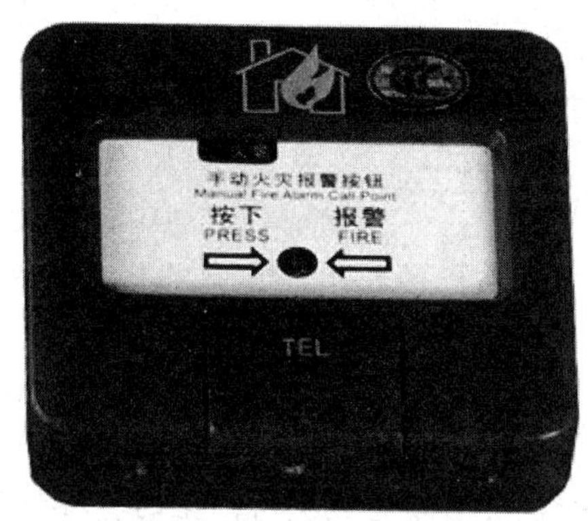

图9-7　手动报警按钮

想一想

你在地铁中见过哪些报警触发器件？它们都是什么类型的？它们分别位于哪些位置？

（2）火灾报警装置。火灾报警装置是火灾发生时，以声、光、语音等形式给人以警示的设备。常用的火灾报警装置有警铃、警笛、声报警器、光报警器、声光报警器、语音报警器等。

① 消防广播。FAS在车站和车辆段与通信系统共用一套广播系统。该广播系统平时为车站广播用，火灾时，能在消防控制室将广播音响强行切转到火灾事故广播状态，火灾事故广播具有优先权。

② 消防通信。消防指挥控制中心设有专用电话，用于向公安消防部门报警。

任务拓展

“1·26”东京地铁火灾事故①

日本当地时间2016年1月26日早上6时50分许，东京地铁银座车站内失火，烟雾弥漫了整个车站。

① 百度百科．1·26东京地铁火灾事故．[2018-10-10]．https://baike.baidu.com/item/1%C2%B726%E4%B8%9C%E4%BA%AC%E5%9C%B0%E9%93%81%E7%81%AB%E7%81%BE%E4%BA%8B%E6%95%85/19309683.

此次事件是由车站通气口的不明物质燃烧引起的，车站内随即充满了烟雾。消防人员赶到后，用了两个多小时才将火势控制住，幸好未造成人员伤亡。

由于事件发生时恰为上班早高峰时段，车站因故关闭后，约 6.8 万人的出行受到了影响。当地时间当天上午 9 时 14 分，车站恢复了运行。

任务操作

1. 绘制城市轨道交通火灾自动报警系统的组成示意图，并描述各部分的主要功能。
2. 列举地铁车站的火灾自动报警系统设备。

任务考核

一、单项选择题

1.（　　）设置在城市轨道交通车站控制室、车辆段、集中供冷站和主变电所消防控制室，能够对其所管辖车站范围进行独立的监控管理。

A. 中央监控管理级　　B. 车站监控管理级

C. 现场监控管理级　　D. 设备监控系统

2.（　　）是火灾自动报警系统的核心，具有对整个系统监视、报警、控制、显示、信息记录和档案储存等功能。

A. 火灾探测器　　B. 火灾报警控制盘

C. 手动报警按钮　　D. 消防灭火系统

3. 当火灾发生时，（　　）会自动将火灾所产生的特征物理量（如烟雾浓度、温度变化、热辐射等）转换成电信号，并向火灾报警控制器发送。

A. 火灾探测器　　B. 火灾报警控制盘

C. 手动报警按钮　　D. 消防灭火系统

二、多项选择题

1. FAS 的组成部分包括（　　），由于建筑物的大小和设计监控的范围不同，其组网方式与其他系统接口也各不相同，但通常实行两级管理、三级控制方式。

A. 火灾报警设备　　B. 网络设备

C. 通信接口　　D. 消防设备

2. FAS 的功能主要有（　　）。

A. 中央级功能　　B. 车站级功能

C. 现场级功能　　D. 监控级功能

3. FAS 现场级设备包括（　　）。

A. OCC　　B. 火灾报警控制盘

C. 火灾探测器　　D. 手动报警按钮

三、判断题

1. 手动报警按钮是火灾自动报警系统的感觉器官，其作用是监视环境中是否有火灾发生。（　　）

2. 车站级设备主要由火灾报警控制盘、图形监视计算机和消防联动控制盘组成。（　　）

3. FAS 与行车调度采用两套独立的闭路电视监视系统进行火灾灾情监视。（　　）

四、综合训练题

1. 自行查阅资料，举例说明世界各国城市轨道交通发生的火灾事故，并分析其原因。
2. 谈一谈如何预防城市轨道交通火灾事故的发生。
3. 简述 FAS 的组成和功能。
4. 说一说 FAS 的主要设备有哪些，以及各自具有哪些功能。
5. 自行查阅资料，看一看国内外火灾自动报警系统的使用情况，撰写一篇调研报告。

TASK 任务3 环境与设备监控系统

知识目标

1. 了解环境与设备监控系统的组成和功能。
2. 熟悉环境与设备监控系统的控制模式和运行模式。

能力目标

1. 能识别环境与设备监控系统的组成部分。
2. 能运用环境与设备监控系统的控制模式和运行模式。

任务引入

城市轨道交通车站作为一种特殊类型的智能建筑，其内部安装设置的各类机电设备为轨道交通营造舒适的运营环境提供了保证。城市轨道交通车站环境与设备监控系统通过先进的检测与计算机控制技术，对车站内的各类机电进行全面、有效的自动监控，保证乘客的安全、舒适和设备的正常运行。夏天出行时，乘坐地铁会非常舒适。自行查阅资料，了解地铁内的环境与设备监控系统。

任务分析

一、环境与设备监控系统的内涵

《地铁设计规范》（GB 50157—2013）将环境与设备监控系统（building automation system，BAS）定义如下：对地铁建筑物内的环境与空气条件、通风、给排水、照明、乘客导向、自动扶梯及垂直电梯、屏蔽门、防淹门等建筑设备和系统进行集中监视、控制、管理的系统。广州地铁使用的环境与设备监控系统的英文名称为 electrical and mechanical control system，简称 EMCS；深圳地铁使用的环境与设备监控系统的英文名称为 equipment monitoring control system，简称 EMCS。

城市轨道交通 BAS 采用计算机网络技术、自动控制技术、通信技术及分布智能技术，实现设备监控分散控制、集中管理的系统模式，对地铁车站及区间隧道内的空调通风、给排水、照明、垂直电梯、自动扶梯、安全门等机电设备进行全面的运行管理与控制。通过结构、系统、管理的最优化组合，确保车站机电设备处于高效、节能和最佳运行状态。同时 BAS 对于地铁内可能发生的突发事件，如火灾、地震、洪水、恐怖袭击等，提供了一整套智能应急模式预案。在灾害状态下，协调机电设备的运行，最大限度地发挥车站机电设备的作用。

城市轨道交通的地面及高架车站、车辆基地不设集中空调和送排风设施，支持城市轨道交通运营设置的机电设备均采取地铁行进时开、停运时关的控制管理方式。城市轨道交通地下车站和区间隧道机电设备繁多复杂，设置 BAS 进行自动监控管理，如图 9－8 所示。

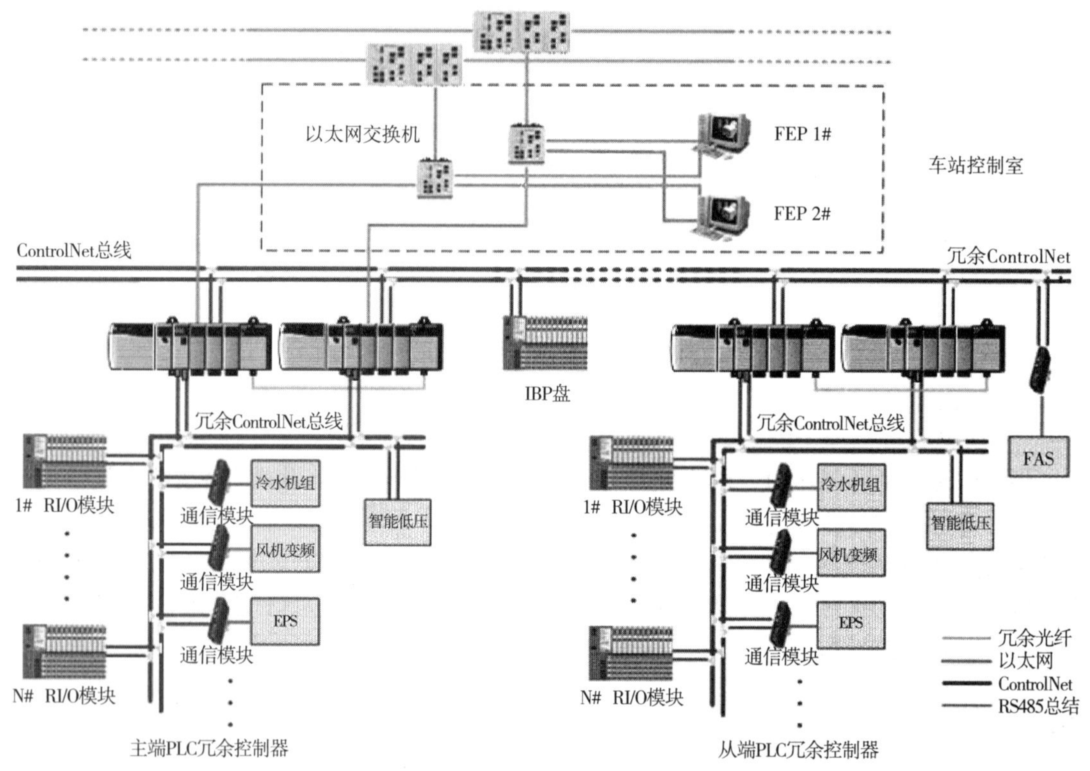

图 9－8　地下车站 BAS 网络结构

BAS 监控地下车站和区间隧道的空调通风、给排水、照明、垂直电梯、自动扶梯等设备，其监控范围如图 9－9 所示。BAS 对上述设备进行全面、系统的自动化监控和管理，确保其发挥最大作用，维持地下车站和区间隧道适宜的温度、湿度，保证给排水、照明、垂直电梯、自动扶梯等设备自动、安全运行。在发生火灾、列车阻塞等事故时，能够及时、迅速地转入灾害运行模式，保护乘客的安全，将灾害损失降到最低。

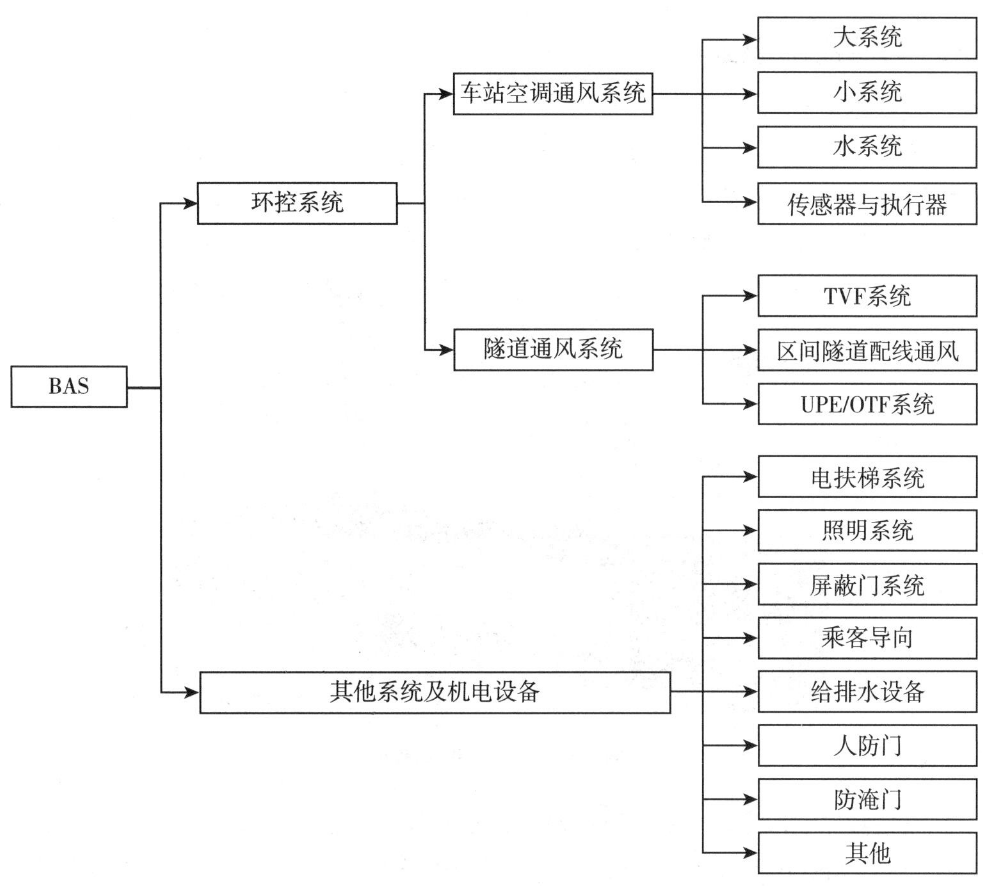

图9－9　BAS的监控范围

二、BAS的组成和功能

车站BAS由OCC中央控制、设置在各地下车站控制室的车站分控级监控设备、设置在被控对象附近的就地级监控设备和网络通信系统组成。

BAS的主要功能如下：

(1) 满足车站机电设备智能运行管理的需要。

(2) BAS设中央和车站两级管理，构成中央、车站和就地三级控制。

(3) BAS根据控制类型和信号源的不同，按照命令发出的先后、控制优先权、设备的当前运行状态、设备的状况，自动地对运行模式和命令的冲突进行检测，并确定一种执行方式，以便禁止非法操作，保证系统的安全运行。

(4) BAS自动检测系统的当前运行模式和各台设备的当前运行状态，并在车站控制工作站上显示出来。

(5) BAS车站级配备设备管理系统，能显示设备的“在修”“故障”状态，供机电设备维护与管理人员参考。

(6) 车站BAS设置故障检测与诊断专家系统，及时发现机电设备、传感器及仪表和控制系统的隐患与故障，及时报警并指导检修人员进行维修作业。

三、车站级监控系统

1. 车站级监控系统的组成

车站设 BAS 界面（见图 9－10）。车站级监控系统由车站监控工作站、车站控制系统、车站系统网络、通信转换接口、打印机、不间断电源构成，工作站至现场控制机之间为避免电磁干扰，采用光缆作为传输介质。

图 9－10　车站 BAS 界面

（1）车站监控工作站。车站监控工作站是车站级的主要监控设备，负责一切正常及事故情况下，对车站各系统设备的监视、管理、控制指令的发出。车站监控工作站接入车站局域网，同时接受或处理由现场控制机上传的设备状态或资料。

车站监控工作站对设备状态的监视和控制指令传输主要是经由地铁通信主网并经车站控制网上传下达。所有车站设备的状态、模式控制均会显示于设有人机界面（man machine interface，MMI）的车站监控工作站上，可以在工作站上实现车站所有软件功能的操作，系统的组态、参数的设定，监视数据库、相关设备的运行参数和车站网络设备的工作状态；同时，可以实现各类故障的声光报警与各种报表的形成和打印功能。

车站监控工作站应具备设备管理和故障检测与诊断功能，设备档案存于车站监控机的数据库内，供 OCC 设备管理系统调用，并供维修人员使用。

（2）车站控制系统。车站控制系统采用分布式控制，各控制器监控模块、通信模块等均为智能模块。车站控制系统具备模式控制、设备群控、顺序与联锁、模拟量控制等功能。

（3）车站系统网络。车站系统网络采用交换式，传输信息线路距离应大于 2 km。

（4）通信转换接口。车站配置通信转换接口，与车站 BAS 通信主网连接，负责车站与 OCC 数据交换和数据处理；实现车站与相关车站之间有关联的数据交换；对网络进行自诊断，实现网络的自动切换，保证通信的正常。

（5）打印机。打印机用于事件和报表的打印。事件的打印用于操作记录、事故记录、报警记录、测量数据的实时打印；报表的打印用于数据的各类报表的定期打印，同时还有图表的输出打印。

（6）不间断电源（uninterrupted power supply，UPS）。在车站控制室设置不间断电源，保证BAS车站级设备供电的稳定、可靠。BAS系统的UPS模块与FAS系统共用（备机时间为1小时）。

2. 车站级监控系统的主要功能

（1）对本车站及所辖区间隧道的空调系统、防排烟系统、冷水机组、给排水系统、空调水系统、自动扶梯、照明系统等设备进行监视和控制，并对状态和故障进行报警。

（2）根据中央控制系统下达的总体方案，具体协调冷水机组、空调机组运行，包括确定冷机供水温度设定值、冷机开启台数、空调机组运行模式。确定运行模式后，由现场控制器实施。

（3）火灾事故运行。车站的监控工作站中，预先存有OCC下达的、针对地铁车站不同区域发生火灾时的事故处理模式。当FAS报告火警时，由FAS发出指令，BAS执行火灾运行模式。

（4）监视和记录车站典型区域测试点的温度、湿度等环境参数。

（5）对于所有的控制设备，可以实现单独控制、联锁控制，以及各种模式手动和自动、远动和现场控制。

（6）具有彩色动态和多级显示功能，如车站综合显示、系统的显示、分类画面的显示、控制模式的显示。

（7）将车站被控设备运行状态、报警信号和测试点数据及时送至控制中心，并接受中央级的各种监控指令和运行模式。

（8）接收控制中心或FAS的指令，控制车站通风空调及相关设备转入灾害模式运行。

（9）利用不同的操作密码，实现不同级别的操作权限，并实现所有操作的登录，以备检查。

（10）车站控制室的监控站对所有的报警信息具有声光报警功能，报警界面弹出，同时要求确认，并有数据、时间、确认和处理等记录。

（11）车站工作站可对车站大系统空调设备进行运行模式的最优化控制，自动改变冷水机组的运行台数和冷冻水温度设定值。通过控制空调风机转数，实现变风量控制。

（12）车站工作站应具备事故安全设定功能，当动力供电电源中断后，控制器必须根据预先规定的要求停止相关设备操作。当由于某种事故，控制电源中断后，应立即储存当时的状态，停止动力设备运行。当电源恢复供电后，所有设备应及时自动按如下两种方式之一恢复：一是恢复到停电前的状态；二是根据预先规定的要求重新启动。

（13）当控制系统设备“冷”开启后，控制器应可收集到相关监控设备的状态。

（14）系统自诊断程序可以监视每一个模块、UPS和网络的运行情况，当出现故障时，可以报警，将故障的信息传达车站设备监控系统工作站，同时可以显示网络的负荷情况。

（15）备有“运行”状态、“在线/备用”状态、“通信失效”报警以及其他重要信息报警，显示运行模式。

（16）对冷水机组的相关设备进行控制。

（17）对被控设备的故障检测与诊断功能，以及对设备的管理功能，并在设备发生故障时报警，同时自动切换到备用运行模式。

四、BAS 的控制模式及其优先级

BAS 的控制分为中央级、车站级和就地级三级，实现对环境、给排水、垂直电梯和自动扶梯、低压供电、照明、屏蔽门等设备的监视和控制。就地级控制具有优先权，车站级控制为次优级，中央级控制为最后级。

1. 中央级功能

中央级监控工作站具有良好、灵活的人机界面，监控人员可监视全线各车站的通风、空调、给排水、垂直电梯和自动扶梯、照明、屏蔽门、防淹门等系统的运行状态及对相关设备进行控制。操作员站具备完善的报警功能，可将报警信息进行分类、筛选、重组织，建立一个报警系统。同时，中央级监控工作站还具有在 FAS 灾害报警下各系统启动火灾模式，进行联锁联动，组成全系统安全体系的功能。

中央级系统可对历史数据记录进行处理、裁剪、分析和统计，具有统计、文件处理、归档和报表功能。

2. 车站级功能

车站级控制器可以监视车站各系统设备的运行状态和参数，具有 PID［比例（proportion）、积分（integral）、微分（differential），比例 - 积分 - 微分］控制器调节控制功能、逻辑控制和模式控制功能。车站级控制器根据环境参数对 BAS 设备进行运行工况转换，并进行最优化控制，达到节能运行的目的。

3. 就地级功能

就地级控制器通过车站控制网与车站主控电力线通信（power line communication，PLC），接受控制指令，并对现场设备进行就地控制，同时将设备的运行状态和参数传送到车站主控 PLC 上。

想 一 想

说明 BAS 的控制优先级。

任务拓展

紧急情况下如何操作环境与设备监控系统①

1. 站台火灾

当车站站台着火时，由站台排烟，站厅送风，使站台的楼梯口处形成一股由站厅流向站台的气流。

当站台层发生火灾时，站台回排风系统进入排烟状态，站厅排风和站台送风停止，排热风机辅助排烟，屏蔽门端部侧门打开，开启事故风机辅助排烟，站厅机械补风；同时，楼梯口两侧的挡烟垂帘下垂至地面，正面挡烟垂帘下垂至距地面 2.2 m 处，使得经由楼梯口处的向下空气流速不小于 1.5 m/s，便于乘客安全疏散至站厅层。

① 佚名. 城轨客运管理总结.［2018 - 10 - 13］. http://www.docin.com/p-1396178120.html.

2. 站厅火灾

当站厅着火时，由站厅排烟，站台送风，使站台处保持一定的正压。新鲜空气由站厅的出入口进入站厅，乘客迎着新鲜空气的流进方向，由出入口向地面撤离。

3. 站台轨行区列车火灾

当站台轨行区列车发生火灾时，需开启轨行区排热系统对轨行区排烟，并开启隧道风机辅助排烟，打开火灾侧屏蔽门，开启公共区回排风机对站台排烟。同时，站厅机械补风，楼梯口处的挡烟垂帘下垂，使得经由楼梯口处的向下空气流速不小于1.5 m/s，便于乘客安全疏散至站厅层。

当站台轨行区发生火灾时，若烟气蔓延至站厅，则打开站厅回排风管上的电动风阀，同时对站厅进行排烟。

4. 设备管理用房火灾

当有排烟要求的设备管理用房和内走道发生火灾时，关闭无关通风空调系统，开启排烟风机，从公共区自然补风；当有气体灭火要求的设备管理用房发生火灾时，房间进排风关闭，待灭火后开启排风系统，排出废气。

5. 出入口通道火灾

当出入口通道发生火灾时，打开排烟风机排烟，地面出入口自然补风。

任务操作

1. 描述BAS的组成和功能。
2. 识别车站BAS界面的组成。

任务考核

一、单项选择题

1. 对地铁建筑物内的环境与空气条件、通风、给排水、照明、乘客导向、自动扶梯及垂直电梯、屏蔽门、防淹门等建筑设备和系统进行集中监视、控制、管理的系统是（　　）。

A. BAS　　B. FAS

C. 监控系统　　D. OCC

2. 城市轨道交通BAS的控制方式中，具有优先级的是（　　）。

A. 就地级控制　　B. 车站级控制

C. 现场级控制　　D. 中央级控制

3. （　　）工作站具有良好、灵活的人机界面，监控人员可监视全线各车站的通风、空调、给排水、垂直电梯及自动扶梯、照明、屏蔽门、防淹门等系统的运行状态及对相关设备进行控制。

A. 就地级控制　　B. 车站级控制

C. 现场级控制　　D. 中央级控制

二、多项选择题

1. 车站BAS主要由（　　）组成。

A. OCC中央控制　　B. 车站分控级监控设备

C. 就地级监控设备　　D. 网络通信系统

2. 城市轨道交通 BAS 的控制模式有（　　）。

A. 就地级控制　　B. 车站级控制

C. 现场级控制　　D. 中央级控制

3. 下列选项中，属于 BAS 监控范围的有（　　）。

A. 地下车站和区间隧道的空调通风系统　　B. 给排水

C. 照明系统　　D. 垂直电梯、自动扶梯

三、判断题

1. 城市轨道交通的地面及高架车站、车辆基地不设集中空调和送排风设施，支持城市轨道交通运营设置的机电设备均采取地铁行进时开、停运时关的控制管理方式。（　　）

2. BAS 一年四季按照同一种模式运行。（　　）

3. BAS 的控制分为中央级、车站级和就地级三级，其中，就地级控制具有优先权，中央级控制为次优级，车站级控制为最后级。（　　）

四、综合训练题

1. 比较 BAS 的控制模式。

2. 简述城市轨道交通车站 BAS 的功能。

3. 说明城市轨道交通车站 BAS 的组成。

4. 说明城市轨道交通车站 BAS 的优先级。

5. 结合平时乘坐地铁的经历，选择一种事故模式，说明在此事故模式下，城市轨道交通 BAS 是怎样运行的。

TASK 任务 4 车站客运设备

知识目标

1. 了解车站客运设备的使用方法。
2. 了解车站客运设备的配置原则。

能力目标

1. 能识别车站客运设备的类型。
2. 会垂直电梯与自动扶梯的操作及简单应急处理。

任务引入

车站客运设备是城市轨道交通站台、站厅与地面之间运输客流的主要设备，它作为主要的无障碍设施，方便出行有困难的乘客乘坐地铁，享受地铁带来的便捷。乘坐地铁出行，了解不同的车站客运设备的类型及使用注意事项。

任务分析

城市轨道交通车站的客运设备有垂直电梯、自动扶梯和楼梯升降机三种，如图9-11所示。

(a)　(b)　(c)

图9-11 城市轨道交通车站的客运设备

(a) 垂直电梯；(b) 自动扶梯；(c) 楼梯升降机

城市轨道交通车站内的垂直电梯和自动扶梯设置需要充分考虑车站的客流量、提升高度和残疾人等特殊人群的需求，综合考虑，因地制宜地选择。

一、垂直电梯

垂直电梯是一种在垂直方向上输送旅客的运输工具，是服务于规定楼层的固定式升降设备。它具有一个轿厢，运行在至少两列垂直于水平面或与铅垂线倾斜角小于15°的刚性导轨之间，轿厢尺寸与结构形式便于乘客出入。垂直电梯一般采用曳引电梯和液压电梯两种。

在城市轨道交通系统中，垂直电梯除了供盲人、手动轮椅者等残疾人使用外，还可供老、弱、病人及车站工作人员使用。垂直电梯由乘客自助使用，提升高度为2~3层，通常在站台出入口和站台、站厅之间各设置一台。由于使用的垂直电梯提升高度不高，因此可选用低速电梯或液压电梯。近年来，由于低速无机房电梯技术应用成熟，且地铁车站的空间比较紧张，因此垂直电梯以其占用空间小、无污染的优势在城市轨道交通系统中应用日益广泛。

二、自动扶梯

自动扶梯是在倾斜方向上大量输送乘客的连续运输工具，对及时疏散客流起着至关重要的作用。它具有输送能力强、效率高等优点。当停电时，自动扶梯还可作为普通扶梯使用。

1. 自动扶梯的分类

自动扶梯的分类方式及类型见表 9－1。

表 9－1　自动扶梯的分类方式及类型

分类方式	类　型
按驱动装置的位置	端部驱动自动扶梯、中间驱动自动扶梯
按扶手外观	全透明扶手自动扶梯、半透明扶手自动扶梯、不透明扶手自动扶梯
按扶梯路线型	直线型自动扶梯、螺旋型自动扶梯
按使用条件	普通型自动扶梯、公共交通型自动扶梯
按提升高度	小提升高度（最大至 8 m）扶梯、中提升高度（最大至 25 m）扶梯、大提升高度（最大可达 65 m）扶梯
按运行速度	恒速扶梯、可调速扶梯

2. 自动扶梯的优缺点

自动扶梯的优点有：输送能力大，人流均匀，能连续运送人员；可逆转，即能向上和向下运转；当停电或重要零件损坏需要停用时，自动扶梯可作为普通扶梯使用。

自动扶梯的缺点有：结构有水平区段，有附加的能量损失；对于提升高度较大的自动扶梯，人员在其上停留时间长，效率较低；造价较高。

三、楼梯升降机

楼梯升降机是一种安装在城市轨道交通车站出入口或站台至站厅的设备，属于车站无障碍设备设施的一部分，为乘坐轮椅的残疾人提供进出站服务。楼梯升降机属于液压电梯的一个分支，安装在车站站台到站厅和地面到站厅步行楼梯一侧，弥补了车站现有液压电梯不能到达地面的不足。楼梯升降机能沿着楼梯连续做上升、水平和 90°转角运行，运行倾角不大于 35°。车站进入口的楼梯升降机是室外型，能在全天候条件下工作。车站内的楼梯升降机是室内型，按室内条件设计。该机器能适应地铁每年工作 365 天，每天工作 20 小时的要求。城市轨道交通地铁站内的楼梯升降机如图 9－12 所示。

图 9－12　楼梯升降机

楼梯升降机主要由轮椅平台、驱动机、导轨、控制柜、充电装置、低电源蜂鸣器、安全装置等几部分组成。

四、站内客运设备的配置原则

城市轨道交通站内客运设备的配置应遵循如下原则：

（1）站台至站厅根据车站远期客流量配备垂直电梯，上、下行自动扶梯。

（2）出入口和过街隧道根据人流量设置上、下行或上行自动扶梯。

（3）当提升高度达到 6 m 以上时，设上、下行自动扶梯，以保证人流的疏散和服务质量。

（4）为保证残疾人乘客等特殊人群的正常出行，车站内应设置残疾人电梯、楼梯升降机。

想一想

你所在城市的地铁有哪些类型的客运设备？比较并概括其各自的优缺点。

小案例

北京地铁 4 号线自动扶梯事故①

2011 年 7 月 5 日 9：36，北京地铁 4 号线动物园站 A 口上行自动扶梯发生设备故障，正在搭乘该扶梯的部分乘客出现摔倒情况。京港地铁公司启动相关应急预案，将受伤乘客送往医院救治。该事故造成 1 人死亡，2 人重伤，26 人轻伤。北京市政府有关部门成立事故调查组，对事故原因进行了调查，并要求地铁运营企业对设施设备进行安全隐患排查，确保地铁运营安全。

任务拓展

电扶梯的维护保养知识②

进入地铁站时，我们最先接触到的就是地铁的电扶梯（包括垂直电梯和自动扶梯）设备。那么，关于电扶梯的维护保养知识，你知道多少呢？

在了解之前，我们先来看看一名电梯维护保养员的日常工作。如图 9－13 所示是青岛一名地铁电梯维护保养员的工作。

除了日常巡检，检查自动扶梯、垂直电梯外部有无破损，是否完整、洁净，声音与运行状态正常与否以外，还有从 22：30 到 4：30 的夜间维护保养，包括清洁、原件检查、加油、测试等。

说到这些自动扶梯，青岛地铁的工作人员感到相当自豪。他们说："我们的自动扶梯设备安全系数是相当高的。"据了解，一台自动扶梯设有 30 多个安全保护开关，一旦发生可疑状况，自动扶梯就会发出保护指令，自动紧急停止运行。自动扶梯上、下端头两侧的紧急制停按钮可以让自动扶梯"瞬间制停"，如图 9－14 所示。对于长度超过 12 m 的自动扶梯，其中央位置也设置了紧急制停按钮。

---

① 佚名. 2011 年 7 月 5 日北京地铁四号线电梯事故 1 死 28 伤. [2018－10－12]. https://www.bbaqw.com/js/335.htm.（有改动）

② 佚名. 地铁电扶梯——"且乘且珍惜". [2018－10－23]. http://www.qd－metro.com/news/view.php?id＝1260.

(a)

(b)

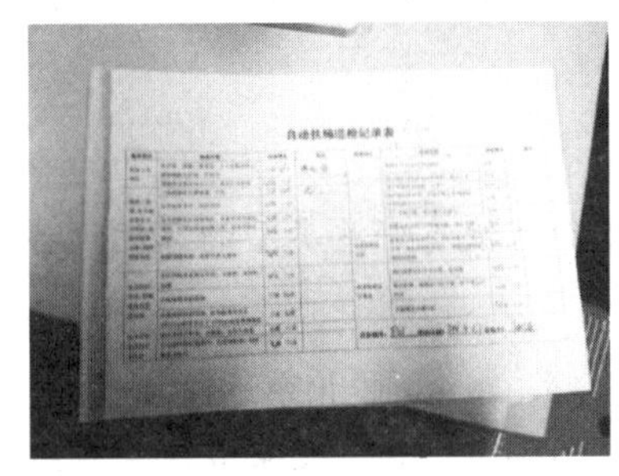

(c)

图 9-13　青岛一名地铁电梯维护保养员的工作

(a) 例行检修保养；(b) 检查是否与地面平齐；(c) 巡检记录表

图 9-14　紧急制停按钮

另外，在自动扶梯上、下行左右扶手带的底端还设有扶手带安全保护装置。当发生紧急情况时，可以立即按下自动扶梯端头的紧急制停按钮，或者用力踹梯级梳齿板或自动扶梯的侧裙板，采用这些方法都可以使自动扶梯制停。

垂直电梯属于特种设备，根据规定，保养作业人员必须持有电梯操作证，且作业人员不得少于 2 人。对于垂直电梯的巡检，青岛地铁更是人性化地增添了监测轿厢温度这项工作，这样可以根据人体感觉最适宜的温度来为轿厢降温或升温，使轿厢温度保持在 23 ℃左右，让乘客乘梯时更加舒适。

青岛地铁的自动扶梯速度大约为0.5 m/s，按这个速度计算，600 mm宽的梯级每小时可输送4 500人。青岛地铁的自动扶梯设备采用的是日立公司开发的新型公共交通型自动扶梯，垂直电梯设备采用的是上海三菱品牌，这两个品牌在电扶梯行业里也算是“领头羊”了。

任务操作

1. 选择一种你常见的地铁车站的客运设备，并描述其组成部分。

2. 以你熟悉的城市地铁为例，说一说你在地铁中见到的客运设备有哪些，并概括它们的优缺点。

任务考核

一、单项选择题

1. (　　) 是一种安装在城市轨道交通车站出入口或站台至站厅的设备，属于车站无障碍设备设施的一部分，为乘坐轮椅的残疾人提供进出站服务。

A. 垂直电梯　　B. 曳引式电梯

C. 自动扶梯　　D. 楼梯升降机

2. (　　) 是在倾斜方向上大量输送旅客的连续运输工具，对及时疏散客流起着至关重要的作用。它具有输送能力强、效率高等优点，当停电时，还可作为普通扶梯使用。

A. 垂直电梯　　B. 曳引式电梯

C. 自动扶梯　　D. 楼梯升降机

二、多项选择题

1. 城市轨道交通中常见的客运设备有 (　　)。

A. 垂直电梯　　B. 自动扶梯

C. 楼梯升降机　　D. 曳引式电梯

2. 自动扶梯按扶手外观，可分为 (　　)。

A. 有色扶手自动扶梯　　B. 全透明扶手自动扶梯

C. 半透明扶手自动扶梯　　D. 不透明扶手自动扶梯

3. 下列选项中，属于垂直电梯的优点的是 (　　)。

A. 可供老、弱、病人使用　　B. 占用空间小

C. 污染小　　D. 成本低廉

三、判断题

1. 当垂直电梯发生故障时，工作人员接到求救信息后，要与乘客沟通，确认垂直电梯停止位置和人员数量，扒开梯门，救出乘客。　　(　　)

2. 在出现异常状况，必须使用紧急制停按钮时，应大声通知乘客“紧急停止，请抓住扶手”后，再进行操作。　　(　　)

3. 站台至站厅根据车站远期客流量配备垂直电梯，上、下行自动扶梯；出入口和过街隧道根据人流量设置上、下行或上行自动扶梯。　　(　　)

四、综合训练题

1. 自行查阅资料，举例说明在垂直电梯停在平层区域，但不能自动开门的情况下如何救援。
2. 假如你是地铁车站的工作人员，简要说明自动扶梯运行前要进行哪些准备工作。
3. 通过对某一个地铁车站的调研，调查乘客在车站的客运设备方面有哪些意见。
4. 简述城市轨道交通车站的客运设备类型。

TASK 任务5 站台门系统与门禁系统

知识目标

1. 掌握城市轨道交通站台门的组成、功能、类型和控制模式。
2. 了解城市轨道交通门禁系统。

能力目标

1. 能识别站台门的组成部分和类型。
2. 能按要求和规定操作站台门。

任务引入

站台门系统（platform screen door system，PSDS）是安装于地铁、轻轨等城市轨道交通车站站台边缘，用以提高运营安全系数、改善乘客候车环境、节约城市轨道交通运营成本的一套机电一体化设备。乘坐地铁出行，了解不同的站台门类型和门禁系统。

地铁“门”道

任务分析

一、站台门系统的功能

站台门系统作为站台公共区域与轨道列车之间的可控通道，其主要功能如下：

（1）在列车进站时，配合列车车门动作打开或关闭活动门，为乘客提供上下列车的通道。

（2）站台门系统的使用隔断了站台侧公共区空间与轨道侧空间，消除了人员跌落轨道的安全隐患，保障了乘客的候车安全，同时可以实现司机一人全程操作，站台可不设站务人员接发列车，并解决了司机驾车进站时可能存在的心理恐慌问题。

（3）站台门系统的使用将车站站台区域与轨道区间分割开来，隔离了列车运行时所产生的噪声、活塞风，保证了站内乘客具有良好的候车环境，并减少了活塞风造成的站内空调冷量的损失，节省了运营成本。

（4）站台门系统的使用减少了地下车站空调设备的容量及数量，降低了能耗，降低了土建工程量等投资建设成本，产生了良好的社会效益和经济效益。

二、站台门系统的类型

站台门系统按照结构形式、安装方式，可分为不同的类型。

1. 按照结构形式分类

按照结构形式，站台门可分为全高闭式站台门、半高开式站台门和全高开式站台门三种类型。

（1）全高闭式站台门。全高闭式站台门是一道自上而下的玻璃隔墙和活动门，其高度一般为2.8～3.2 m，沿站台边缘和两端头设置。全高闭式站台门一般简称闭式站台门或站台门，如图9－15所示。当站台门关闭时，它将乘客候车区与列车进站停靠区完全隔离，两者之间无空气流通。这种形式的站台门一般应用于设有空调系统的地下车站，其主要作用是增加车站站台的安全性和减少耗能。

图9－15 全高闭式站台门

（2）半高开式站台门。半高开式站台门是一道上不封顶的玻璃隔墙和活动门，又称为安全门，其高度一般为1.2～1.5 m，如图9－16所示。空气可以通过安全门上部流通。这种结构的站台门多用于敞开式地面车站站台或高架车站站台，其主要目的是保障候车乘客的安全。

图9－16 半高开式站台门

（3）全高开式站台门。全高开式站台门又称为全高安全门，其高度一般为2.8～3.2 m，它是一道上不封顶的玻璃隔墙和活动门，只在近天花板处留一条缝隙，如图9－17所示。这样的设计允许轨道与站台之间有空气对流。与全高闭式站台门相比，安装位置基本相同，但其结构简单，高度低，空气可以通过安全门上部流通，造价也低。除具有保证乘客安全的功能外，全高开式站台门还能阻挡列车进出站的气流对乘客造成影响。这种结构多用于没有空调系统的地下车站站台。

图9－17　全高开式站台门

想一想

比较不同类型的站台门，举例说明其适用范围。

2. 按照安装方式分类

按照安装方式，站台门可分为顶部悬挂式站台门、底部支撑式站台门和底部支撑与顶部悬挂结合式站台门三种类型。

（1）顶部悬挂式站台门。顶部悬挂式站台门的下部边缘与站台之间设有吸收主体建筑不均匀沉降的间隙，在运营时需定期检查、调整，带来的维护工作量较大。

（2）底部支撑式站台门。底部支撑式站台门的特点是站台门的设计安装以轨道顶面为基准，所有垂直荷载通过横梁、立柱传到站台板上。

（3）底部支撑与顶部悬挂结合式站台门。底部支撑与顶部悬挂结合式站台门多用于上部结构安装部位无主体结构梁，且站台与站厅底板间距离较大的站台门工程中。站台门顶部设计有钢结构，顶部钢结构的重力荷载由站厅底板承受。

三、站台门系统的组成

站台门系统是机电一体化设备，集成了现代计算机控制、伺服驱动、网络技术、UPS电源技术和精密机械技术。闭式和开式站台门的组成、结构大致相同，均由机械和电气两部分组成。

1. 机械部分

站台门的机械结构包括门体结构和门机系统。

(1) 门体结构。站台门的门体结构一般由门体承重结构、顶箱、滑动门（automatic slide door，ASD）、应急门（emergency escape door，EED）、固定门（fix panel，FIX）、端头门（platform end door，PED）组成。

① 门体承重结构。门体承重结构由底座、门槛、立柱、顶部钢结构和伸缩装置（图9－18中顶部自动伸缩装置）等组成，如图9－18所示。门体承重结构用于安装门机、滑动门、应急门、固定门、端头门等，并承受站台门的垂直荷载、隧道通风系统产生的风压、列车运行时形成的正负水平荷载和乘客挤压等荷载。门体承重结构通过上下部连接结构与顶部和底部的土建结构相连。

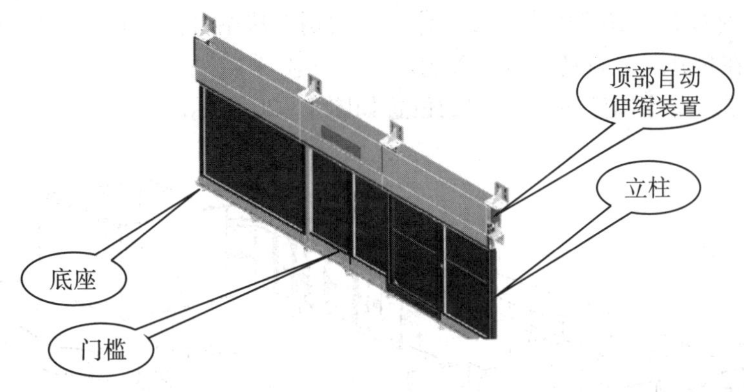

图9－18　门体承重结构

② 顶箱。顶箱内设有门单元的门机梁（含导轨）、驱动单元、传动机构（皮带滑轮）、门锁装置（锁块）、门控单元、配电端子、就地控制盒（local control box，LCB）、门状态指示灯等部件。顶箱对上述部件起密封保存作用，如图9－19所示。

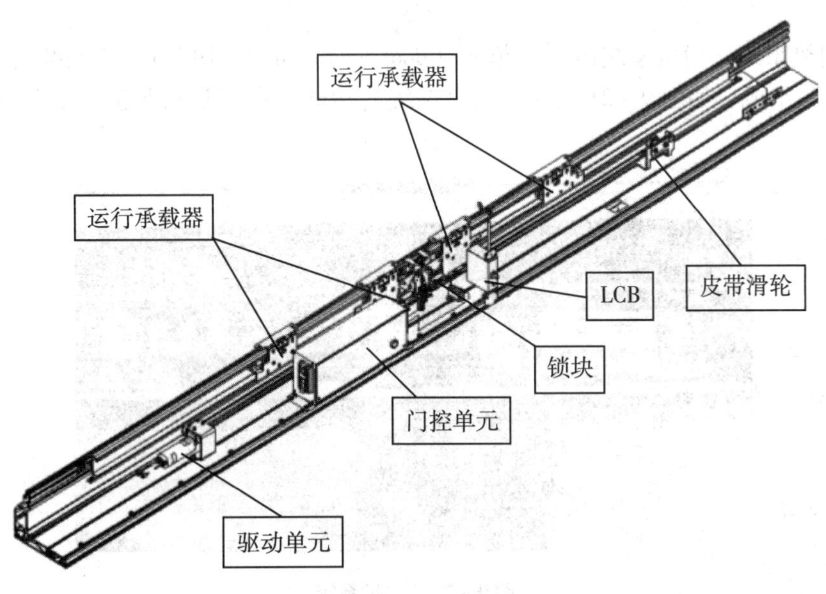

图9－19　顶箱

③ 滑动门。滑动门是与列车门对应的滑动开启门，是正常运行时乘客上下车的通道，也是列车在车站隧道内发生火灾或故障时的乘客疏散通道。滑动门的数量应与列车一侧乘客门的数量一致，位置一一对应。

④ 应急门。应急门不带动力，是当列车门与滑动门不能对齐时，用于疏散乘客的门，安装在两个滑动门之间，向站台侧 90°平开。

⑤ 固定门。固定门是不能打开的玻璃隔墙，安装在滑动门与滑动门、滑动门与端头门之间，是车站与区间隧道隔离和密封的屏障。

⑥ 端头门。端头门简称端门，布置于站台两端，与站台边的站台门垂直。在正常运营状态下，端头门保持关闭且锁紧；当列车在区间隧道内发生火灾或故障时，作为乘客的疏散通道。端头门也是车站工作人员进入隧道的专用门。端头门可从隧道侧通过按压安装在门框上的紧急推杆锁来操作，还可以由车站工作人员用钥匙从站台侧打开。端头门可向站台侧旋转 90°平开，且在打开后能自动复位、关闭。

滑动门、应急门、固定门和端头门的位置如图 9－20 所示。

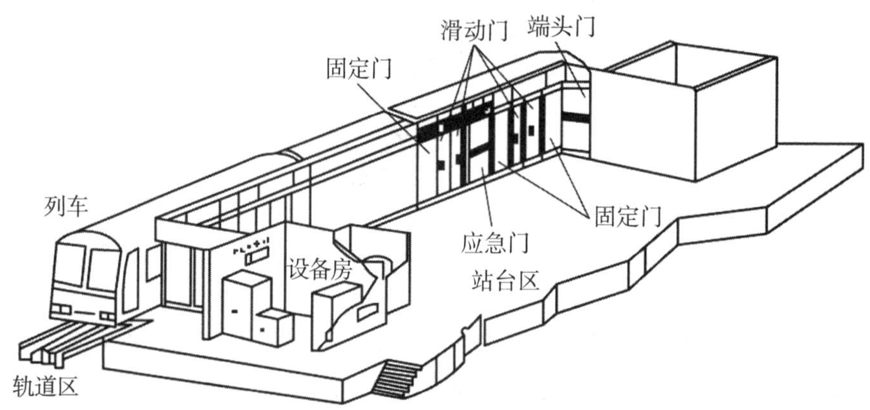

图 9－20　滑动门、应急门、固定门和端头门的位置

（2）门机系统。门机系统由门控单元（door control unit，DCU）、传动装置、驱动装置和锁紧装置等组成，如图 9－21 所示。门机系统的功能是在正常和非正常情况下均能开关、锁定滑动门。

图 9－21　门机系统

2. 电气部分

电气部分包括控制系统和供电电源。

（1）控制系统。站台门的控制系统由站台屏蔽门中央控制盘（platform screen doors central control panel，PSC）、站台屏蔽门就地控制盘（platform screen doors local control panel，PSL）、站台远程监视设备（platform supervisions local alarm panel，PSA）、门控单元（DCU）、声光报警装置和连接这些装置的通信通道等组成。同时，每道滑动门还设置一个就地控制盒。站台门的控制系统以两侧站台的站台门为控制对象，构成一个完整的控制系统，确保任一侧站台门发生故障都不影响另一侧站台门的正常运行，单侧某一门发生故障不影响其他门的正常运行。控制系统相关设备如图9－22所示。

（a）

（b）

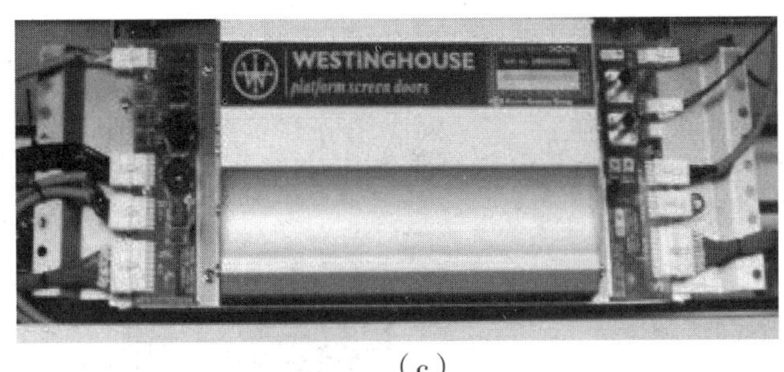

（c）

图9－22　控制系统相关设备

（a）PSC实物图；（b）PSL实物图；（c）DCU实物图

（2）供电电源。供电电源按一类负荷向站台门系统供电，提供两路独立的三相380 V交流电源。供电电源主要分为门机驱动电源和控制电源两类。

四、站台门系统的控制模式

《地铁设计规范》（GB 50157—2013）中将站台门控制等级分为三级，分别是由信号系统对站台门进行开关控制、通过就地控制盘对站台门进行开关控制、通过紧急控制盘对站台门进行开关控制。站台门系统一般设置有系统级控制、站台级控制（就地控制盘控制）、紧急控制、就地控制盒控制、手动控制（或称人工操作）五种控制模式，其中，以手动控制的优先级最高，系统级控制的优先级最低。

（1）系统级控制。系统级控制是指在正常运行模式下由信号系统直接对站台门进行控制的模式。在该模式下，站台门接收 ATC 指令，控制活动门的开关。

（2）就地控制盘控制。就地控制盘控制是指站台门执行站台就地控制盘发出的命令的模式。当系统级控制不能正常运行时，如列车停车位置不正确、信号系统出现故障、信号系统与站台门系统通信中断等，驾驶员或站务人员可通过站台端头的就地控制盘进行站台门的开门、关门操作，实现站台门的站台级操作。

（3）紧急控制。紧急控制是指在隧道、车站发生火灾等紧急情况下，为了配合车站环境与设备控制系统执行火灾模式，站台门系统必须接受控制模式，由车站工作人员通过在车站综合控制室的紧急控制盘对站台门进行紧急控制操作。

（4）就地控制盒控制。就地控制盒控制是实现单挡门的就地控制的模式。其作用主要是当单个滑动门出现故障时，把该门机系统和其他门机系统隔离开。它可以在现场对 DCU 发出开门或关门命令，而不影响其他门机系统运行，以方便维修和维护。

（5）手动控制。手动控制是指站台工作人员在站台侧用专用钥匙解锁或由乘客在轨道侧使用解锁装置打开站台门的模式。当上述模式均不能操作站台门时，可以使用该模式，其优先级最高。

想一想

假如你是地铁车站的一名工作人员，在紧急状况下，如何操作站台门系统？

五、门禁系统

城市轨道交通门禁系统（access control system，ACS）是实现员工进出各类通道、区域的自动化安防管理系统。

门禁点（见图 9－23）一般设置在运行控制中心、车站、车辆段处的设备区通道门，重要的设备和管理用房，员工通道门等处。

图 9－23　门禁点

北京地铁 1 号线安全门全部启用①

搭乘北京地铁 1 号线出行的乘客稍加留心就会注意到，从 2017 年 9 月 10 日起，北京地铁 1 号线安全门已全部启用。从此，北京地铁告别了无站台门的时代！

北京地铁 1 号线是中国最早建设的地铁线路。为什么 1 号线开通最早却没有站台门呢？这是因为，地铁的线路历史太早了，土建标准不符合装站台门的要求。此外，还有一个技术上的原因，即 1 号线和 2 号线采用的是第三轨供电，第三轨所在的位置是靠近站台的一侧，安装站台门的空间狭窄给施工增加了难度。

任务操作

1. 选择你熟悉的城市地铁线路，调研其不同车站站台门的类型。
2. 按不同控制模式操作站台门。

任务考核

一、单项选择题

1. 关闭时，将乘客候车区与列车进站停靠区完全隔离，两者之间无空气流通，一般应用于设有空调系统的地下车站的站台门类型是（　　）。

A. 全高闭式站台门　　B. 半高开式站台门
C. 全高开式站台门　　D. 底部悬挂站台门

2. （　　）是与列车门对应的滑动开启门，是正常运行时乘客上下车的通道，也是列车在车站隧道内发生火灾或故障时的乘客疏散通道。

A. 应急门　　B. 滑动门
C. 固定门　　D. 端头门

二、多项选择题

1. 站台门系统作为站台公共区域轨道列车之间的可控通道，其主要功能有（　　）。

A. 提供上下列车的通道
B. 保障乘客安全
C. 防噪声
D. 保证站内乘客具有良好的候车环境

2. 站台门系统按照结构形式，可分为（　　）。

A. 全高闭式站台门　　B. 半高开式站台门
C. 全高开式站台门　　D. 底部悬挂站台门

3. 站台门的门体结构包括（　　）。

A. 门体承重结构　　B. 顶箱
C. 滑动门　　D. 应急门

---

① 佚名. 北京地铁 1 号线安全门今起全部启用　系中国首条地铁线. [2018－10－25]. http://toutiao.chinaso.com/shwx/detail/20170910/1000200033023901505032067375126753_1.html.

4.《地铁设计规范》(GB 50157—2013) 中将站台门控制等级分为三级，分别是（　　）。

A. 就地控制盒控制

B. 通过就地控制盘对站台门进行开关控制

C. 通过紧急控制盘对站台门进行开关控制

D. 由信号系统对站台门进行开关控制

三、判断题

1. 站台门系统由机械和电气两部分组成。（　　）

2. 站台门系统一般设置有系统级控制、站台级控制、紧急控制、就地控制盒控制、手动控制（或称人工操作）五种控制模式，其中，以手动控制的优先级最低，系统级控制的优先级最高。（　　）

3. 手动控制是指站台工作人员在站台侧使用专用钥匙解锁或由乘客在轨道侧使用解锁装置打开站台门的模式。当其他模式均不能操作站台门时，可以使用该模式，其优先级最高。（　　）

四、综合训练题

1. 结合平时乘坐地铁的经历，选择一个车站，说明其站台门的类型和优缺点。

2. 自行查阅资料，看一看国内外站台门发生过哪些安全事故，以及有什么措施可以提升站台门和屏蔽门的安全系数。

3. 自行查阅资料，撰写一篇关于站台门发展历程的调查报告。

4. 简要说明站台门的分类。

5. 说明站台门的组成结构。

TASK 任务6

自动售检票系统

知识目标

1. 掌握城市轨道交通票制及售检票的方式。
2. 熟悉自动售检票系统及车票与票款流程。

能力目标

1. 能使用城市轨道交通车站的自动售检票系统。
2. 能对比分析不同城市轨道交通票价的合理性。

任务引入

自动售检票（automatic fare collection，AFC）系统是城市轨道交通综合自动化系统中不可缺少的组成部分。自动售检票系统采用完全封闭的运行方式和计程、计时的收费模式，集计算机、网络、通信、自动控制接触式 IC（integrated circuit，集成电路）卡、大型数据库、机电一体化、模式识别、传感和精密仪器加工等多种高新技术为一体，通过高度安全、可靠和保密性能良好的自动售检票系统统合各种自动售检票终端设备，完成轨道交通中的自动售票、检票、计费、收费、单程票回收、现金稽查、客流收费统计、清分和售检票设备监控等。通过乘坐地铁，调研你所在城市地铁的票制、票价、车票类型以及车站自动售检票设备。

任务分析

一、城市轨道交通的车票

在城市轨道交通售检票系统中，车票是乘客的乘车凭证，记载了乘客从购票开始，完成一次完整行程所产生的费用、需要的时间、乘车区间等信息，又称车票媒介。

1. 车票的种类

由于不同国家、地区所采取的扶持政策不同，各地的票卡种类也存在很大的差异。城市轨道交通常见的车票有纸质车票、磁卡车票和IC卡车票三种。

（1）纸质车票。常见的纸质车票有普通纸票和条形码纸票两种，分别如图9－24和图9－25所示。

图9－24　普通纸票

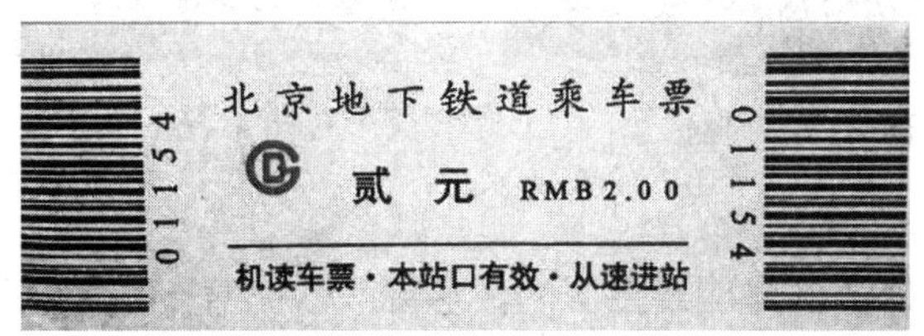

图9－25　条形码纸票

（2）磁卡车票。磁卡是一种利用磁记录特性对有关信息进行记录交换的卡片，磁卡单程票如图9－26所示。

（3）IC卡车票。IC卡车票可分为接触式IC卡车票和非接触式IC卡车票两种类型，而在自动售检票系统中，非接触式IC卡车票是当前车票的主流。为了方便服务乘客，城市轨道交通运营企业提供了多种类型的非接触式IC卡车票，如单程票、储值票、纪念票、出站票、员工票和公共交通卡等，供乘客选用。其中，单程票、储值票、纪念票分别如图9－27～图9－29所示。

图 9－26　磁卡单程票

（a）

（b）

图 9－27　单程票

（a）卡型单程票；（b）筹码型单程票

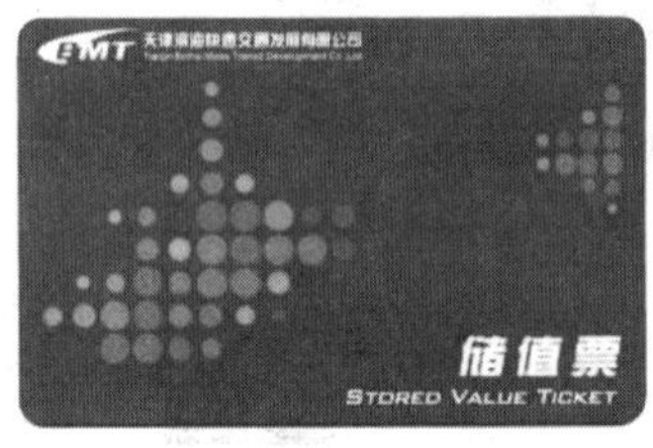

图 9－28　储值票

图 9－29　纪念票

2. 城市轨道交通车票体系

车票是整个城市轨道交通售检票系统的信息源头。只有车票信息正确、有效，才能确保系统的正常运作。车票也是有价凭证，有效车票的流通实际上代表资金的流动，一旦车票管理不善，将会造成经济损失。

城市轨道交通的车票体系大致可分为如下三个阶段：

（1）城市轨道交通运营初期阶段。在这个阶段，采用纸质车票、单一票价制。北京地铁纸票直到 2007 年才被取消。

（2）自动售检票系统的初始阶段。在这个阶段，采用计程、计时票价制。车票媒介包括磁卡和 IC 卡。

（3）现代化联网收费阶段。使用非接触式 IC 卡作为车票媒介，除单程票等形式的车票外，还推出了“一票通”和“一卡通”两种通用性车票媒介，方便服务乘客。“一票通”车票是用于城市轨道交通系统内乘行，实现不出站换乘不同线路的乘车凭证。“一卡通”车票是在城市公交、轨道交通、出租汽车、轮渡等公共交通系统中通用的一种乘车付费媒介，具有储值功能。

想一想

你所在城市的地铁还有哪些特别的车票类型？

3. 城市轨道交通车票的使用流程

（1）车票编码的定义。城市轨道交通的车票首先要进行车票编码的定义，定义的内容包含车票类别、车票编号、车票票值、车票时效和使用范围等信息。

（2）车票的初始化。所有车票在投入使用前，必须由专门的机构进行初始化，分配车票在系统内的唯一编号，同时生成车票相关的安全数据。

（3）车票的赋值发售。初始化后的车票必须经过赋值处理才能够正常使用。

（4）车票的使用。车票通过发售/赋值后，就可以投入使用。所有车票的详细使用记录最终需要保存在中央计算机系统中，以便对车票的使用情况进行统计和分析。车票的每次详细使用记录至少包括车票类别、车票编号、交易类型、车票交易序号、交易时间、交易设备编号、上次交易时间、上次使用设备、交易金额和车票余值等信息。

如果乘客使用了无效（或失效）车票，检票机将拒绝接受，乘客可到半自动售票机对车票进行分析和处理。

（5）车票的使用管理。车票的使用管理可分为配发、调拨、赋值与发售和收缴四个环节。

① 配发。由票卡发行单位根据客流情况将初始化后的车票配发到各个车站。城市轨道交通专用票的配发流程如图9－30所示。

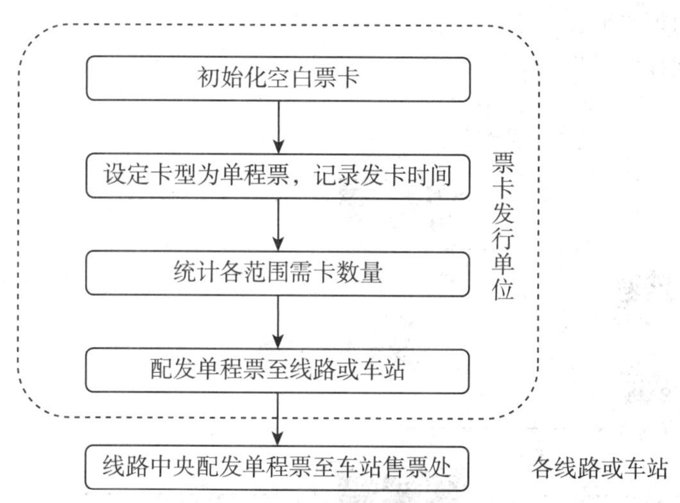

图9－30 城市轨道交通专用票的配发流程

② 调拨。经过一段时间的持续运营，客流的不均匀性可能会造成车票在各线路、各站点上的分布不均匀，有些线路、站点滞留大量的车票，而有些线路、站点的车票短缺。为了提高车票的使用效率，可以对车票进行调拨。

③ 赋值与发售。自动售检票系统通过终端设备（如自动售票机、半自动售票机）完成车票的赋值与发售。

在售出一张车票时（由半自动售票机或自动售票机进行操作），必须将该笔售票信息上传到中央计算机系统。为了保证交易的完整性和安全性，通常报送的数据需要包括本地交易流水号、时间、卡号和金额，保证报送至上层系统的交易数据的完整性和安全性，为实现缴款金额和电子账的对账功能创造条件。

④ 收缴。车票使用一段时间后必然会出现不同程度的损坏，这就需要进行定期收缴和更换。

车票在初始化编码时都被编上了初始化时间，系统可根据各种车票的使用情况设置车票的有效使用期。由此，系统就可在使用环节及时收缴超出有效期或者由于折损而不能继续使用的车票。

（6）车票的进/出站处理。普通车票的检验遵循一进一出的次序，即先有一次进站再发生一次出站。如果乘客在进站或出站时未经检票（或标志不清），就会造成由进出次序不匹配而导致的车票暂时性无效，这通常需要由半自动售票机来完成更新。

（7）车票的更新。半自动售票机对车票进行分析后，若为进/出站次序错误、超时和超程等原因，则可对车票进行更新处理。

（8）车票的加值。储值票可通过半自动售票机或自动加值机进行加值，中央计算机系统可设置加值的金额限制、允许加值的车票类型和加值优惠等。

（9）车票的退换。在乘客要求退票时，半自动售票机能办理退款业务。通常退款处理方式可根据车票是否损坏，分为即时退款和车票替换两种方式。在进行替换处理时，在被替换的车票上写入有关的替换信息，但车票上的原有信息不能被修改或抹除，车票上的余值/剩余乘次和优惠信息应完全转入新的车票。

（10）车票的回收。出站检票机可根据预先的设置对单程票进行自动回收。通常回收后的车票可通过自动售票机、半自动售票机再次发售。

车票的使用流程如图 9－31 所示。

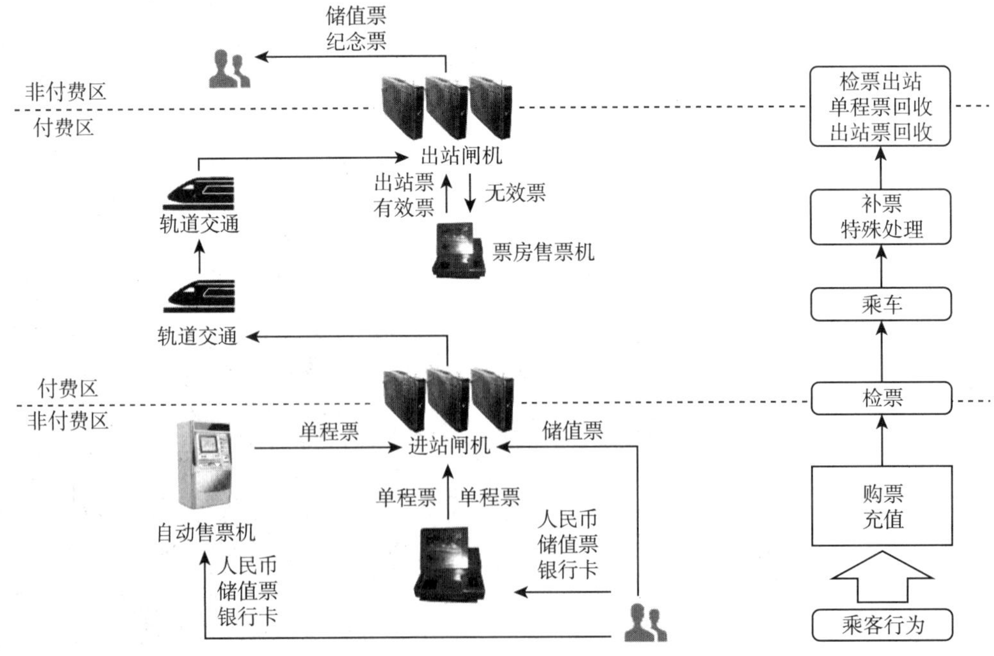

图 9－31　车票的使用流程

二、城市轨道交通的票制与票价

1. 票制

票制是票价制度的简称，主要有以下两种形式：

（1）单一票价制。单一标价制是指乘客无论乘车距离远近，都支付相同的票价。单一票价制具有票价单一、操作简单、所需要的人工和设备少等特点。

（2）计程票价制。计程票价制是指按乘客乘车距离远近，划分为不同的票价等级，包括按实际乘距收费（按里程分段计价）和按计费区收费（按乘坐车站数或区间分段计价）两种形式，是以规定里程或计费区作为基本计价单位，累计加价的票价制。

地铁票制的比较见表9-2。

表9-2 地铁票制的比较

特点	单一票价制	计程票价制	
		按里程分段计价	按乘坐车站数或区间分段计价
优点	票制单一，易于管理和操作，服务人员相对较少	充分考虑长、短途客流的不同需求，按乘坐里程与票价的关系制定合理的票价，适用于站间距有较大差异的线网	考虑了长、短途客流的需求，票价相对合理，乘客可根据乘坐的区间数计算票价
缺点	长、短途客流费用支出不合理，无法充分体现企业的经济效益	管理难度较大，对自动售检票系统的要求较高	不适用于站间距有较大差异的线网

2. 票价

票价是指票面价格，是乘客乘车购票时应支付的钱款数。票价的制定是一个复杂的过程，要经过多方多次论证才能最终确定，一旦确定，就不宜再变。如果再变，也是在物价指数变化积累到一定程度后，通过再次论证来确定。由于城市轨道交通系统是带有一定公益事业性质的公共交通系统，无法单纯考虑企业盈利而将票价定得过高，同时，票价高低又直接影响客流量与系统吸引力，因此，城市轨道交通系统的票价制定应考虑的因素有：城市轨道交通系统运营成本；城市交通其他交通方式的票价水平；城市经济发展水平与市民生活水平；政策因素，如物价政策、交通费补贴政策等。

在考虑上述因素后，兼顾城市轨道交通运营企业的经济效益与城市发展的社会效益，确定较合适的票价，并随上述因素的变化而调整。

小案例

全国30个城市地铁票价统计对比①

国内有两种地铁票制：一种是“按里程计价，递远递减”，并指定起步价，随着乘坐距离的增加，票价涨幅会降低；另一种是按区间计价，也指定起步价，根据乘坐的站数来计价。当前，只有哈尔滨、沈阳、天津实行按区间计价，其他27个城市全部采用按里

① 佚名．全国30城市地铁票价统计对比．[2018-10-23]．https://media.weibo.cn/article?id=2309404184938550288661.

程计价。

在30个城市中，只有北京、上海的地铁起步价为3元，其他28个城市的地铁起步价均为2元。花2元钱，在南京可乘坐10 km。南京是按照里程计价的27个城市中，花相同的钱可乘坐距离最远的城市。同时，乘坐距离最短的是成都等9个城市，只能乘坐4 km，仅为南京的40%（见图9-32）。部分城市实行“封顶价格”，如无锡采用6元封顶，重庆采用7元封顶。

全国地铁票价比较

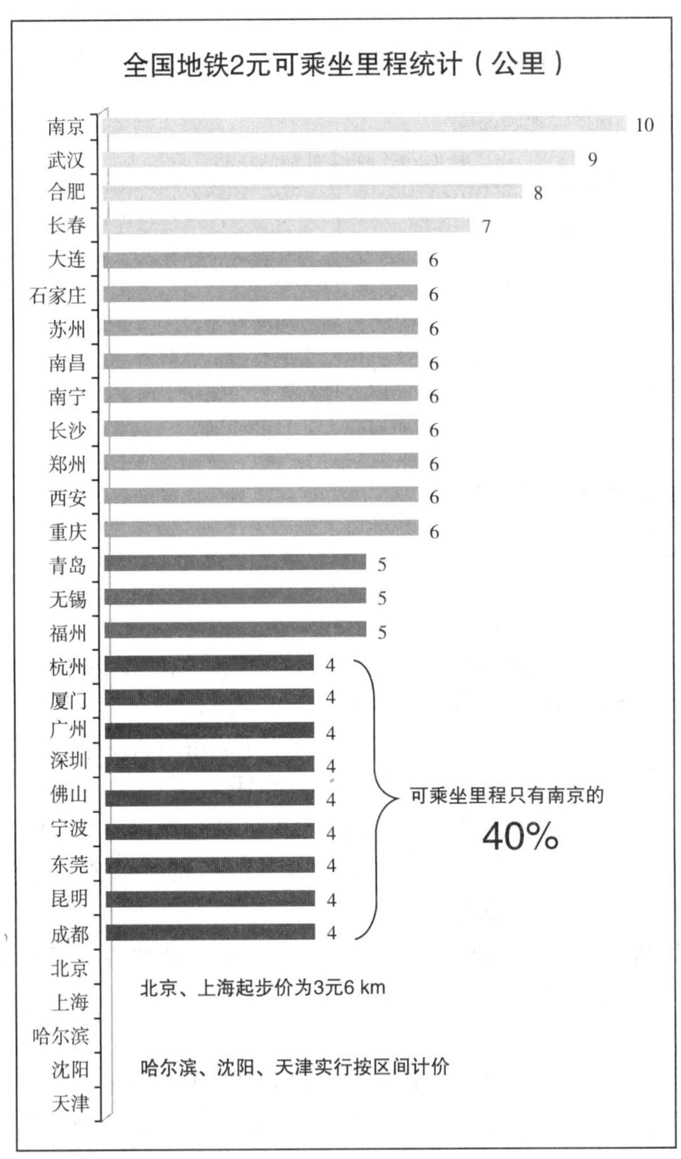

图9-32　全国地铁2元可乘坐里程比较

三、城市轨道交通自动售检票系统的构成和功能

1. 自动售检票系统的构成

城市轨道交通自动售检票系统处理城市范围内众多轨道交通线路的售检票业务，涉及路网业务、线路业务、车站处理、终端处理和车票媒介等方面的内容。根据业务和应用，城市轨道交通自动售检票系统采用五层架构，如图9-33所示。第一层是城市轨道交通清分系统（central clearing system，CCS）；第二层是线路中央计算机（line central computer，LCC）系统；第三层是车站计算机（station computer，SC）系统；第四层是车站终端设备；第五层是各种车票。

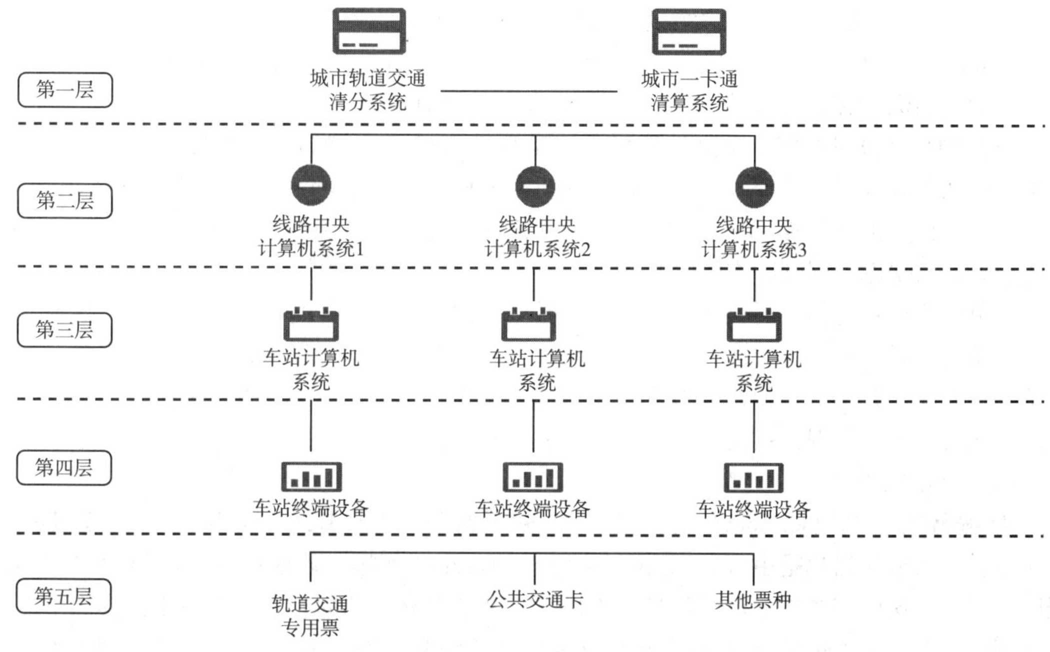

图9-33　城市轨道交通自动售检票系统架构

（1）城市轨道交通清分系统。清分系统位于城市轨道交通自动售检票系统架构的第一层，其主要功能是统一城市轨道交通自动售检票系统内部的各种运行参数，收集城市轨道交通自动售检票系统中单程票产生的交易和审计数据，并进行数据清分和对账，负责单程票的初始化和调配、应急票的制作，进行线路之间的票款清分和客流统计、数据挖掘，并辅助各业务部门进行分析决策，同时负责城市轨道交通自动售检票系统与城市一卡通清算系统之间的对账、清分和结算等。

（2）线路中央计算机系统。线路中央计算机系统位于城市轨道交通自动售检票系统架构的第二层，是自动售检票系统的管理控制中心。线路中央计算机系统可与车站计算机系统进行通信；可自动采集全线路自动售检票系统的交易数据和设备运营状态信息，进行财务和客流统计与设备维护集中管理；能下传费率表、优惠表、黑名单以及其他参数和控制命令至各车站计算机系统与车站终端设备。

（3）车站计算机系统。车站计算机系统位于城市轨道交通自动售检票系统架构的第三层，安装在各车站的车控室或票务室内，负责采集本车站范围内的售检票交易数据、设备状

态数据和其他运营数据，监视终端设备的运行状态，根据需要，向单个或一组终端设备下达运营参数和设备控制指令。

(4) 车站终端设备。车站终端设备位于城市轨道交通自动售检票系统架构的第四层，是直接为乘客提供售票服务的设备。车站终端设备分为售票类设备、检票类设备和验票类设备三种类型，主要包括自动售票机、半自动售票机、自动检票机和验票机等设备。

(5) 车票。车票位于城市轨道交通自动售检票系统架构的第五层，车票是乘客乘车的凭证，记载了乘客从购票开始，完成一次完整行程所产生的费用、需要的时间、乘车区间等信息。

2. 自动售检票系统的相关设备及功能

自动售检票系统主要由中央级设备和车站级设备组成。其中，中央级设备是指中央计算机（central computer，CC）系统；车站级设备包括编码/分拣机、自动售票机、半自动售票机、自动检票机/闸机、验票机、自动加值机和车站计算机。

(1) 中央计算机系统。中央计算机系统是自动售检票系统的首脑机关，是由一组计算机组成的几个服务器和几个系统工作站，共同完成服务器功能和系统运营管理的各项功能，主要包括中央主机（数据库服务器）、通信服务器、远程拨号服务器、中央工作站（监控、系统设置、数据库、网管工作站等）。

中央计算机系统的主要功能有：收集和保存车站计算机上传的各类有关票务、账务、客流、车站设备运行状态等数据；监视和控制所有车站设备的运行状态；设置系统运营参数和系统运行模式，并下达车站计算机和车站设备；按照设定的周期（日、月、季、年）处理和统计收集的各类数据，生成相应的各类报表并打印；具有时钟同步功能；等等。

(2) 车站级设备。

① 编码/分拣机（encoder/sorter，E/S）。对于新采购的票卡，在使用之前，首先必须进行初始化。票卡初始化是由编码/分拣机来完成的。车票使用一段时间后，必然会出现不同程度的损坏，这就需要进行定期收缴和更换，注销超出有效期的车票或者由于折损而不能继续使用的车票。这些也是由编码/分拣机来完成的。除此之外，编码/分拣机还可用来编制应急票、按类型分拣票卡、分离有效票和无效票等。

图 9－34　编码/分拣机

一般来说，编码/分拣机设置在清分中心的车票编码室内，通过工业级以太网，以客户机/服务器模式与清分系统中央计算机相连。编码/分拣机的计算机上安装有控制软件，由票务工作人员通过该控制软件对编码/分拣机进行操作。票务工作人员可通过该软件设置编码/分拣机的工作模式、设定赋值金额、监视设备的运行情况、打印票卡分拣情况表等。根据应用需求，既可将其功能分离，设置成单独的分拣机或编码机，又可将分拣、编码功能相结合，设置成编码/分拣机。编码/分拣机如图 9－34 所示。

② 自动售票机（automatic ticket vending machine，ATVM）。自动售票机可接收乘客的购票选择，并在购票过程中给出提示，接收乘客投入的现金并完成自动识别，自动计算现金数量和购票金额，自动找零，并自动完成车票校验、车票发售和出售的工作。自动售票机还能对各部

件的工作状态进行监测，并向车站系统上报工作状态，同时接收车站系统下发的参数和控制命令，并执行相应的操作，储存并上传交易信息，以及对本机接收的现金及维护操作进行管理等。自动售票机如图 9 – 35 所示。有些城市的自动售票机还可为储值票进行自助充值。

③ 半自动售票机（book office machine，BOM）。半自动售票机用于现场人工辅助发售、赋值有效车票，具备补票、退票、查询、更新等票务处理功能，如图 9 – 36 所示。半自动售票机通常安装在售/补票机或车站服务中心内，由售票人员按照售票模式和补票模式进行相关操作，因此，半自动售票机又称为人工售/补票机或半自动售/补票机。

图 9 – 35　自动售票机

图 9 – 36　半自动售票机

④ 自动检票机/闸机（gate）。自动检票机安装于车站付费区与非付费区的交界处，用于实现自动进出站检票，因此，自动检票机又称为闸机。对于持有有效车票的乘客，检票机通道阻挡解除（释放转杆或门扇开启），允许乘客进出站。自动检票机/闸机如图 9 – 37 所示。

图 9 – 37　自动检票机/闸机

根据功能不同，可将自动检票机分为进站检票机、出站检票机和双向检票机三种类型，只在非付费区安装车票读写器的检票机称为进站检票机；只在付费区安装车票读写器的检票机称为出站检票机；在车站的非付费区和付费区均装有车票读写器的检票机称为双向检票机。双向检票机可以根据需要变换成进站检票机或者出站检票机。根据通道的宽度，可将自动检票机分为普通检票机和宽通道检票机两种类型。根据阻挡装置，可将其分为三杆式检票机、拍打门式检票机和扇门式检票机三种，如图 9 – 38 所示。

⑤ 验票机（ticket checking machine，TCM）。验票机分为自动验票机和便携式验票机两种，如图 9 – 39 所示。

(a)

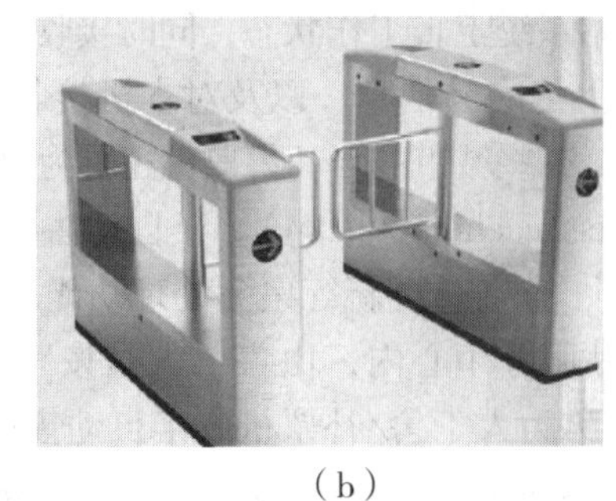

(b)

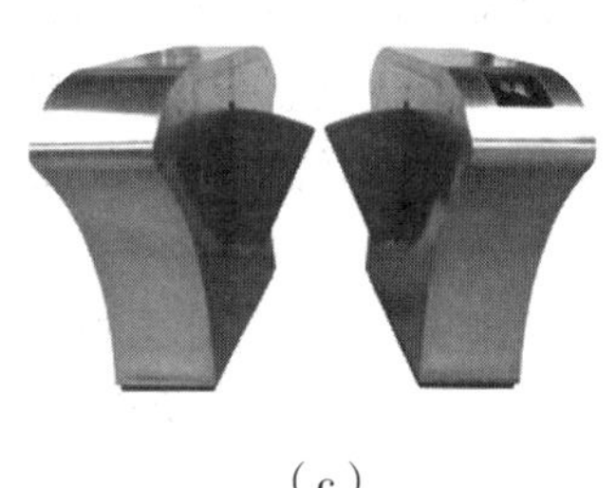

(c)

图 9-38　自动检票机的类型

(a) 三杆式检票机；(b) 拍打门式检票机；(c) 扇门式检票机

(a)

(b)

图 9-39　验票机

(a) 自动验票机；(b) 便携式验票机

a. 自动验票机。自动验票机是车站自动售检票系统中的自助查询设备，安装在车站的非付费区内，为乘客提供车票自动查验服务，如图 9-39 (a) 所示。乘客可通过它查询车票的有效性，对有效的车票还可查询车票类型、剩余金额或剩余次数（仅对计次票）、车票使用有效期和历史交易信息。

b. 便携式验票机。便携式验票机又称手持式验票机，如图 9-39 (b) 所示，是一种由车站工作人员随身携带的移动设备，用于对乘客所持票卡进行查询，方便车站工作人员在收费区内对有关票卡的有效性进行检验并显示检验结果，为及时解决票务纠纷提供帮助。

⑥ 自动加值机（automatic value-adding machine，AVM）。自动加值机安装在车站内的非付费区，用于让乘客自主完成对储值票的加值，还可以提供车票查验等其他服务，如图 9-40 所示。

⑦ 车站计算机（station computer，SC）。车站计算机收集检票机、半自动售票机和自动售票机每天的交易信息，并把这些信息发送给中央计算机，以便进行票务收入汇总和报表生成。此外，车站计算机也可控制车站设备。车站计算机能监视每台设备是在运转还是关闭，并负责把价目表、黑名单和控制参数下载到车站的每台设备上，如图 9-41 所示。

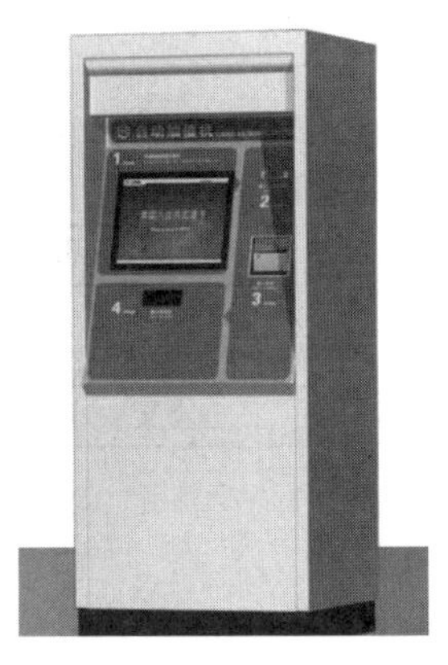

图9－40　自动加值机

图9－41　车站计算机

四、城市轨道交通自动售检票系统的运行管理

1. 运行管理的任务

自动售检票系统是城市轨道交通机电设备中承担客运组织的重要系统，对自动售检票设备进行有效管理，是城市轨道交通客运及票务组织有序、高效运作的前提保证，因此，必须做到如下几点：

首先，必须制定合理的设备运营管理方案，规范车站票务人员的操作。制定和完善自动售检票设备的操作手册、指引和流程，使车站操作人员可以安全、可靠地控制和科学地管理车站设备，最大限度地利用自动售检票系统功能为城市轨道交通运行服务。

其次，需要建立专门的自动售检票设备维护及维修队伍，加强对自动售检票设备故障处理的组织和研究，明确故障类型和等级的划分，保证系统设备良好的技术和经济性能。

再次，要加强对自动售检票系统高科技含量的应用，利用系统提供的各种原始数据（数据库）、日志、审核、报警信息来提高城市轨道交通对安全事件的反应和处理能力，保证乘客的人身安全和系统的收益安全。

最后，要加强对乘客使用设备的教育和宣传，让乘客了解票务政策和票价政策，熟悉设备的使用特性，爱护设备，维护设备的完整性。

2. 运行管理的内容

自动售检票设备操作人员按功能权限，大致可分为中央系统维护人员、制票人员、票务审查及核对人员、车站督导员、车站售票员、票务稽查人员、车站维修人员等级别。其中，中央系统维护人员负责中央计算机系统各种设备的日常管理及维护；制票人员利用编码/分拣机对车票进行编码、赋值、分拣、注销等操作；票务审查及核对人员利用中央计算机系统的各个功能工作站进行票务收益的审查及核对工作；车站督导员和车站售票员负责车站设备的日常使用及管理；票务稽查人员会定期和不定期对车站票务的运作情况进行抽检，根据公司的票务政策，对票务违章或违规行为进行处理；车站维修人员负责车站设备的维护和维修，确保车站设备的正常使用。

另外，财务部门、营销部门、车务部门和稽查部门也可以通过中央计算机的工作站进行客流统计、票价分析、营收统计、客流断面分析、员工票使用分析等工作。

自动售检票系统运行管理图如图9－42所示。

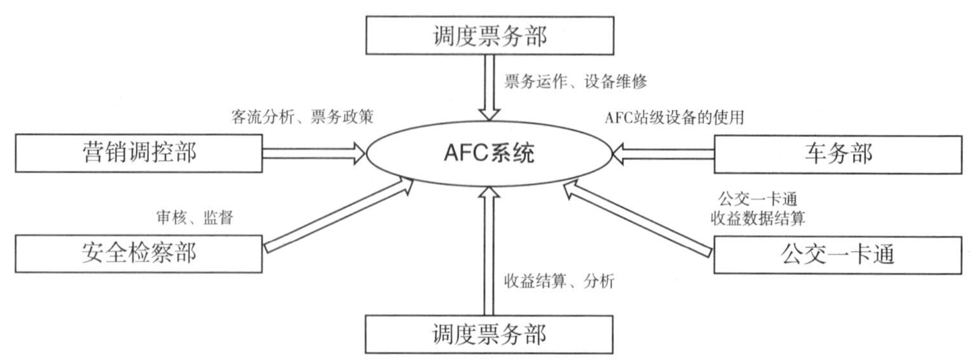

图9－42　自动售检票系统运行管理图

任务拓展

青岛地铁“二维码乘车”功能正式上线，乘客可先乘后付①

国内各城市地铁移动支付百态，城轨交通“无票时代”到来

自2018年6月29日起，青岛地铁“二维码乘车”功能正式上线。

据悉，青岛地铁已完成互联网票务平台建设、清分系统改造，以及三条运营线路所有车站的售票机、闸机等系统设备改造，实现线网二维码支付乘车。

自2018年6月29日起，乘客只要下载“青岛地铁”（官方）App，按照操作提示注册、绑定支付方式、生成二维码，选择标有“扫码过闸”字样的闸机进行扫码（见图9－43），便可享受“先乘后付”乘车服务。

图9－43　地铁“二维码乘车”

① 佚名. 青岛地铁“二维码乘车”功能正式上线可先乘后付. [2018－11－01]. http://www.mpaypass.com.cn/news/201806/29111517.html.

任务操作

1. 从出行的角度出发，通过乘坐地铁，调研地铁车站自动售检票设备的使用情况，以及该城市轨道交通的票制，同时可选择其他城市进行比较，撰写一篇调查报告。

2. 操作车站自动售检票设备。

任务考核

一、单项选择题

1. 城市轨道交通采用的自动售检票系统可实现（　　）。

A. 自动消防报警　　B. 远程控制

C. 环境自动控制　　D. 自动售检票

2. 具有操作与管理自动售检票设备的能力，处理票务报表与台账、对车站票务事件处理的能力和对票务员监督和管理的能力，是（　　）的岗位要求。

A. 行车值班员　　B. 站务员

C. 售票员　　D. 厅巡

3. 下列选项中，不属于车票编码定义内容的是（　　）。

A. 车票类别　　B. 车票次数

C. 使用范围　　D. 车票时效

4. 城市轨道交通自动售检票系统架构的第四层是（　　）。

A. 数据采集点　　B. 车站终端设备

C. 一卡通中心　　D. 行业分中心

5.（　　）是安装在非付费区供乘客自助对车票进行查询的设备。

A. AGM　　B. ATVM　　C. BOM　　D. TCM

二、多项选择题

1. 下列选项中，属于城市轨道交通车票种类的是（　　）。

A. 纸质车票　　B. 磁卡车票　　C. IC卡车票　　D. 单程票

2. 城市轨道交通的票价制定应考虑（　　）。

A. 城市轨道交通系统的运营成本

B. 城市交通其他交通方式的票价水平

C. 城市经济发展水平与市民生活水平

D. 政策因素，如物价政策、交通费补贴政策等

3. 根据城市轨道交通的特点，票卡按其使用性质，一般分为（　　）。

A. 单程票　　B. 计次票　　C. 储值票　　D. 纪念票

三、判断题

1. 初始化后的车票还必须经过赋值处理才能够正常使用。（　　）

2. 每日运营开始前，车站人员对自动售票机进行补币、补票，然后自动售票机开始运营服务。（　　）

3. 自动验票机在读取车票信息时可以修改车票上的数据。（　　）

4. 半自动售票机仅具有车票发售、充值和补票功能。（　　）

四、综合训练题

1. 什么是票制？自行查阅资料，举例说明我国各城市轨道交通的票制有哪些不同之处，并进行比较。

2. 结合平时乘坐地铁的经历，简要说明城市轨道交通使用 AFC 的优势。

3. 自行查阅资料，看一看现今有哪些新型的地铁车票支付手段，撰写一篇调研报告。

4. 简要说明 AFC 系统车站设备的组成结构和功能。

5. 地铁单程票在使用过程中常常会出现破损、流失的问题，请你思考一下有哪些手段能提升单程票的生命周期。

PROJECT

项目 10

城市轨道交通运营管理

TASK

任务1 城市轨道交通客运作业

知识目标

1. 掌握车站客流组织方法。
2. 掌握大客流的类型及相应的组织措施。

能力目标

1. 能进行车站客运作业。
2. 能分析地铁车站的客流状况及采取相应的客流组织措施。

任务引入

城市轨道交通系统的客流量随时间段不同具有明显的高峰与低谷，这种不均衡性与城市的产业布局、居民出行习惯有关。因此，应该有计划地进行客流组织与疏导，依靠科学管理实行优质、高效的客运管理。通过乘坐你所熟悉的城市轨道交通出行，调研某个车站的客流状况，分析针对不同状况应采取的客流组织措施。

任务分析

城市轨道交通的客流管理是城市轨道交通的重要组成部分，有效、合理、科学的客流组织是城市轨道交通完成其大容量客运服务的前提。

一、客流组织的内容

城市轨道交通主要通过合理的客流组织来完成其大容量的客运任务。客流组织是通过合理布置客运有关设备、设施以及对客流采取有效分流或引导措施来组织客流运送的过程。城市轨道交通控制中心负责城市轨道交通线路的客流组织工作，车站的客流组织由站长/值班站长负责。

国外地铁不安检，都是怎么运营的

客流组织的主要内容包括车站售票和检票位置的设置、车站导向的设置、车站自动扶梯的设置、隔离栏杆等设施的设置、车站广播的导向、售检票设备数量的配置、工作人员的配备以及应急设施等。城市轨道交通客流组织的目的在于保证客流运送的安全，保持客流运送过程的畅通，尽量减少乘客的出行时间，避免拥挤，便于大客流发生时的及时疏散。

无论何种形式的车站（高架、地下、地面），进站乘客最基本的流线是：购票—经过检票机—通过楼梯上站台—乘车。出站乘客的流线则相反。在大客流的情况下，车站应通过合理安排人员，做好乘客的疏导、宣传工作，对车站人流进行控制。人流控制应采取由内至外、由下至上的原则，在车站出入口、入闸机处进行人流的两级控制。侧式站台的车站相对于岛式站台的车站容易将不同方向的客流分开，但不利于乘客进行换乘，售检票设备设置较分散，不利于车站管理。

为此，在进行客流组织时，应特别考虑以下几个原则：

（1）合理安排售检票设备的位置，出入口、楼梯、行人流动线简单、明确，尽量减少客流交叉、对流。

（2）与乘客换乘的其他交通工具之间顺利连接。

（3）完善诱导系统，快速分流，以减少客流集聚和过分拥挤现象。

（4）均匀布置站台范围内的公共区楼梯与自动扶梯。

（5）满足换乘客流的方便性、安全性和舒适性等基本要求。

（6）客流流量控制，可以通过对出入口控制点进行控制等方法实现，加强站区的客流流量控制。

二、车站客运作业

1. 车站客运作业的基本要求

车站客运作业包括售票作业、检票作业和站台服务等。车站是城市轨道交通对乘客服务的窗口，车站客运作业直接面对乘客，客运作业的质量既反映了城市轨道交通的乘客服务水平，也反映了城市轨道交通的运营管理水平，关系到市民对城市轨道交通的满意度。对车站客运作业的基本要求如下：

（1）站容整洁。车站内外应门窗完整、明净；各种设备和设施摆放整齐、有序；站台、站厅、通道和出入口的墙壁光洁，地面无痰迹和废物；卫生间清洁、卫生。

（2）导向标志完善、齐全。车站出入口应有站台标记，车站内应有到达出入口、检票口、站台、售票处等的导向标志。此外，还应有指引乘客换乘其他轨道交通线路或地面公交线路的导向示意图。

（3）优质服务。车站客运作业人员应遵守职业道德，文明礼貌、主动热情地为乘客服务，耐心、正确地回答乘客提出的问题，帮助乘客解决疑难问题，经常征求乘客的意见，及时改进工作，提高客运服务质量。

（4）遵章守纪。车站客运作业人员应认真执行客运规章制度，服从命令、听从指挥。执行职务时，车站客运作业人员要仪表整洁，按规定着装，并佩戴标志。

（5）掌握客流规律。车站客运部门要经常进行客流调查与分析，积累客流资料，掌握不同时期、季节、时间和性质的客流变化规律，对可能出现的大客流应有一定的预见性。

（6）做好联防协作。客运作业人员应随时与车站值班员、列车驾驶员、公安人员等有关工种作业人员加强联系，密切配合、协同工作，确保列车与乘客的安全。

2. 客运服务流程

城市轨道交通客运服务是将乘客从其出发站输送到目的站，为他们提供安全、便利、舒适和快捷的乘车、候车服务。运营企业必须在每一个环节均为乘客提供优质的服务，使每一位乘客在从购票乘车到下车出站的全过程中都感到满意。

（1）引导乘客进站。在地铁各出入口设立明显的导向标志，方便乘客识别并根据导向指标进站乘车。

（2）问讯服务。车站的问讯服务可分为有人式服务和无人式服务，车站的工作人员应向问讯的乘客提供服务。目前，地铁车站均提供自助式服务，一些城市已经采用了自助售票机，该设备实现了售票和部分问讯功能。

（3）售检票服务。目前，城市轨道交通提供售票服务的主要形式是以自助发售为主、人工发售为辅的方式，提高了服务效率和水平，检票主要通过自动检票机实现乘客的自助检票服务，部分城市还开设了移动支付通道，如南京。

（4）组织乘降。站台应设有明显的候车安全线，提示乘客在列车未进站停稳、车门未完全打开之前，不要越过安全线，以防发生意外事件。目前，城市轨道交通基本上都采用了屏蔽门技术，保障了乘客的候车安全。同时，车站还提供广播，为乘客预报下次进站列车的方向和时间。

（5）出站验票。乘客到达目的站后，持票卡验票出站，车站应有各类导向标志，引导乘客从所需要的出入口出站。同时，利用自动售检票系统，车站还可提供票卡分析服务。

3. 站台服务作业

站台服务作业的主要内容是接送列车、组织乘降和站台管理。

（1）接送列车。在接送列车时，站台服务作业人员应精神饱满、思想集中，站在指定位置，面向列车，目迎目送，注意列车运行状态。若遇有危及行车安全和乘客安全的险情，应立即采取有效措施，并及时向车站值班员报告。在列车到发过程中，提醒乘客在安全线内候车，上车时注意安全，维持站台的候车秩序。

（2）组织乘降。列车到达前，站台服务作业人员应组织乘客尽可能在站台上各个站台门处均匀分布候车，以缩短列车的停站时间。列车到达后，提醒乘客先下后上。

（3）站台管理。加强站台巡视，防止乘客跳下站台或进入隧道。注意候车乘客动态及其携带物品，若发现异常、可疑情况或闲杂人员在站台上长时间停留，应及时与有关人员取得联系，进行处理。与列车驾驶员密切配合，防止出现车门夹人、夹物或车门未关闭时列车起动等现象，保证乘客安全。若发生伤亡事故，应保护现场，疏导乘客，做好取证，并协助清理现场。

4. 投诉和客伤处理

城市轨道交通作为服务性的公共交通企业，处理投诉和客伤是不可避免的。妥善接待、处理投诉和客伤是良好的企业管理水平的体现。

（1）投诉的处理。乘客投诉是指乘客对轨道交通运营服务质量提出不满意见，涉及规范服务、乘车环境、票款差错和列车运行等方面。按责任承担，投诉可分为有责投诉和无责投诉。有责投诉按事件的严重程度，可分为一般有责投诉和严重有责投诉。严重有责投诉是指乘客通过各种途径对城市轨道交通运营服务质量进行投诉，经查实确为城市轨道交通方的责任，并且事件的情节与后果严重，给社会造成了较大的不良影响。一般有责投诉的事件情节与后果没有严重有责投诉严重。

城市轨道交通运营部门应建立相应的投诉处理制度，并可指定运营服务主管部门受理，也可设立服务热线接待乘客的咨询和投诉。对乘客的投诉，应认真受理，及时调查，按时回复。车站在接到投诉后，应及时进行调查，并将调查核实情况报告主管部门。对于一般投诉，原则上应在三日内处理完毕。处理投诉时，应做到态度诚恳、用语文明、依章解释，并且追访乘客对投诉处理的满意度。

（2）客伤的处理。客伤是指乘客在城市轨道交通管辖的运营区域内发生的人身伤害和伤亡事件的总称。客伤处理的原则是真诚待人、实事求是、适时安抚、协商解决。城市轨道交通企业应制定客伤处理规则，指定专门部门和专人负责处理客伤事件。处理客伤的工作人员应了解城市轨道交通企业的各项规章制度、设施设备的工作和使用要求，并具有一定的法律知识。

城市轨道交通企业为了维护企业自身和乘客的利益，应向保险公司投保或设立安全基金，以妥善处理客伤理赔事宜。从对客伤的处理过程中发现运营管理中的缺陷和一些设备设施方面的不完善，进而发现问题，解决问题，更好地为乘客服务。

5. 车站客流组织

车站是城市轨道交通客流的集散地，一般由出入口及通道、站厅层、站台层、设备用房、管理用房和生活用房等构成。车站的功能分区一般由付费区、非付费区和设备管理用房组成。乘客基本上都在付费区与非付费区之间流动，这两个区域被栏杆分开，由一个或多个通道进行连通。地铁车站的候车环境主要由地面出入口及通道、站厅和站台三个主要部分组成。

（1）地面出入口及通道。地面出入口及通道的数量、规模、位置根据车站进出客流的方向和数量确定，首先要照顾各个方向的客流，为满足远期发展的需要，可以预留部分出入口及通道，逐步开通使用，同时考虑到消防疏散的需要，从运输安全的角度考虑，每个车站必须保持开通两个及以上出入口及通道。

（2）站厅。站厅一般设置在地下一层，其主要功能是集疏乘客、售检票服务、引导乘客分流、设置车站各种管理和设备用房。站厅分为付费区和非付费区，通过栏杆隔离，一般站厅设备较多，主要为导向设施和自动售检票设备。站厅容纳率是指站厅每平方米能安全容纳乘客的数量。根据广州地铁的客流组织经验，站厅容纳率一般为 2 ~4 人/m^2。

（3）站台。站台一般设置在地下二层，其主要功能是供列车停靠、乘客上下车，由站台和线路、乘降设备组成。站台容纳率是指站台每平方米能安全容纳乘客的数量。根据广州地铁的客流组织经验，站台容纳率一般为 2 ~4 人/m^2。

另外，自动扶梯、检票机和票亭的布设都要以尽量避免进出站客流交叉为前提。客流交叉的减少能有效提高乘客的流动速度，从而减少乘客的候车时间。因此，在进行车站设计确定站台的客流组织方法的过程中，在依照客流组织的原则下，应因地制宜，依据不同的车站形式来确定站台的客流组织方法。

换乘站一般客流量比较大，客流流线复杂，客流组织相对于其他车站难度较大。换乘站根据不同的换乘方式，在客流组织管理上应注意采用不同的方法，总的原则在于，应组织好换乘客流，缩短换乘路径，减少换乘客流与进出站客流的交叉、干扰。

（1）站台直接换乘。车站的两条线路若为平行交织，且采用岛式车站，要求站台能够满足换乘高峰客流的需要，换乘楼梯或自动扶梯应有足够的宽度，以免发生乘客拥挤现象。

（2）站厅换乘。乘客在换乘过程中，须由一个车站的站台通过楼梯或自动扶梯到达另一个车站的站厅或两站共用的站厅，再由这一站厅通到另一个车站的站台，由于下车客流只朝一个方向流动，减少了站台上人流交织，乘客行进速度快，在站台上的滞留时间减少，可避免站台拥挤，同时又可减少楼梯等升降设备的总数量，增加站台有效使用面积，有利于控制站台宽度规模。

（3）通道换乘。这种换乘方式是指两个车站通过设置单独的换乘通道供乘客换乘。通道换乘设计应注意上、下行客流的组织，更应避免双方的换乘客流与进出站客流的交叉紊乱。

（4）组合式换乘。在各种条件下，一定要确保换乘客流顺畅，特别要做好客流的诱导工作，同时对于不同的站台设置方式，应采取不同的客流组织方式。

小案例

广州地铁公园前站①

广州地铁公园前站站台是一岛两侧式的，即除了中间的站台外，两侧还各有两个站台。中间的岛式站台专门用于上车，两侧的站台用于出站和换乘，这样就合理地分解了上下车客流。该站是广州地铁 1 号线与 2 号线的交汇点，1 号线在上，2 号线在下，呈十字相交，相交点的垂直距离高达 7 m。广州地铁 1 号线和 2 号线共用一个购票、出入口平台，也就是原来的 1 号线车站。由于 2 号线在 1 号线之下，乘客须依靠自动扶梯上下。

三、大客流组织与调整

1. 大客流的内涵和分类

（1）大客流的内涵。大客流是指在某一时段集中到达的、客流量超过车站正常客运设施或客运组织措施所能承担的流量时的客流。当车站发生可预见性大客流或突发性大客流时，车站应合理安排人员，对客流做好疏导和组织工作，并会同地铁公安部门对客流进行控制。对客流进行控制，应在车站出入口、进站闸机、站厅与站台的楼梯、自动扶梯和垂直电梯处进行重点控制。

（2）大客流的分类。在通常情况下，当车站客流量达到车站容纳量的 70% 以上时，就认为车站发生大客流。

① 根据各车站的客运能力，依据大客流可能造成的危害程度、波及范围、影响大小、行车中断时间、人员伤亡和财产损失等情况，可将其划分为一般级、较大级、重大级三个等级。

a. 一般级，即Ⅲ级突发大客流，是指站台较拥挤，地铁运营秩序未受到较严重影响，通过车站及邻站支援能够处置的突发大客流。

b. 较大级，即Ⅱ级突发大客流，是指站台、站厅都较为拥挤，地铁运营秩序受到一定影响，以地铁公司为主能够处置的突发大客流。

c. 重大级，即Ⅰ级突发大客流，是指站台、站厅和出入口都较为拥挤，预计持续时间超过 30 分钟，地铁运营秩序受到严重影响，可能或已经造成人员伤亡、财产损失等的突发大客流。

② 依据客流的时效性和产生原因，可将大客流分为节假日大客流、暑期大客流、大型活动大客流、恶劣天气大客流。

---

① 百度百科．公园前站．［2018 - 10 - 23］．https://baike.baidu.com/item/公园前站．

a. 节假日大客流。节假日大客流主要由购物休闲、旅游观光和返乡探亲的乘客构成，在节假日期间，地铁各站的客流量较平时有大幅上升，以购买单程票和初次乘坐地铁的乘客居多。

b. 暑期大客流。暑期大客流主要由购物休闲、旅游观光的乘客和放暑假的学生构成，每年七八月份地铁各站的客流量较平时有明显增加。

c. 大型活动大客流。在特定时间段（如活动结束后）客流量会显著增加，且一般都在周末，这种大客流称为大型活动大客流。因大型活动大客流发生的时间和规模大多可预见，且持续时间较短，影响范围有限，所以通常只对该活动地点附近的车站影响较大。

d. 恶劣天气大客流。当出现酷暑、大雨、暴雪、台风等恶劣天气时，地面交通受到较大影响，市民改乘地铁或进入地铁车站避雨，造成地铁车站的客流量明显增加，对车站客流组织带来一定困难，这种大客流称为恶劣天气大客流。

想一想

举例说明某地铁车站可能出现的大客流的类型。

2. 大客流的组织措施与调整方法

城市轨道交通企业在面对大客流冲击时，必须在保证疏散客流安全的前提下，尽快地疏散客流。大客流组织的主要措施包括以下几个方面：

（1）增加列车的运能。根据大客流的方向，在大客流发生时，利用就近的折返线、存车线组织列车运行方案，实施增开临时列车，增加列车运能，从而保证大客流的疏散。列车的运能是大客流组织的关键。

（2）增加售检票能力。售检票能力不足是大客流疏散的主要障碍，车站在设置售检票位置时，应考虑提供疏散大客流的通道。可采取事先准备足够的车票，在地面、通道和站厅增加设置售票点，增设临时检票位置的方法来疏散大客流（见图 10－1），具体包括售检票设备的准备、车票和零钞的准备、临时售票亭的准备、自动扶梯和垂直电梯的准备、临时导向标志和隔离设备的准备等。

图 10－1　南京地铁新街口站设立临时售票亭

（3）采取临时疏导措施。在大客流组织中，临时合理的疏导对客流方向的限制是一项很重要的组织措施，主要包括出入口、站厅的疏导，站厅、站台自动扶梯和站台的疏导。出入口、站厅的疏导主要是根据临时售检票位置的设置，限制客流的方向，以保持通道的畅通和出入口、站厅客流的秩序。疏导措施主要有设置临时导向、设置警戒绳或隔离栅栏，采用人工引导和广播宣传引导等。

（4）关闭出入口或进行进出分流。大客流往往是难以预测的，因此，为了保证大客流发生时乘客的安全，在难以采用有效的措施及时疏散客流时，可采用关闭出入口或对某部分出入口限制乘客进入车站的措施，来阻止一部分客流进入或延长大客流疏散的时间。

3. 突发事件客流组织

突发事件是指在没有任何征兆的情况下，在城市轨道交通车站内、列车上或其他设备设施内突然发生的、危及人身安全的事件，如自然灾害地震、人为因素爆炸、设备故障火灾等。

当突发事件发生时，在车站内或列车上的客流均称为突发事件客流。各车站应根据本站的具体情况，建立切实可行的突发事件客流组织预案，合理安排各岗位和地点的具体工作，迅速疏散客流，避免意外的发生、扩大和蔓延。当突发事件发生时，车站可根据实际情况，采用不同的客流组织办法对乘客进行疏导，主要有疏散、清客、隔离三种办法。疏散是指在紧急情况下，利用一切通道和出口迅速将乘客从危险区域全部转移到安全区域，包括车站疏散和隧道疏散；清客是指当车站或列车出现异常时，将乘客从某一区域全部转移到另一个区域，包括车站清客和列车清客；隔离是指采用某种方式或设备人为地隔开人群或封闭某个区域。根据造成隔离的原因，隔离组织方法主要有非接触式纠纷隔离、接触式纠纷隔离、客流流线隔离、疫情隔离。

任务拓展

广州地铁道岔故障连发三次 被迫清客①

2012 年 2 月 18 日 14 时，广州地铁 8 号线凤凰新村站因道岔故障无法正常运行，在停车 15 分钟后被迫清客。尽管广州地铁在 2012 年 2 月 15 日 1 号线道岔故障时声明，此故障为偶发性故障，但如此小概率事件在短短一周内接连出现 3 次之多。有知情人士大胆猜测，难避季节交替等天气原因。

列车出故障被迫清客

2012 年 2 月 18 日 14 时，乘客严先生在广州 8 号线凤凰新村站上了一列正要开往万胜围站的地铁后，发现列车迟迟没有开动，车门大开着。其间，不断有乘客上车。等待了 15 分钟左右，终于出现了一名工作人员，该工作人员示意车上乘客全部下车，表示地铁出现了一些问题。严先生下车后，看见几位工作人员来来回回跑动。之后，站台的屏幕转换成绿屏，他这才知道是凤凰新村站出现了故障，地铁工作人员启用了该站台对面的一个备用站台。“平时这个站台是不用的。”一名现场工作人员透露。地铁工作人员组织滞留在站台上的乘客移步至另一侧站台候车，几分钟后，一列列车驶来接走滞留乘客，出发驶往万胜围站方向。

---

① 佚名. 广州地铁事故频发. [2018-12-13]. http://news.cntv.cn/20120222/111464.shtml.

道岔故障停运35分钟

2012年2月18日14时3分，广州地铁通过官方微博通报了8号线故障信息。事发当日13时48分，凤凰新村站出现道岔故障，技术人员正在加紧恢复。故障出现后，前往凤凰新村方向的乘客需在昌岗站换车。其间，地铁通过手机短信、车站广播、车站电视向乘客做了故障通知。8号线沿途各站均受故障影响，滞留了不少乘客。

至事发当日14时23分，凤凰新村站道岔恢复正常，8号线逐步恢复运行模式。

任务操作

1. 描述站台作业，或学生分组模拟站台作业。
2. 调研某个车站的客流状况，分析采取的客流组织措施，并撰写一篇调研报告。

任务考核

一、单项选择题

1. 城市轨道交通控制中心负责城市轨道交通线路的客流组织工作，车站的客流组织负责人是（　　）。

A. 值班站长　　B. 行车值班员
C. 客运值班员　　D. 站务员

2. 站台较拥挤，地铁运营秩序未受到较严重影响，通过车站及邻站支援能够处置的突发大客流等级为（　　）。

A. 重大级　　B. 较大级　　C. 一般级　　D. Ⅱ级

二、多项选择题

1. 站台服务作业的主要内容包括（　　）。

A. 接送列车　　B. 组织乘降
C. 站台管理　　D. 售检票

2. 当突发事件发生时，车站可根据实际情况采取不同的客流组织办法对乘客进行疏导，主要方法有（　　）。

A. 停运　　B. 疏散　　C. 清客　　D. 隔离

三、判断题

1. 客运服务流程包括引导乘客进站、问讯服务、组织乘降。（　　）
2. 地铁车站的候车环境由地面出入口及通道、站厅和站台三个主要部分组成。（　　）
3. 大客流是指在某一时段集中到达的、客流量超过车站正常客运设施或客运组织措施所能承担的流量时的客流。（　　）

四、综合训练题

1. 结合某地铁车站说明客运作业的基本要求。
2. 举例说明车站客运组织方法。
3. 举例说明大客流的类型及组织与调整方法。
4. 自行查阅资料，并结合乘坐地铁的经历，简要分析地铁突发性客流产生的机制，思考一下在突发性大客流的条件下，车站如何进行客运组织。
5. 突发事件客流组织方法有哪些？

TASK 任务 2 乘客信息系统和导向系统

知识目标

1. 掌握乘客信息系统的组成。
2. 掌握乘客导向系统的组成。

能力目标

1. 能分析乘客信息系统的信息减少内容。
2. 能认识车站内的设备与设施标志。

任务引入

城市轨道交通的乘客信息系统（passenger information system，PIS）是集现代多媒体显示、视频广播、多媒体广告制作等多种技术手段于一体，以计算机系统为核心，以车站和车载显示终端为媒介，全方位为乘客提供优质服务的系统。通过乘坐你所熟悉的城市轨道交通出行，调研某个车站的乘客信息系统和导向系统。

任务分析

一、乘客信息系统

1. 乘客信息系统的概念

乘客信息系统是依托多媒体网络技术，以计算机系统为核心，以车站和车载显示终端为媒介向乘客提供信息服务的系统。

2. 乘客信息系统的功能

乘客信息系统是通过设置站厅、站台、出入口、列车的显示终端，让乘客及时、准确地了解列车运营信息和公共媒体信息的多媒体综合信息系统。乘客信息系统是地铁系统实现以人为本、提高服务质量、加快各种信息公告传递的重要设施，是提高地铁运营管理水平、扩大地铁对旅客服务范围的有效工具。

在正常情况下，乘客信息系统提供乘车须知、服务时间、列车到发时间、列车时刻表、管理者公告、政府公告、出行参考、股票信息、媒体新闻、赛事直播、广告等实时、动态的多媒体信息；在火灾、阻塞和恐怖袭击等非正常情况下，乘客信息系统提供动态紧急疏散提示，车载设备接收无线传输的信息，且经处理后实时在列车车厢 LCD（liquid crystal display，液晶显示器）显示屏上播放，使乘客通过正确的服务信息引导，安全、便捷地乘坐城市轨道交通出行。

3. 乘客信息系统的信息显示

(1) 乘客信息系统支持的信息类型。乘客信息系统支持的信息类型主要有：紧急灾难信息，如火警、台风警报、洪水警报等；列车服务信息，如列车时刻表，列车阻塞等异常信息，下一班车的到站、离站时间等；乘客引导信息，如动态指示信息、轨道交通服务终止通告、换乘站换乘信息和地面交通指示信息等；一般站务信息及公共服务信息，如日期和时钟信息、票务信息、公益广告信息、天气温度信息等；商业信息，如视频商业广告、视频形象宣传片、图片商业广告等。

(2) 乘客信息系统信息显示的优先级。乘客信息系统信息显示的优先级规则如下：

① 信息类型的优先级按照如下顺序递减：紧急灾难信息、列车服务信息、乘客引导信息、一般站务信息及公共服务信息、商业信息。

② 低优先级信息不能打断高优先级信息的播出。

③ 高优先级信息可以打断低优先级信息的播出。

④ 同等优先级的信息按设定的播出时间列表顺序播出。

⑤ 紧急灾难信息为最高优先级信息，发生紧急情况时，可以终止和中断其他所有优先级的信息。

(3) 乘客信息系统信息的显示方式。乘客信息系统信息的显示方式主要有文本显示、动画和图像显示、视频播放、时钟显示。

4. 乘客信息系统的架构

乘客信息系统从结构上，可分为控制中心子系统、车站子系统、车载子系统、广告制作子系统和网络子系统（见图 10－2）。

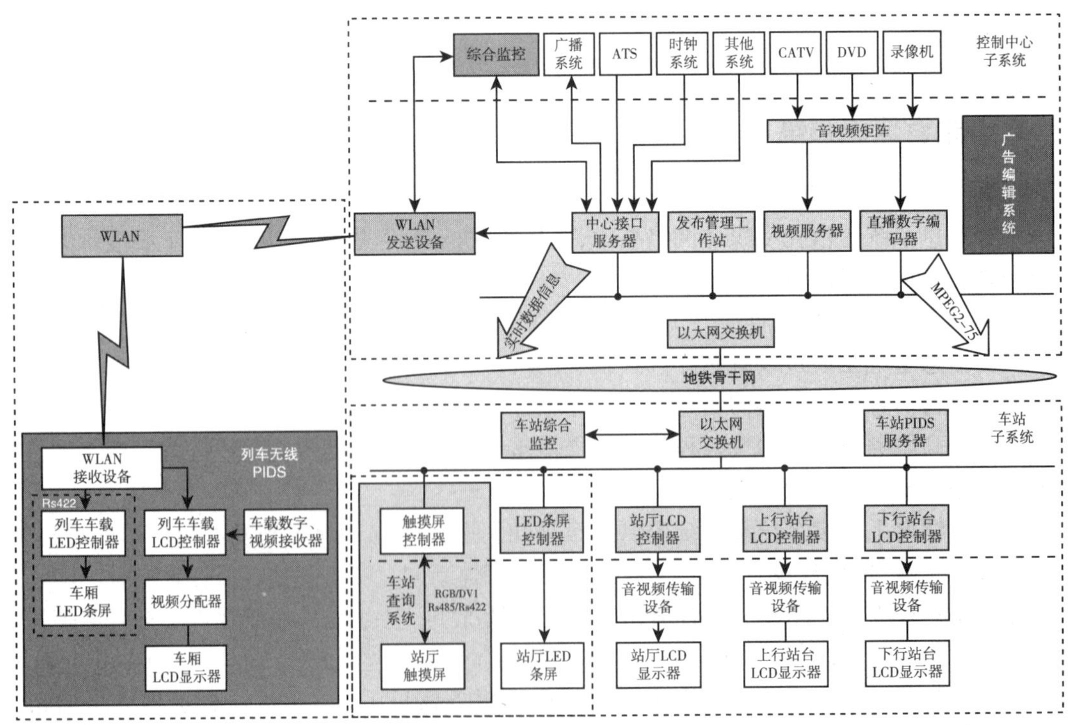

图 10－2 乘客信息系统的架构

（1）中心子系统。中心子系统是 PIS 的核心部分，主要负责接收车站 PIS 上传的信息，包括列车早、晚点信息和到站发车信息，同时向车站 PIS 发送各种控制信息，如选站控制、时钟同步、警告信息。另外，中心子系统设有语音广播器，用于特殊情况下的语音插播。

（2）车站子系统。车站子系统由车站数据服务器、车站播控服务器、车站操作员工作站、屏显控制器、网络系统和集成化软件系统组成，用于转播控制中心发来的实时信息，并叠加本站的信息，如列车运行信息等（见图 10－3）。

图 10－3　车站 PIS 显示系统

（3）车载子系统。车载子系统用于播放预先录制的节目，以及发布中心子系统对列车发送的实时信息。车载子系统的主要设备有车辆段 PIS 监控站、车辆段或车站 PIS 数字视频发送设备、车载 PIS 数字视频接收设备、车载显示控制器和无线集群通信系统。

（4）广告制作子系统。广告制作子系统大多设置在站厅中，主要提供直观、方便的用户界面，供业务人员或广告制作人员制作广告节目、编辑广告时间表，控制指定的显示屏或显示屏组按照指定的时间表播放。制作好的素材经审核通过后，由网络传输到控制中心和各车站播出。

（5）网络子系统。网络子系统是城市轨道交通主干通信网提供给 PIS 的通道，该通道用来传输从控制中心到各车站、地铁车辆之间的各种数据信号、控制信号和视频信息。网络子系统包括有线网络和车地无线子系统。中心局域网、广告中心局域网、车站局域网都是通过网络交换机连接本局域网内的各种设备，再由网络交换机经硬件防火墙设备连接至传输网的。

想 一 想

你在地铁上见过的 PIS 信息有哪些？

二、乘客导向系统

乘客导向系统由设置在车站外、出入口、通道、站厅、站台和车辆等处，包括图形、文字、符号和数字在内的各种静态导向标志，以及实时发布的视觉和听觉导向信息组成。其具体可分为静态导向标志（见图 10－4）和动态导向信息（见图 10－5）。动态导向信息即实时发布的导向信息，是静态导向标志的补充。按基本功能和媒介形式的不同，它们又可分为若干类型，具体见表 10－1。

图 10－4　地铁车站的静态导向标志

图 10－5　电子显示屏显示列车到达时间

表 10 -1　乘客导向系统

乘客导向系统的组成		内　涵	举　例
静态导向标志	方向性标志	为乘客提供引路信息和定位信息	出入口方向、售检票区域方向、换乘方向、列车运行方向、紧急出口
	警示性标志	一般危险或警告标志，指示乘客注意安全或不能进入	注意碰头、禁止吸烟、乘客止步、严禁跳下站台、高电压危险
	服务性标志	为乘客提供公共服务信息	线路和车站分布图、列车运行时刻表、票价信息、卫生间、车站周边公交线路与公共设施指南
动态导向信息	站台上的电子视觉信息	为乘客提供列车到站时刻及目的地、列车到站预告及安全提示、末班车离开后本站运营结束，以及发生紧急情况等信息	地铁站台电子显示屏上显示本次列车到达的剩余时间
	车站内的广播信息	为乘客提供列车到站时间、候车安全提示、紧急情况时的安抚乘客和撤离通知等信息	列车广播到达车站名称

想一想

地铁车站设置了哪些服务性标志？分析其存在的问题。

三、车站内的设备与设施标志

车站内的设备与设施标志包括服务普通乘客的自动扶梯标志、为盲人提供方便的盲道、供残疾人使用的无障碍通道与垂直电梯的标志，以及公用电话、卫生间等设施的标志。

1. 安全指引标志

楼梯及站台、站厅上设置了荧光导向箭头，在停电时指引乘客如何出站。另外，乘客在乘车过程中遇到紧急情况或突发事件时，可以使用城市轨道交通紧急设施，帮助自己脱离危险。

2. 紧急停车按钮

紧急停车按钮是一个红色塑料盒子，上面标示有“紧急停车按钮”“非紧急情况下禁止使用”，一般被安置在站台上对着地铁屏蔽门的柱子或墙壁上（见图 10 -6）。

地铁紧急停车按钮一般在出现下面两种情况时才能按下：一是当车站内发生火灾、卧轨、乘客不慎掉入轨道内等紧急情况时，发现的候车乘客可以按下紧急停车按钮，行车系统和控制中心会阻止列车驶入站内；二是车站的乘客比较多，出现乘客、乘客的东西被屏蔽门卡住的情况，其他乘客可以按下紧急停车按钮，此时列车会停车。

图 10－6　站台上的紧急停车按钮

小案例

孩子因好奇按下紧急停车按钮①

2015 年 10 月 22 日 16 时左右，大连地铁内一个孩子因好奇按下紧急停车按钮，车站控制室 IBP 盘紧急停车报警，结果发现并无异常状况，但是这差点给列车运营带来影响。

2014 年 2 月 7 日 15 时 17 分，郑州地铁桐柏路站紧急停车按钮被按下。经调查发现是一场虚惊，是一个 12 岁的小姑娘由于好奇误按所致。尽管该事故在 1 分钟内被处置完成，且并未对行车造成影响，但是对于地铁营运来说，这是一次重大事故。

---

① 佚名. 大连一“熊”孩子因好奇按下紧急停车按钮.［2018－10－15］. http://dl.bendibao.com/news/20151029/52930.shtm.（有改动）

四、地铁站外的导引标志

若想对城市地铁客流进行有效集散，不仅需要依靠车站内部的标志导引，同时还需要配合地铁站周边一定距离范围内的路面指示牌对乘客的出行流向进行合理的引导，以使乘客能及时抵达目的地车站，提高乘客的出行效率。

地铁路面指示牌（见图 10－7）的设计承载了一个城市的地域文化和地铁的企业形象，它在城市地铁站外导引中起着重要的指示作用，可为市民提供有效的指引服务。

目前，各城市的地铁站外导引标志（路面指示牌）还没有统一的设置标准，因此，路面指示牌标注的信息也各不相同，但基本上都能标出方向、距离等信息。对于已成网运营的城市地铁，这些标注的信息还远远不够，如还应该标出车站名称、线路信息，考虑平行地铁线路方向、垂直地铁线路方向、两条线路之间及路面指示牌相隔的距离等问题，目的是给乘客一个明确的导引，以提高城市地铁的形象和市民的出行效率。

图 10－7 苏州地铁路面指示牌

想 一 想

选择一个城市地铁的路面指示牌，对其提出改进意见。

任务拓展

红色按钮的正确使用方法①

地铁站里有各种不同功用的紧急按钮，它们各有什么用处？在什么情况下才可以按下这些按钮呢？

1. 自动扶梯上的紧急停止按钮

地铁站内的自动扶梯一般在上、下两端设有紧急停止按钮，且在自动扶梯上下扶手旁边都有醒目的标志，标志旁设有硬币大小的红色紧急停止按钮。按下该按钮，自动扶梯就会停止运行。因此，在非紧急状态下，乘客不要随意触碰这个红色按钮。

2. 车门旁的紧急停车按钮

乘车时，有时乘客看到车门要关上了，他们会用雨伞、报纸，甚至是手去阻止列车关门。万一乘客被夹在屏蔽门和车门之间，列车内的乘客可拉动位于车内靠近门上方的紧急解锁装置停车按钮，阻止列车启动。在关门灯闪烁、关门铃响起时，乘客不要强行上下车，以免因为硬闯车厢发生危险。

---

① 佚名．地铁里，那些应急按钮别乱碰．［2018－10－13］．http://www.ditiezu.com/thread－304273－1－1.html.

任务操作

1. 描述 PIS 信息显示类型及优先级。
2. 列表列举车站内乘客导向系统的类型。

任务考核

一、单项选择题

1. 乘客信息系统简称（　　）。

A. PIS　　B. ATS

C. FAS　　D. BAS

2. PIS 的核心部分是（　　）。

A. 车站子系统　　B. 车载子系统

C. 中心子系统　　D. 网络子系统

3. 售检票区域方向、换乘方向属于（　　）。

A. 示警性标志　　B. 方向性标志

C. 服务性标志　　D. 动态导向标志

二、多项选择题

1. PIS 信息的显示方式主要有（　　）。

A. 文本显示　　B. 动画和图像显示

C. 视频播放　　D. 时钟显示

2. 可以使用地铁紧急停车按钮的情况包括（　　）。

A. 乘客头晕　　B. 车站发生火灾

C. 乘客掉入轨道区　　D. 乘客卧轨

三、判断题

1. 乘客信息系统是以车站播放终端为媒介向乘客提供信息服务的系统。（　　）

2. PIS 信息类型的优先级按照如下顺序递减：列车服务信息、紧急灾难信息、乘客引导信息、一般站务信息及公共服务信息、商业信息。（　　）

3. 地铁站台电子显示屏上显示本次列车到达的剩余时间属于动态导向信息。（　　）

四、综合训练题

1. 结合某地铁车站说明 PIS 的功能及信息显示的优先级。
2. 举例说明车站乘客导向标志的类型。
3. 调研车站外的乘客导引标志，说明其优缺点。
4. 调研车站内的乘客导引标志，说明其优缺点。
5. 查找资料，调研地铁车站和列车上紧急停车按钮被不正常使用的情况，并说明如何解决。

任务 3 城市轨道交通行车控制

知识目标

1. 熟悉城市轨道交通运输计划和运行图的组成部分。
2. 了解正常情况和非正常情况下的列车运行组织。

能力目标

1. 能辨识并运用列车运行图及熟悉运营指挥层次。
2. 能分析和比选交路方案。

任务引入

城市轨道交通行车控制是城市轨道交通生产组织最核心的组成部分，是综合运用各种专业设备，组织协调运输生产活动的技术业务。城市轨道交通行车控制即采用先进的行车组织方法，加强城市轨道交通内部各专业部门和乘客之间的联系，建立正常、稳定的客运生产秩序，充分发挥各种运输技术设备的效能，以保证安全、正点、优质、高效地完成乘客运送任务。通过乘坐地铁出行，了解并分析地铁交路方案。

任务分析

一、运输计划

运输计划是城市轨道交通系统运营组织的基础工作，包括客流计划、行车计划、列车开行方案、车辆配备计划和检修计划等。

1. 客流计划

客流计划是对运输计划期间城市轨道交通线路客流的规划，是其他计划的基础和编制依据。客流计划的主要内容包括站间到发客流量、各站双向上下车人数、全日高峰小时和低谷小时的断面客流量、全日分时最大断面客流量等。最基本的站间客流资料一般采用一个二维矩阵来表示，称为站间客流量的 OD 表（O 和 D 分别取自英文单词 origin 和 destination 的第一个字母）。

2. 行车计划

行车计划主要包括以下几方面：营运时间计划，即城市轨道交通系统全日营运时间范围；全日分时最大断面客流量；列车定员数；设计实际满载率。全日行车计划的编制一般应在分时行车计划编制完毕的基础上汇总后完成。

3. 列车开行方案

列车开行方案包括列车编组方案、列车交路方案和列车停站方案三部分。列车开行方案的比选应遵循客流分布特征与运营经济合理兼顾的原则，以实现既能维持较高的乘客服务水平，又能提高车辆运行效率的目标。

（1）列车编组方案。

① 列车编组种类。列车编组种类具体包括：一是大编组方案；二是小编组方案。

② 影响列车编组方案比选的因素。为满足一定的客流需求，城市轨道交通必须提供一定的列车运能。小时列车运能既与小时内开行的列车数有关，也与列车编组数和车辆定员有关。影响列车编组方案选用的主要因素有客流、通过能力和车辆选型。此外，在进行列车编组方案比选时，通常还应考虑乘客服务水平、车辆运用经济性和运营组织复杂性等因素。

（2）列车交路方案。

上海地铁 2 号线交路与编组

① 列车交路方案的种类。一是长交路，又称为常规交路，列车在线路的两个终点站之间运行，到达线路终点站后折返。采用长交路方案时，行车组织简单，乘客无须换乘，不需要设置中间折返站。二是短交路，又称为衔接交路，是若干短交路的衔接组织，列车只在线路的某一区段内运行，在指定的中间站折返。采用短交路方案，可提高断面客流量较小区段的列车满载率，但跨区段出行的乘客需要换乘，并且需要设置中间折返站。与采用长短交路方案相比，短交路列车在中间折返站是双向折返，增加了折返作业的复杂性。三是长短交路，又称为混合交路，长短交路列车在线路的部分区段共线运行，长交路列车到达终点站后折返，短交路列车在指定的中间站单向折返。采用混合交路方案，可提高长交路列车的满载率、加快短交路列车周转，但部分乘坐长交路列车乘客的候车时间会增加，且需要设置中间折返站。不同类型的列车交路如图 10－8 所示。

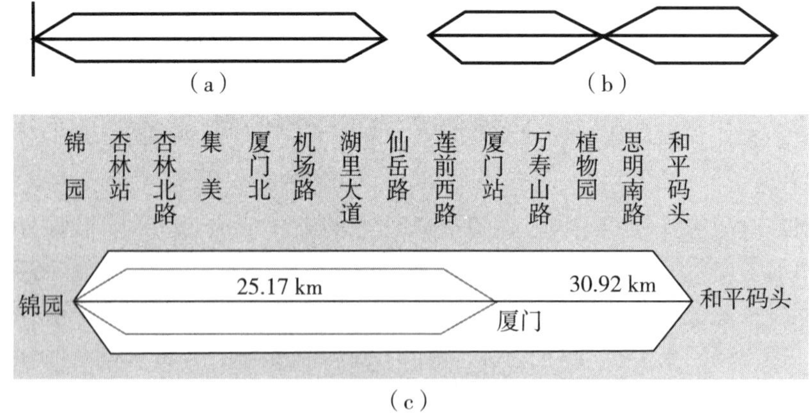

图 10－8　不同类型的列车交路

（a）长交路列车交路；（b）短交路列车交路；（c）长短交路列车交路

② 影响列车交路方案比选的因素。符合客流的空间分布特征是列车交路方案选用的前提条件和必要条件。此外，影响列车交路方案比选的主要因素还有乘客服务水平、运营经济性、通过能力适应性和运营组织复杂性等。当断面客流分布为阶梯形时，可选用混合交路或

短交路方案；当断面客流分布为凸字形时，可选用混合交路方案；在断面客流分布比较均衡时，一般应选用长交路方案。

（3）列车停站方案。

① 列车停站种类包括站站停车、区段停车、跨站停车、部分列车跨多站停车。

② 影响列车停站方案比选的因素有站间 OD 客流特征、乘客服务水平、列车越行问题、运营经济性、运营组织复杂性。

4. 车辆配备计划

车辆配备计划是为了完成全日行车计划而制订的车辆保有数安排计划，包括推算运用车辆数、在修车辆数和备用车辆数。运用车辆数是指为完成日常运输任务而必须配备的技术状态良好的可用车辆数量；在修车辆数是指处于定期检修状态的那部分车辆的数量；备用车辆数是指为使城市轨道交通系统适应可能的临时或紧急运输任务、预防车辆故障发生而准备的技术状态良好的车辆数量。

想一想

说明南京地铁 1 号线或你熟悉的城市地铁线路的交路方案。

二、列车运行图

城市轨道交通运营工作是按照列车运行图有序组织的。列车运行图是用坐标原理来表示列车运行状况的一种图解形式。南京地铁 S8 号线运行图如图 10－9 所示。

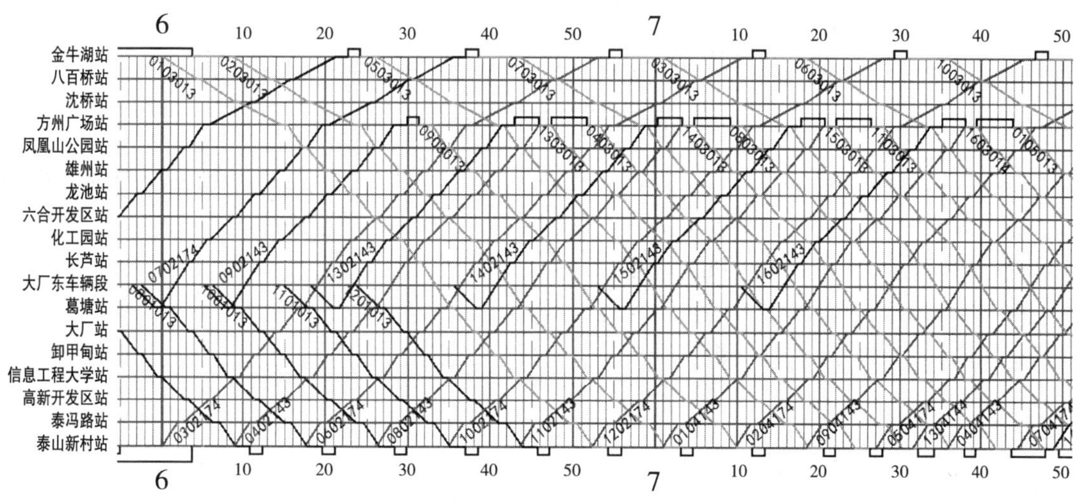

图 10－9　南京地铁 S8 号线运行图

（1）横坐标表示时间变量，按要求用一定的比例进行时间划分，一般城市轨道交通列车运行图采用 1 分格或 2 分格。

（2）纵坐标表示距离分割，根据区间实际里程，采用规定的比例，经车站中心线所在位置进行距离定点。

（3）垂直线是一组平行的等分线，表示时间等分段。

（4）水平线是一组平行的不等分线，表示各车站中心线所在的位置。

(5) 斜线表示列车运行轨迹（路径）线，一般以上斜线表示上行列车，下斜线表示下行列车。

三、行车调度指挥

在运营过程中，为了保证完成乘客运输计划、实现列车运行图，必须进行一系列的日常工作组织，统称调度工作。其运营指挥层次如图 10 – 10 所示。

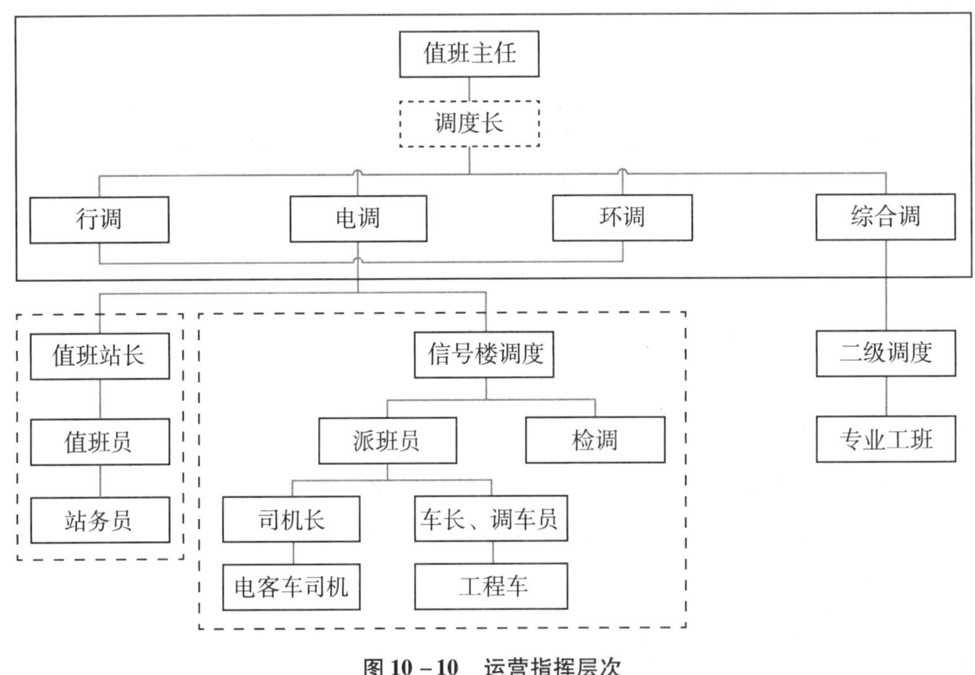

图 10 – 10　运营指挥层次

城市轨道交通运输调度是城市轨道交通企业日常工作组织的指挥中枢，担负着组织行车、提高运营服务质量、确保运输安全、完成乘客运输计划和实现列车运行图的重要责任。它对城市轨道交通日常工作的开展起着决定性的作用。

在各专业调度中，行车调度是运输调度工作的核心，担负着指挥列车运行、实现列车运行图和完成运输计划的重要任务。

想 一 想

说一说地铁车站岗位对应的运营指挥层次。

四、行车组织

1. 正常情况下的行车组织

正常情况下的列车运行控制，按照列车运行图组织，一个运行周期为 24 小时，即从车辆段转换轨进入正线并投入运营，直到运营结束后退出服务，回到车辆段进行整备，整备完毕后再次从车辆段出来投入正线运营服务。这个过程需要行车调度员、车辆段信号楼调度员、车辆段派班室值班员、车站行车值班员、站台站务员和驾驶人员等共同完成。不同的工作人员在不同的阶段，作业内容有所不同。下面以行车调度员在运营前检查的工作为例进行介绍。

（1）行车调度员根据正线施工作业一览表，检查当晚的所有维修施工及调试作业是否完毕，并已销点；线路巡视工作已完成并符合行车条件后，方可进行后续的运营前准备工作。

（2）运营前 30 分钟，行车调度员应检查各车站和基地信号楼运营前的准备工作，并与车站值班站长（或值班员）、基地信号楼调度员、电力调度员、环控调度员、派班员逐一确认以下内容：

① 车站值班站长（或值班员）：运营线路是否空闲、施工是否结束、线路是否出清、有无防护、行车设备是否正常；行车设备、备品是否齐全、完好（站务人员必须检查正线上红闪灯等各种临时防护设施是否已经撤除，并按要求摆放好）；相关人员到岗情况；道岔功能正常，站台无异物侵入限界；站台门设备情况。

② 基地信号楼调度员：当日使用列车、备用列车安排情况（基地信号楼调度员将列车出场顺序表传真至指挥室）；设备正常情况；人员到岗情况。

③ 电力调度员：正线及辅助线、车场线路接触网的供电情况等。

④ 环控调度员：车站照明、环控系统、给排水系统运行情况等。

⑤ 派班员：司机配备及就位情况。

2. 非正常情况下的行车组织

当设备发生故障（包括车载设备和轨道设备）、发生地震或火灾等意外情况时，不能采用正常情况下的行车组织方法。城市轨道交通某条线路一旦发生故障，将会造成全线列车运行的延误，对乘客的出行造成较大的影响。下面介绍两种非正常情况下的行车组织基本方法。

（1）列车晚点。南京地铁将列车晚点 2 分钟及以上纳入晚点运营指标。对于晚点列车的行车组织重点在于对列车在区间的运行时间和停站时间的调整等。行车调度员应当及时了解并掌握晚点的原因和程度等，及时调整前行和后续列车，并通知车站做出相应的应急措施，缓解不良影响。

（2）列车车辆故障。列车在运行过程中可能会发生不同程度的故障，应根据具体情况给予不同的处理。若发生较大故障，如列车救援，列车应当先进行清客，空车就近停入存车线或者驶回车辆段，行车调度员应及时利用备用列车替换故障车。

任务拓展

大兴线行车间隔有望缩短为 3 分钟①

据北京京港地铁有限公司（简称京港地铁公司）行车计划负责人介绍，目前北京地铁 4 号线和大兴线中，从天宫院站到新宫站的大兴线区间客流量增长迅速，在早高峰时段，车辆的满载率可达到 95%。其中，最高的小时断面客流可达 2 万多人次。现在 4 号线和大兴线所使用的行车计划是发一趟天宫院站至安河桥北站的全线车辆，称为大交路；再发一趟新宫站至安河桥北站的区间车辆，称为小交路。大、小交路车辆按照 1∶1 发车，则天宫院站至

① 佚名. 大兴线行车间隔有望缩短为 3 分钟. [2019-1-2]. https://news.fang.com/2012-11-28/9062594.htm.

新宫站的大兴线区段的发车时间间隔将是新宫站至安河桥北站4号线区段的2倍。大兴线区段的平均发车间隔是4分钟，而4号线的平均发车间隔是2分钟。

随着大兴线区段客流的增长，京港地铁公司计划新增13列车辆，将车辆总数由现在的73列增加至86列。在运力储备提升的基础上，该公司计划将大、小交路套跑按照2：1开行，即发2趟全线车辆，配以1辆区间车辆，这样大兴线区段的平均发车间隔将缩短至3分钟。

任务操作

1. 以小组为单位，选择一个时间段，根据停站时间、折返时间等要素人工绘制列车运行图。
2. 以某地铁线路为例，分析与比选列车交路方案。

任务考核

一、单项选择题

1. 列车开行方案包括（　　）、列车交路方案和列车停站方案三部分。

A. 列车编组方案　　B. 列车客流方案
C. 列车车辆检修方案　　D. 列车运行图方案

2. 在各专业调度中，（　　）是运输调度工作的核心，担负着指挥列车运行、实现列车运行图和完成运输计划的重要任务。

A. 环控调度员　　B. 行车调度员
C. 电力调度员　　D. 综合调度员

二、多项选择题

1. 运输计划是城市轨道交通系统运营组织的基础工作，包括（　　）和人员安排计划等。

A. 客流计划　　B. 行车计划
C. 车辆配备计划　　D. 列车运行组织方式

2. 影响列车交路方案比选的主要因素有（　　）。

A. 客流特征　　B. 乘客服务水平
C. 运营组织复杂性　　D. 车站员工配备

三、判断题

1. 列车开行方案的比选应遵循客流分布特征与运营经济合理兼顾的原则，以实现既能维持较高的乘客服务水平，又能提高车辆运行效率的目标。（　　）

2. 按要求用一定的比例进行时间划分，一般城市轨道交通列车运行图都采用2分格。（　　）

四、综合训练题

1. 说明列车运行图包含的几大要素，并说明各要素代表的含义。
2. 列车运行图是如何绘制的？它有什么作用？
3. 说明影响列车交路方案比选的因素。
4. 自行查阅资料，分析在非正常情况下的行车组织方法有哪些。

任务 4 城市轨道交通安全管理

知识目标

1. 掌握城市轨道交通运行安全事故的类型及对策。
2. 熟悉城市轨道交通应急预案的编制与处置方法及流程。

能力目标

能分析具体的安全事故原因并提出相应对策，并根据城市轨道交通的实际情况编制应急预案。

任务引入

城市轨道交通运营管理是城市轨道交通的重要组成部分，有效、合理、科学的客运组织管理是城市轨道交通完成其大容量客运服务的前提。其中，安全管理是较为重要的部分。通过乘坐地铁出行，分析你所熟悉的城市轨道交通存在的安全隐患。

任务分析

一、城市轨道交通运行安全

1. 运行安全的内涵与分类

城市轨道交通运行安全是指城市轨道交通在运送乘客的过程中，涉及行车、乘客安全的各项生产活动安全。它与运行是密不可分、相互促进、相互制约的。

无论人的行为还是城市轨道交通的各种设备，危及电动列车、施工列车在正线上正常运行所发生的事件，站段内所有与行车、调车作业有关的涉及人和设备安全的各事件，列车运行过程中危及乘客的安全事件等都属于运行安全。运行安全总体可分为行车安全和客运安全两类。

（1）行车安全。与行车安全相对应的是行车事故。列车在运营时间内、运营线路上行驶过程中，由有关作业人员的工作差错、机件设备故障或外部因素影响造成的人身伤亡、设备损坏或严重影响列车运行的事故都列为行车事故。

① 行车事故的分类。行车事故包括我方责任事故、双方责任事故和无责任事故三类。其中，我方责任事故和双方责任事故均属于行车责任事故。自杀、他杀和非法进洞造成的行车事故属于无责任事故。

行车责任事故按照其性质、损失及对行车的影响程度，目前分为重大事故、大事故、险性事故和一般事故 4 类。

a. 重大事故。凡列车因冲突、脱轨、火灾或爆炸等造成人员死亡 3 人或重伤 5 人及以上，或车辆中破 1 辆，或中断正线行车 150 分钟及以上者列为重大事故。

b. 大事故。凡列车因冲突、脱轨、火灾或爆炸等造成人员伤亡数不够重大事故，或车辆小破 1 辆，或中断正线行车 90 分钟及以上者列为大事故。

c. 险性事故。凡事故性质较严重，但未造成损害后果或损害后果不够大事故者列为险性事故。列车冲突、脱轨、分离，未准备好进路接发列车，向占用区间发出列车，向占用线接入列车，列车冒进信号，错开车门、运输途中开门和车未停稳开门，列车开错方向或进错股道，电话闭塞时未办或错办闭塞发车等列为险性事故。

d. 一般事故。凡事故性质及损害后果不够险性事故者为一般事故，包括调车冲突、脱轨、挤岔、因错办或未及时办理信号致使列车停车、应停列车在站通过或应通过列车在站停车、因车辆部件脱落刮坏技术设备、因各种情况中断正线行车 30 分钟及以上、因行车作业人员违反劳动纪律延误列车正点运行、错误办理行车凭证发车，以及因调度命令漏发、漏传或错发、错传延误列车正点运行等为一般事故。

② 行车事故处理。发生行车事故后，行车调度员应采取下列措施：

第一，接到值乘驾驶员或车站行车值班员的事故报告后，立即报告控制中心主任和值班调度主任。报告事项包括发生时间（年、月、日、时、分）、发生地点（区间、千米、米、某站、上行或下行）、列车车次、车组号、关系人员职务和姓名、事故概况及原因、人员伤亡情况、车辆和设备损坏情况、是否需要救援。

第二，接到救援请求后，应及时向车辆段运转值班室值班员发布救援列车出动命令。

第三，立即关闭后方站的出站信号（调控权下放时，应立即通知后方站行车值班员关闭出发信号），阻止续行列车进入区间。

第四，通知电力调度员，切断索引电源。

第五，根据需要，向列车驾驶员发布疏导乘客的命令，命令应指明疏导方向及注意事项。同时，发生各类事故及险情时，应按行车事故报告的程序及内容进行报告，并填写事故报表。

第六，需要救援时，由调度所向车辆段发布救援命令，开行救援列车。

（2）客运安全。凡在车站的站厅（付费区）内、站台上、电动列车车厢内发生的危及乘客人身安全的事件，都属于客运安全。列车的车门、屏蔽门、站台边缘与列车停车后的缝隙、自动扶梯、电动列车进出站位置等都是容易造成客伤的位置。

想一想

从客运安全的角度，你认为乘客应该注意什么？

2. 运行安全对策

为保证运行安全，主要从以下几个方面着手加强城市轨道交通的安全生产：

（1）健全安全法制。要做好运行安全，必须把它纳入法律的轨道。一是要制定有关运行安全的法规、法令，做到有法可依；二是要做到执法必严，违法必究；三是要提高城市的文明程度和居民的法律观念。

（2）健全安全管理制度，提高科学管理水平。为确保运行安全，不仅要不断探索和完善安全管理制度，而且要不断提高科学管理水平，积极研究先进的管理方法、手段，采用系统的工作方法，分析、评价并控制系统中的事故，调整设备、操作、管理、生产周期和费用等因素，使系统发生事故的概率降到最低，以达到最佳安全状态。

（3）提高关键设备（特别是行车指挥系统）的可靠性和先进性，为行车安全提供保障。

（4）加强运行安全的组织管理，不断提高行车组织工作水平。城市轨道交通的调度指挥系统大多以现代化的硬件设备为支撑条件，为行车调度员提供最佳工作环境，可以最大限度地减少调度员的机械、重复性工作。同时，调度指挥系统还以优化调度指挥为目标，为调度员提供调度决策方案，全面提高调度指挥质量和水平，保证稳定的列车运行秩序和正常运行状态。

（5）提高工作人员的素质和责任心。为确保列车的运行安全，除需保证设备的安全外，提高使用与操作这些系统的工作人员的素质和责任心也同样十分重要。因此，必须加强对工作人员安全责任心的教育和培养，以及操作技能的培训，逐步建立一套完整的安全规章和人员培训制度，形成强有力的安全保障体系。

3. 城市轨道交通系统防灾

由于城市轨道交通系统的基础设施，如高架桥梁、浅埋地下隧道、地面轨道以及其他设施不可避免地要受到自然环境的影响，如地震、洪水、台风等会对这些基础设施构成严重威胁，因此，城市轨道交通系统的防灾工作也是十分重要的。我们应本着预防为主的原则，从细微处着手，常抓不懈。可能对城市轨道交通系统造成危害的自然灾害包括地震、火灾、洪水、飓风等。

（1）防灾原则。根据经济有效原则和不同强度自然灾害出现的频率，城市轨道交通系统的防灾原则如下：能够抵御一般的自然灾害，不破坏运输组织；当遭受中等自然灾害时，应不经修理或稍加维修即能运行；当遭遇概率较小的重大自然灾害时，应能迅速排除险情，并在较短时间内恢复运行。

根据城市轨道交通系统对不同灾害的敏感程度，防灾工作可分为考虑多种自然灾害影响的综合防灾和考虑主要自然灾害影响的重点防灾两种。一般来讲，高架桥主要考虑防震、防风；隧道主要考虑防洪、防火、防震；路面、地基主要考虑防震、防洪；站台主要考虑防震、防火；车辆主要考虑防火、防风；等等。

（2）防灾对策。针对不同形式的自然灾害，应采取不同的预防和应急对策。

① 对于城市轨道交通系统的基础设施，在设计和施工中，应充分考虑当地的自然条件和可能发生的重要自然灾害，采取相应的技术处理措施，如选用较大的保险系数、提高设施等级或选用适宜的结构体系等。

② 在容易遭受灾害的地方，应设置先进的自动报警装置，包括监督装置、报警装置，并配备专职人员监控，实现预防、监督、报警、善后处理系统化及自动化。例如，南京地铁1 号线的地铁车站及站线都安装有许多安全设备设施，如烟感器、温感器、消防箱、事故风机、事故照明、事故电话等专用设备，以及电视监控器、自动扶梯、楼梯、出入通道、防灾管理中心集中监视报警装置等。前一部分属专用；后一部分平时为运营服务所用，在灾害事故发生时为防灾抢险所用。在控制方式上基本以车站为基本单元，设有车站控制室，作为上

述设备的监控、记录和操作室，且全线设有环控调度系统，处理日常和紧急情况下的事件，涉及全线或重大设备运转时，由环控调度员直接控制指挥。

③ 加强应急培训，在紧急情况下不致发生混乱，并采取适当的方法使损失降到最低。

二、城市轨道交通应急管理

1. 应急预案的内涵

应急预案是针对具体设备、设施、场所和环境，在安全评价的基础上，为降低事故造成的人身、财产与环境损失，就事故发生后的应急救援机构和人员、应急救援的设备和设施、条件和环境、行动的步骤和纲领、控制事故发展的方法和程序等，预先做出的科学、有效的计划和安排。

由新加坡地铁追尾看全球地铁运营模式现状与问题

公共交通安全与应急预案一般包括管理类应急预案和处置类应急预案。前者适用于政府行政管理部门，后者适用于公共交通运营企业。

小案例

《北京市轨道交通运营突发事件应急预案》规定，轨道交通运营突发事件应急预案应包括管理类应急预案和处置类应急预案两大类。其中，管理类应急预案是指由市应急管理局或市交通安全应急指挥部为应对本市轨道交通运营突发事件而制定的，涉及若干部门职责的专项应急预案或部门应急预案。处置类应急预案是指由市轨道交通指挥中心及各轨道交通运营企业依据本预案规定的职责，结合本单位实际情况，为具体处置轨道交通运营突发事件制定的社会单元应急预案。

2. 城市轨道交通应急预案编制

（1）突发事件的内涵。城市轨道交通运营突发事件是指在轨道交通运营线路上，由自然灾害、人为因素或设施故障造成的轨道交通运营中断、人员伤亡、乘客被困等危及公共安全的突发事件。

（2）预案编制的目的和预案的内容。预案编制的目的是做好城市轨道交通事故灾难的防范与处置工作，保证及时、有序、高效、妥善地处置城市轨道交通事故灾难，最大限度地减少人员伤亡和财产损失，维护社会稳定，支持和保障经济发展。

预案的内容一般包括总则（预案编制的目的、编制依据、预案组成、事件等级、适用范围等）、组织机构与职责、预警预防机制（预警级别、预警发布和解除、预警响应等）、应急响应（分级响应、处置程序、应急结束等）、信息管理（信息报告程序、内容、信息发布和新闻报道）、后期处置（恢复重建、事故调查、善后处置、总结和调查评估等）、应急保障（技术通信保障、救援和装备保障、队伍保障、物资保障、资金保障等）。例如，《广东省处置城市地铁事故灾难应急预案》的内容包括总则、分级标准、组织机构与职责、预警预防机制、应急响应、后期处置、保障措施等。

任务拓展

近10年世界主要地铁事故[①]

2012年11月22日，韩国釜山一列地铁列车发生故障，之后赶来分流乘客的列车由于速度过快而撞上前车，导致追尾事故，造成100余人受伤。

2009年6月22日，美国华盛顿两组地铁列车发生相撞事故，造成至少9人死亡，70多人受伤。事故原因疑为计算机系统故障。

2009年5月8日，美国波士顿发生地铁列车追尾事故，造成49人受伤。列车司机向警方承认，追尾发生时，自己在向女友发送手机短信。

2008年9月12日，美国洛杉矶地铁与货车迎头相撞，造成25人死亡。

2017海外十大让你跌破眼镜的轨道交通事故

2006年8月16日，美国纽约地铁突然着火，约4 000名乘客紧急疏散，事故造成15人受伤。

2006年7月11日，美国芝加哥一列地铁列车发生出轨事故，100多名乘客因呼吸系统受伤被送进医院。

2003年1月25日，英国伦敦市中心发生地铁列车撞月台而引发大火事故，32名乘客受伤。

近10年世界主要地铁袭击

2011年4月11日，白俄罗斯明斯克市十月地铁站在高峰时段发生爆炸。此次爆炸被定性为恐怖袭击，造成15人死亡，逾200人受伤。

2010年3月29日，车臣反政府武装在俄罗斯莫斯科市中心的卢比扬卡地铁站和文化公园地铁站接连制造自杀性爆炸事件，造成40人死亡，近百人受伤。

2004年8月31日，俄罗斯莫斯科一个地铁站发生自杀性爆炸袭击，造成10人死亡，50多人受伤。

2004年2月6日，俄罗斯莫斯科一组地铁列车在行驶途中发生爆炸，造成50人死亡，100多人受伤。这是一起恐怖袭击事件。

2003年2月18日，韩国大邱市地铁发生人为纵火事件，造成198人死亡，147人受伤。该事故为精神病患者金大焕放火所致。司机和综合调度室人员在火灾发生时应对不当，安全疏散导向灯和路标未起到应有作用。电源被切断后，许多乘客在逃难中窒息身亡。

任务操作

1. 调研你所熟悉的城市轨道交通，注意发现其中在运营管理方面存在的安全隐患，提出相应的解决对策，并撰写一篇调研报告。

2. 针对你熟悉的城市轨道交通编制应急预案，然后与该城市轨道交通的实际应急预案进行比较，找出存在的问题。

---

① 佚名. 灾难回顾：世界地铁重大事故盘点. [2018-10-25]. http://www.360doc.com/content/14/0114/16/3881660_345253449.shtml.

任务考核

一、单项选择题

1. 行车责任事故按照其性质、损失及对行车的影响程度，目前分为重大事故、大事故、险性事故和一般事故四类，其中最为严重的事件是（　　）。

A. 重大事故　　B. 大事故

C. 险性事故　　D. 一般事故

2. 凡在车站的站厅（付费区）内、站台上、电动列车车厢内发生的危及乘客人身安全的事件，都属于（　　）。

A. 行车安全　　B. 站台安全

C. 站厅安全　　D. 客运安全

二、多项选择题

1. 行车事故包括（　　）。

A. 我方责任事故　　B. 双方责任事故

C. 无责任事故　　D. 站台设备事故

2. 预案编制的目的是（　　）。

A. 做好城市轨道交通事故灾难的防范与处置工作

B. 保证及时、有序、高效、妥善地处置城市轨道交通事故灾难

C. 最大限度地减少人员伤亡和财产损失

D. 维护社会稳定，支持和保障经济发展

三、判断题

1. 城市轨道交通运行安全是指城市轨道交通在运送乘客的过程中，涉及行车、乘客安全的各项生产活动安全。（　　）

2. 城市轨道交通运营突发事件是指在城市轨道交通运营线路上，由自然灾害导致乘客被困的突发事件。（　　）

四、综合训练题

1. 举例说明行车与客运安全事故的类型，并说明解决对策。

2. 你认为城市轨道交通企业应该从哪些方面防灾、减灾？

3. 说明应急预案的内容和预案处置的流程。

4. 说明城市轨道交通应急保障主要包括哪些方面。

地铁专业术语缩略语

参考文献

[1] 鹿国庆. 城市轨道交通概论. 北京：中央广播电视大学出版社，2010.

[2] 王军峰. 城市轨道交通概论. 东营：中国石油大学出版社，2015.

[3] 于存涛，李良玉. 城市轨道交通概论. 北京：北京交通大学出版社，2015.

[4] 慕威. 城市轨道交通导论. 北京：人民交通出版社，2012.

[5] 阎国强，仇海兵. 城市轨道交通概论. 北京：人民交通出版社，2010.

[6] 齐伟，丁尚. 城市轨道交通车站设备. 上海：上海交通大学出版社，2017.

[7] 张洪满. 城市公共交通运营管理. 北京：北京大学出版社，2014.

[8] 毛保华，姜帆，刘迁，等. 城市轨道交通. 北京：科学出版社，2001.

[9] 陈海峰，彭涌涛. 轨道交通概论. 北京：人民交通出版社股份有限公司，2014.

[10] 蒋阳升. 城市轨道交通概论. 北京：人民交通出版社，2014.

[11] 谭复兴，高伟君，等. 城市轨道交通系统概论. 北京：中国水利水电出版社，2007.

[12] 王铸. 城市轨道交通信号技术. 东营：中国石油大学出版社，2014.

[13] 朱济龙，芦建明，陈超. 城市轨道交通信号基础. 成都：西南交通大学出版社，2015.

[14] 颜月霞. 城市轨道交通行车组织基础. 北京：人民交通出版社股份有限公司，2014.

[15] 牛凯兰，牛红霞. 城市轨道交通行车组织. 北京：机械工业出版社，2009.

[16] 马国龙，等. 城市轨道交通安全管理. 北京：中央广播电视大学出版社，2010.

[17] 于存涛，潘前进. 城市轨道交通安全管理. 北京：北京交通大学出版社，2015.

[18] 裴瑞江. 城市轨道交通客运组织. 北京：机械工业出版社，2014.

[19] 张洪满，黄体允. 城市轨道交通站务管理. 北京：化学工业出版社，2016.

[20] 刘莉娜. 城市轨道交通客运组织. 2 版. 北京：人民交通出版社股份有限公司，2015.